일본 속의 한국문화 유적을 찾아서 2

일본고대사의 주역, 도래인

₩ 대원사

일본 속의 한국문화 유적을 찾아서

2

일본 속의 한국문화 유적을 찾아서

이 책의 간행은 지금으로부터 5, 6년 전 대원사 기획실의 조은정 씨가 『일본 속의 한국문화 유적을 찾아서』라는 책을 내고자 한 것에서 비롯되었다.

그때 마침 나는 토오쿄오에 있는 자유사라는 데서 발행하고 있는 일본어로 된 잡지 『한국문화(韓國文化)』로부터 이 책의 내용과 같은 '일본의 한국문화 유적'에 대한 내용을 몇 차례에 나누어 연재해 달라는 의뢰를 받았던 참이었다. 이 잡지의 1991년 10월호부터 '신고(新考), 일본의 한국문화 유적에 대해'라는 원고를 쓰기 시작했다.

처음에는 일본 고대 국가의 발상지인 야마토(大和, 현재의 나라현) 유적에 대해서만 간단히 다루려고 하였다. 그런데 내가 한일 고대사 문제에 대한 글을 쓰기 시작했던 20여 년 전 이후로 그동안 알려지지 않았던 유적이나 고분의 발굴이 이루어져 점차 새로운 사실이 밝혀지게 되었으므로 어느 사이엔가 나는 '신고, 일본의 한국문화 유적에 대해'라는 원고에 몰입하게 되었다.

이미 20여 년 전부터 일본 각지를 답사한 고대 유적 기행인 『일본 속의 한국문화』를 12권까지 써왔던 터였다. 물론 야마토도 중심 지역 가운데 하나로 다루어지고 있지만 그것은 전체 12권 중의 일부에 지나지 않는, 결코 이 책처럼 구체적으로 상세히 다루어진 것은 아니었다. 따라서 고대 왕조 국가의 땅 야마토를 본격적으로 다루기는 이번이 처음이라 할 수 있으며 이 책은 그 가운데 반 정도의 내용을 담고 있다.

한편 그동안 일본의 역사 고고학에도 상당한 변화가 있었다. 내가 『일본 속의 한국문화』를 집필하게 된 동기의 하나였던 멸시의 대상인 '귀화인'이라는 말은 사라지게 되었고 이제는 중고교 교과서에서까지도 '도래인'이라는 말로 바뀌어 있다. 예로 1995년 6월 28일자 아사히 신문 기사를 소개하자면 "작년 6월에 출토된 토기 파편/수도권에서 가장 오래 된 한식 토기/5세기 후반 도래인이 가지고 온 것일까?"라고 쓰고 있다.

이 책이 나오게 된 데는 조은정 씨가 오랜 기간 여러 차례 연락하고 기다려온 덕분이지만 이 책을 한국어로 번역한 배석주 교수의 노고도 큰 것이었다. 여기에 기록하여 두 분께 심심한 감사의 뜻을 표하고자 한다.

더욱이 이 책이 광복 50주년이 되는 해에 출판된다는 사실도 커다란 기쁨이 아닐 수 없다.

1995년 7월 토오쿄오
김달수

차 례

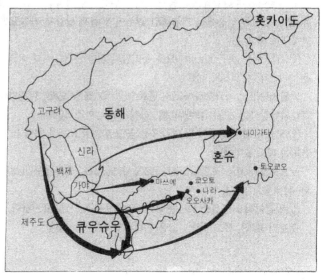

고대 한반도문화의 일본 전파 경로

왓카나이
아바시리
아시히카와
네무로
쿠시로
삿포로
오비히로
홋카이도
무로랑
하코다테

아오모리
모리오카
아키타
센다이
후쿠시마
니이가타
일본
나가노
미토
우에다
토오쿄오
고야
시즈오카
슈

고구려 　동해
신라
백제
가야
니이가타
혼슈
마쓰에　코오토
나라
오오사카
토오쿄오
제주도　큐우슈우
홋카이도

▷ 이 책의 일본어 발음의 우리말 표기 원칙

1. 일본 고유의 인명·지명·신명 등은 원칙적으로 일본음으로 표기하되 한국과 중국 등의 인명·지명은 우리말음으로 표기했다.

에가미 나미오(江上波夫), 소가노우마코(蘇我馬子), 후쿠오카(福岡), 장안(長安), 아나시다이묘오진(穴師大明神), 미케쯔카미(御食津神).

2. 관직 또는 신분을 나타내는 단어와 고분·신사·절 그리고 산·강 및 국명(國名)·시·군 등의 행정구역명과 시대명·씨족명 등은 일본음＋우리말음을 원칙으로 표기했다.

스진(崇神)천황, 하시바카(箸墓)고분, 효오즈(兵主)신사, 토오다이사(東大寺), 미와산(三輪山), 마키무쿠천(卷向川), 이즈모국(出雲國), 나라현(奈良縣), 쯔게향(都祁鄕), 오오지정(王寺町), 에도(江戶)시대, 헤이죠오궁(平城宮), 하지씨(土師氏).

단, 산·절 등이 고분의 이름·지명으로 쓰인 경우와 고대의 신분(皇女, 親王, 太子)이나 고유명사화된 국명·길명(道) 등은 부득이 일본음＋일본음으로 표기했다.

타시라카노히메미코(手白香皇女), 토오다이지(東大寺)고분, 야마타이코쿠(邪馬臺國), 쇼오토쿠타이시(聖德太子), 야마노베노미치(山邊道), 카미노고오(上鄕).

3. 신사나 사원 내에 있는 전(殿), 원(院), 당(堂) 등의 시설물과 종파(宗派) 및 불상의 이름 등은 우리말음으로 표기했다.

몽전(夢殿), 정창원(正倉院), 이월당(二月堂), 문수보살(文殊菩薩).

4. 책의 이름은 우리말음을 원칙으로 하되 고유지명 등은 일본음으로 표기했다.

『일본서기(日本書記)』, 『만엽집(万葉集)』, 『고사기(古事記)』, 『야마토지(大和志)』.

5. 일본어를 우리말음으로 옮기는 경우 일본어 음성학상의 음절 법칙과 자음과 모음 표기 법칙을 인용해서 가능하면 일본어의 실제 발음에 가깝도록 표기하는 것을 원칙으로 했다.

① 일본어의 자음(k, t, p, ts, ʃ)은 우리말의 격음 ㅋ, ㅌ, ㅍ, ㅉ, ㅊ으로 표기하고 탁음은 ㄱ, ㄷ, ㅂ, ㅈ으로 표기했다.

카와치(河內), 타카하라(高原), 텐표오(天平), 쯔게(都祁), 미치자네(道眞), 이가(伊賀), 다이안사(大安寺), 유바(湯迫), 하지(土師), 이즈모(出雲).

② 모음 음절이 장음이 되는 경우는 음절 법칙상 모음을 하나 더 추가하되 실제 발음하는 대로 표기했다.

토오쿄오(東京), 쿄오토(京都), 오오사카(大阪), 큐우슈우(九州), 오오진(應神)천황, 하쿠호오(白鳳).

③ 일본어의 특수음소 [ッ]는 'ㅅ'으로 [ン]은 'ㄴ'으로 표기했다.

톳토리(鳥取), 셋쯔(攝津), 코훈(古墳), 닌토쿠(仁德)천황.

제**1**부

사쿠라이시의
한국문화 유적

◆◆◆◆◆◆◆◆◆◆◆◆◆◆

사쿠라이시 주변

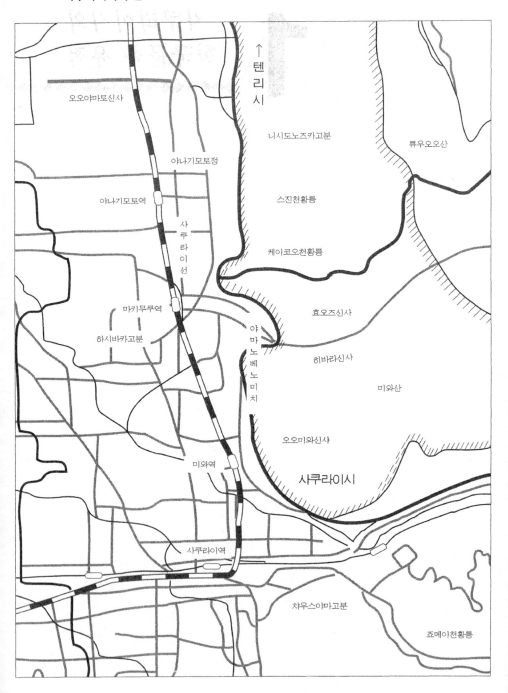

하시바카고분과 하지씨족

　일본의 칸사이(關西) 지방에 위치한 나라현(奈良縣) 타케치군(高市郡) 아스카촌(飛鳥村)은 일본 고대 왕조 및 고대 국가의 발상지로 알려져 있다. 나는 이곳을 기점으로 일본 속에 남아 있는 한국문화 유적을 직접 찾아가 살펴보고 소개할 것이다. 다만 역사적인 사실은 주관에 따라 판단할 수 없으므로 가능한 한 일본의 역사·고고학자들이 책과 논문에 발표한 내용과 일본의 여러 신문에 실린 기사를 인용하면서 일본 속에 남아 있는 한국문화 유적에 관해 심도 있게 다루어 보려고 한다. 책의 내용이 다소 난해하고 지루하겠지만 객관적인 사실에 충실한 내용이므로 꼼꼼히 읽기를 바란다.

　그러면 먼저 나라현 사쿠라이시(櫻井市) 하시나카(箸中)에 축조된 유명한 하시바카(箸墓)고분을 살펴보기로 하자.

　나라분지 동쪽을 남북으로 가로지르는, 일본에서 가장 오래된 도로로 알려진 야마노베노미치(山邊道)를 따라 히바라(檜原)에서 조금 북쪽으로 가면 마키무쿠산(卷向山)에서 흘러드는 마키무쿠천(卷向川)이 나온다. 이 강을 지나 서쪽으로 내려간 곳에 울창한 수목으로 덮인 마치 2개의 산봉우리가 있는 섬처럼 보이는 것이 하시바카고분이다. 이

고분은 길이가 276m, 높이가 23m나 되는 일본의 대표적인 거대 전방
후원분(前方後圓墳)[1]의 하나로 '미와(三輪)전설'[2]과 비슷한 '하시바카
전설'로도 유명하다. 하시바카전설에 관해서는 『일본서기(日本書紀)』
등에 기록이 있으나 너무 난해해 사쿠라이시에서 펴낸 안내서 『야마노
베노미치』를 보면 다음과 같이 간략히 씌어 있다.

앞을 바라보면 하시바카고분이 보인다. 정확하게는 야마토토토히모모소
히메노미코토(倭邇邇日百襲姬命)의 무덤이라고 한다. 스진(崇神)천황의 조
부의 딸인 야마토토토히모모소히메노미코토가 어느 날 남편인 오오모노누
시노미코토(大物主神)가 인간이 아니라 작은 뱀이라는 사실을 알고는 놀라

미와씨의 조상 오오타다네코를 모신 오오미와신사의 섭사인 와카야마

하시바카고분

소리를 지르자 남편이 미와산(三輪山)으로 사라져 버렸다고 한다. 그러자 공주는 너무도 부끄러워 스스로 자신의 음문(陰處)을 젓가락으로 마구 찔렀다고 하는 전설에서 유래해 '하시바카(箸墓 ; 젓가락무덤)'라 불리게 되었다고 한다.

또한 하시바카고분은 "낮에는 사람이 만들고 밤에는 신이 만들었다"는 전설도 전해 내려오지만 아마도 그것을 사실로 믿는 사람은 없을 것이다. 하시바카고분은 4세기 초반에 만들어진 전기(前期) 고분으로 이 무덤이 축조될 당시에 과연 젓가락이 있었을까 하는 의문이 든다. 일본인이 젓가락을 사용하기 시작한 유래에 대해서는 고고학자이며 나라 국립문화재연구소 소장을 역임한 쯔보이 키요타리(坪井淸足)의 「저

미와산 야마노카미 유적에서 출토된 토기

(箸)」라는 글에 다음과 같이 씌어 있다.

　나라(奈良)시대[3] 일본의 수도, 즉 헤이죠오쿄오(平城京)의 헤이죠오궁(平
城宮)터 대궐 외곽에 있는 관청의 쓰레기장에서 수백 개에 이르는 젓가락이
발견되었다. 젓가락은 길이 20cm 전후, 두께 5mm 정도 되는 것으로 오늘
날 우리가 흔히 사용하는 나무젓가락과 다름없는 것이었다. 일본 사람이 언
제부터 젓가락을 사용하였는지는 생활사(生活史)를 다룬 문헌 등에 헤이안
(平安)시대부터라고 기록되어 있다. 그렇지만 헤이안시대 이전의 나라시대
수도 헤이죠오궁터의 다른 여러 곳에서도 젓가락이 발견되고 있다. 적어도
나라시대에는 이미 하급 관리들에 이르기까지 젓가락을 사용하고 있었다는
증거이다.

한편 일본인이 처음으로 쌀을 먹기 시작한 야요이(彌生)시대는 물론 코훈(古墳)시대의 유적에서는 젓가락이 전혀 출토되고 있지 않다. 다시 말하면 아스카(飛鳥)시대에 이르러서야 식기에 밥공기와 접시가 등장했고 그것이 나라시대로 이어진 것이다. 이 밥공기와 접시의 모양을 보면, 한국에서 현재 사용하고 있는 것과 같은 것으로 7세기 무렵에 대륙에서 식기 세트가 젓가락과 함께 일본으로 전해진 것으로 생각된다. 그런데 이상한 점은 당시 젓가락과 함께 전해진 숟가락은 오늘날 일본의 식생활에서는 찾아볼 수 없다는 점이다. 일본인은 국을 먹을 때 숟가락을 사용하지 않고 손으로 그릇을 들어 입에 대고 마신다. 한국을 비롯한 다른 여러 나라에서는 금기시되는 행동이 일본에서는 바른 식사예절로 되어 있는 것이다. 아마도 헤이안시대에 일어난 와후우카(和風化)⁴⁾의 영향인 듯하다.

요컨대 4세기 전반 무렵에 하시바카고분이 축조될 당시에는 아직 '젓가락'이 없었다는 것이다. 하시바카고분은 궁내청(宮內廳 ; 일본 황실에 관한 업무를 담당하는 기관) 소관으로 허가 없이는 발굴조사를 할 수 없어 후원부(後圓部)의 표면에서 채취한 항아리모양 토기와 그릇받

미와산 야마노카미 유적 출토품

하시바카고분에서 출토된 항아리
모양 토기

침모양 토기의 파편 외에는 자세한 내용을 알 수 있는 자료가 없기에
여러 가지 억측만 분분하다.

이른바 '야마타이코쿠(邪馬臺國)⁵⁾ 야마토설(大和說)'을 주장하는 사
람들은 이 하시바카고분을 야마타이코쿠의 여왕 히미코(卑彌乎)의 무
덤이라고 한다. 또 한편으로는 '하시바카'라는 명칭이 '하지하카(土師
墓)'에서 유래한다는 설도 있다. '하지하카'의 '하지(土師)'라고 하면
일본토기사(日本土器史)에서 야요이식(彌生式) 토기의 다음 단계인
'하지 토기'가 곧 연상된다.

하시바카고분의 '하시바카'라는 명칭이 '하지하카'에서 유래했다는
설은 이미 널리 알려져 있다. 우선 사쿠라이시에서 펴낸 『사쿠라이시사
(櫻井市史)』제1장 「야마토와 사쿠라이」에는 도바시 히로시(土橋寬) 씨
가 『고대학연구』 72호에 게재한 「하시바카 이야기에 관하여」를 인용한
다음과 같은 글이 소개되어 있다.

하시바카 : 스진천황 10년조(條)에 코오레이(考靈)천황의 공주 야마토토

토히모모소히메노미코토가 미모로산(御諸山 ; 미와산을 일컬음)의 신 오오모노누시노미코토의 부인이 되었다는 유명한 신혼담(神婚譚)이 전해 내려오고 있다. 그녀가 젓가락으로 자신의 하복부를 찌르고 죽어 오오이치(大市)에 묻혔으므로 사람들이 그 무덤을 '하시바카'라 불렀다고 한다. 어떤 설에 따르면 고대에 능묘(陵墓)의 축조나 장례 의식에 관여했던 하지씨(土師氏)[6]의 이름을 따서 '하지하카'라고 했다고도 전한다.

또한 같은 『사쿠라이시사』 제10장 「고대 지명의 전승」에는 하시바카 고분에 관해서 좀더 자세하게 소개되어 있다.

'하시(箸)'는 '하지(土師)'에서 온 것일까? "오오사카산(大坂山)의 돌을 백성들이 두 사람씩 짝을 지어 메고 날라서 만들었다"는 이 거대한 전방후

하시바카고분에서 출토된 특수 항아리모양·그릇받침모양 토기편

원분은 하지씨의 우수한 축조 기술에서 큰 영향을 받았다. 즉 하지씨는 토목공사, 고분의 축조, 제사(祭祀) 의식, 군사 등에 관여한 유력한 씨족이었다. 야마시로국(山城國) 야마시로정(山城町) 오오쯔카야마(大塚山)고분군에 '하지(吐師)'라는 지명이 있다. 또한 카와치국(河內國) 오오진(應神)천황릉을 중심으로 하는 후루이치(古市) · 요다(譽田)고분군을 근거지로 둔 '하지씨(土師氏)'가 있으며 이즈미국(和泉國) 닌토쿠(仁德)천황릉을 중심으로 하는 모즈(百舌鳥)고분군에도 '하지'라는 지명이 현재도 남아 있다.

하지씨의 근거지는 지금 살펴본 곳 이외에도 몇 군데 더 있다. 그리고 '하시바카'가 '하지하카'에서 온 말이라고 하는 주장은 호사카 토시미쯔(保坂俊三) 씨의 『일본은 가야였다』에도 다음과 같이 소개되어 있다.

약 300m에 이르는 이 고분의 측량과 설계 및 시공은 도래인에 의한 것이라고 생각된다. '하시바카'는 '하지하카'라는 설도 있다. 즉 하지씨의 조상으로 알려진 노미노스쿠네(野見宿禰)를 비롯한 도래인들이 만들었다는 것이다. '노미(野見)'라는 말은 산과 들을 측량하고 거대한 고분을 만드는 기술에 잘 어울리는 이름이다. 일반적으로 노미노스쿠네는 훨씬 훗날의 인물로 알려져 있으나 옛날에는 토목 기술이 세습되었기 때문에 '노미'는 세습되는 직업을 가리키는 말로 생각된다. 즉 '노미'는 한국에서 묘지 지관을 직업으로 하는 '풍수'와 같은 것이다.

그런데 하지씨의 조상 노미노스쿠네는 일본의 씨름 '스모오(相撲)'의 조상이라고 한다. 그는 또한 순장(殉葬)에서 사람을 넣는 대신에 하니와(埴輪 ; 고분 위나 주변에 흙으로 만들어 세운 인형)를 세우는 방식을 고안한 인물로도 알려져 있다. 야마다 히데오(山田英雄) 등이 펴낸 『일본고대인명사전』을 보면 노미노스쿠네가 타이마노케하야(當麻

蹶速)[7]와 씨름을 해서 이긴 사건을 소개하고 이어서 다음과 같이 쓰고 있다.

노미노스쿠네 : 이즈모국(出雲國) 사람으로 하지노미스쿠네(土師弩美宿禰)에서 유래한다.…… 스이닌(垂仁)천황 23년 7월 히바스히메(日葉酢媛) 왕비가 죽자 왕이 신하들에게 장례를 어떻게 치를지 묻는데 노미노스쿠네가 "천황의 무덤에 산 사람을 묻는 것은 안 됩니다"라고 진언했다.
그리고 이즈모국에 사람을 보내 하니베(土部 ; 토기를 굽는 일을 하는 사람) 100명을 불러들여 직접 그들을 시켜 점토(埴)를 구해서 사람과 말 등의 여러 가지 흙인형(하니와)을 만들어 바치고 이후로는 산 사람을 순장하는 대신에 이 흙인형을 무덤 안에 넣을 것을 진상했다. 왕은 대단히 기뻐하며 노미노스쿠네를 불러 "내 뜻도 바로 그러하다"고 하여 그 뒤부터는 이 흙인형을 '하니와'라 부르고 능(陵)에는 산 사람 대신에 반드시 하니와를 넣게 되었다.

이제부터 살펴볼 나라현 사쿠라이시 마키무쿠(卷向)에 있는 아나시니이마스효오즈(穴師坐兵主)신사의 참배길 옆에 스모오(相撲)신사가 있고 그곳에 노미노스쿠네가 모셔져 있다. 그러나 그가 죽은 곳은 효오고현(兵庫縣) 타쯔노(龍野)라는 곳으로 『하리마국 풍토기(播磨國風土記)』에는 "이즈모국 사람들이 무덤을 만들고 '이즈모하카야(出雲墓屋)'라고 불렀다"는 기록이 있다.
또한 타쯔노에 있는 니시미야야마(西宮山)고분이 노미노스쿠네의 무덤으로 생각되고 있으나 고분을 발굴조사한 무라카와 유키히로(村川行弘) 씨에 따르면 고분의 횡혈석실에서 거울(鏡)·검(劍)·구슬(玉)·무구(武具)·관모(冠帽)를 비롯한 금도금된 유물과 가래(鐵鍬) 등의 철제품, 토기 등의 부장품이 많이 출토되었다고 한다. 특히 한국에서 전해진 금제 귀걸이와 받침딸린 장식항아리(臺付子持裝飾壺)는 훌륭한

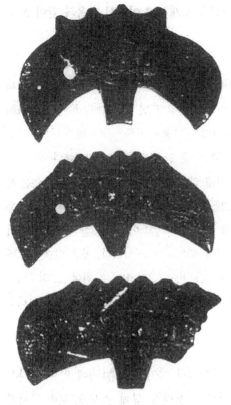

미와산에서 출토된 곱은옥

유물이라고 한다. 이 장식항아리는 동물의 모습과 병사, 씨름하는 모습 등도 장식되어 있어 그 지역에 전하는 노미노스쿠네의 전설과 일치하는 점이 많아 흥미롭다.

나오키 코오지로(直木孝次郎) 씨의 「하지씨의 연구」를 보면 "『속일본기(續日本紀)』엔 레키(延曆) 9년조에 하지씨에게는 '사복(四腹 ; 조상이 같은 4성)'이 있어서 하지씨 외에 오오에(大枝 또는 大江), 아키시노(秋篠), 스가와라(菅原)씨가 갈라져 나왔다"고 한다. 이 '사복'은 모두 야마토, 카와치 등으로 퍼져 나갔던 바로 그 사람(도래인)들이었다. 그중에서도 가장 널리 알려진 성씨(姓氏)는 일본에서 학문의 신으로 추앙받고 있는 스가와라노미치자네(菅原道眞)를 배출한 '스가와라씨(菅原氏)'가 아닐까 생각한다.

오오사카부(大阪府) 후지이데라시(藤井寺市) 도오묘오지(道明寺, 지명)에는 '하지씨의 고향'이라고 불리는 지역이 있고 스가와라노미치자네와 노미노스쿠네를 제신으로 모시는 도오묘오사 텐만궁(道明寺 天滿宮)[8]이 있으며 '하지요터(土師窯跡)'라고 새겨진 비석 따위도 서 있다.

도오묘오사는 원래 '하지신사'였다고 하며 지금의 사원도 하지씨의 씨사(氏寺)였다고 전한다. 그리고 현재의 톳토리현(鳥取縣)에 속한 옛 이나바(因幡)의 야죠오군(八上郡)에는 '오오에향(大江鄕)'이라는 지명이 있고 그곳에 신사의 격(格)이 두 번째로 높은 단계[二之宮]에 해당하는 오오에신사가 있으며 '하지향(土師鄕)'이라는 지명도 남아 있다. 또한 하쿠호오(白鳳)시대[9]의 하지모모이 폐사(土師百井廢寺)터도 남아 있다.

이처럼 당시 야마토에서는 하지씨가 가장 중심적인 존재였음을 알수 있다. 『일본고대인명사전』에 따르면 하지씨에서 그 계열만으로도 100여 개의 성씨가 갈라져 나왔다고 한다. 이른바 노미노스쿠네의 후손인 하지씨족은 이처럼 일본 전국으로 퍼져 나갔던 것이다. 이와 같은 사실은 다음과 같은 몇 가지 사실로도 확인할 수 있다. 예를 들면 지금 내가 살고 있는 토오쿄오(東京)의 아사쿠사(淺草)에서는 해마다 200만이 넘는 사람들이 모이는 아사쿠사 삼사제(淺草三社祭)라는 축제가 열

'하지씨의 고향'에 있는 도오묘오사 텐만궁(옛 하지신사)

히바라신사

린다. 이곳 센소오사(淺草寺)의 유래에 따르면 제신은 히노쿠마하마나리(檜前浜成), 히노쿠마타케나리(檜前竹成), 하지나카시리(土師中知)라고 전한다.

토오쿄오도(東京都) 교육연구회에서 펴낸 『토오쿄오도의 역사 산보(散步)』를 보면 "히노쿠마(檜前)란 야마토의 히노쿠마(檜隅)를 가리키는 것으로 아치노오미(阿知使主)[10]의 아들 아야노아타이(漢直)[11]의 본관지이며, 하지는 카와치의 하비키노(羽曳野)를 근거지로 하는 백제계 사람들이 불렀던 이름[氏]이었다"고 씌어 있다. 또한 사이타마현(埼玉縣) 와시미야정(鷲宮町)에는 와시미야(鷲宮)신사가 있는데 요미우리(讀賣)신문 1986년 9월 13일자에 "와시미야라는 신사 이름은 2,000년 전 토기를 굽던 하지베(土師部)의 거주지로 개척되어 그들이 받들던 신 하지노미야(土師宮)가 그 지방의 사투리로 전와(轉訛)된 것에서 유래한다"고 씌어 있다. 그것뿐만이 아니다. 이른바 무사시국(武藏國 : 현재의 토오쿄오도 대부분과 사이타마현·카나가와현 일부)에서 신사의 격이 가장 높은 단계〔一之宮〕에 속하는 히카와(氷川)신사를 모신 것도 하지계 씨족이었다. 사이타마대학 교수 하라시마 레이지(原島禮二) 씨의 『고대 아즈마국(東國)의 풍경』에 따르면 그들이 모셨던 신은 하세쯔카베노아타이후와마로(丈部直不破麻呂), 즉 무사시노스쿠네(武藏宿禰)라고 한다. 이 격이 높은 신사는 지금도 사이타마현 오오미야시(大宮市)에 건재하지만 신사의 격으로 두 번째에 속한다는 카나사나(金鑽)신사도 그들의 씨족을 모신 것이라며 하라시마 씨는 계속해서 다음과 같이 적고 있다.

이 카나사나신사를 모신 호족은 히카와신사를 모시는 무사시씨(武藏氏)와 같은 씨족이었다.…… 무사시씨는 일본씨름의 원조로 알려진 노미노스쿠네의 후예라고 전하는 하지씨나 이즈모씨(出雲氏)와도 같은 씨족 관계에 있었다.

무사시국 히카와신사의 무전(舞殿)·배전(拜殿)

하지씨가 일본 전국으로 퍼져간 예를 하나 더 들어보자. 코훈시대 전기 토기(前期土器)의 고장으로 알려진 현재의 오카야마현(岡山縣)에 속한 옛 키비(吉備) 지방에 관한 것으로, 1986년 8월 12일자 산요오(山陽)신문에 "한국계 하지토기(土師土器) 출토/쿠라시키(倉敷)의 스고오(菅生)소학교 뒷산 유적"이라는 머릿기사로 다음과 같은 내용이 실렸다.

오카야마현 교육위원회 고대 키비(吉備)문화재센터는 12일 발굴조사를 진행하고 있던 쿠라시키시(倉敷市) 니시자카(西坂)에 있는 스고오소학교 뒷산 유적에서 5세기 중엽의 것으로 추정되는 한반도계 하지토기 2점을 발굴했다. 한반도의 영향을 받은 이 하지토기는 지금까지 현 내의 다른 곳에서도 출토되고 있으나 이 센터의 발표에 따르면 이번 것은 종래의 것보다 특징이 강해서 당시의 키비 지방과 한반도와의 교류를 알려주는 새로운 자료이다.

이 한반도계 토기, 즉 한국계 토기가 어떠한 것인지는 확실하지 않지만 뒤에 살펴볼 '후루식(布留式) 토기'와 같은 것으로 생각된다.

신라계 도래인 효오즈와 아나시

앞에서 야마노베노미치를 따라 히바라에서 조금 북쪽으로 가면 마키무쿠산에서 흘러드는 마키무쿠천이 나오고 그 강을 지나 서쪽으로 내려간 곳에 하시바카고분이 있다고 했으나 다시 그곳을 거슬러 내려가서 서쪽을 보면 하시바카고분 바로 위 북쪽에 JR(일본철도주식회사) 사쿠라이선(櫻井線) 미와역(三輪驛)의 다음 역인 '마키무쿠역(卷向驛)'이 있다. 즉 마키무쿠(卷向 또는 纒向이라고 씀) 유적의 중심을 이루고 있는 마키무쿠이시즈카(纒向石塚)고분은 나라분지의 동남부에 솟아 있는 미와산의 북쪽에서 서쪽으로 흐르는 마키무쿠천이 만들어 낸 선상지에 펼쳐진 오오타키타미(太田北微)고원에 위치하고 있다. 그리고 마키무쿠역의 바른 동쪽이 '아나시(穴師)의 고향[里]'이라고 알려진 곳으로 그곳에 아나시니이마스효오즈신사와 아나시스모오(穴師相撲)신사 등이 있다. 사쿠라이시에서 펴낸 안내서 『야마노베노미치』를 보면 '아나시의 고향'에 관해 다음과 같이 씌어 있다.

『만엽집』에는 야마노베노미치에 관련된 노래가 많이 있다. 그 노래 중에서 특히 카키노모토노히토마로(柿本人麻呂)[12]가 '아나시의 고향'에 관해서 많은 노래를 부르고 있다. 히토마로(人麻呂)는 이 노래들을 쾌적한 기분으

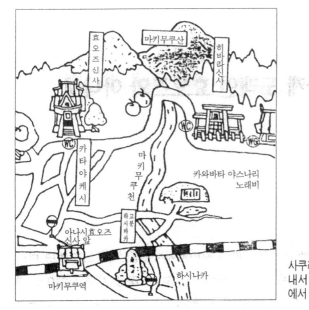

마키무쿠산

효오즈신사

히바리신사

WC

카타야케시

마키무쿠천

WC

WC

카와바타 야스나리
노래비

하고분바카

아나시효오즈
신사 앞

하시나카

마키무쿠역

로 산책하면서 불렀을 것이다. 그의 노래에서 경쾌한 음률을 느낄 수 있다.

이 노래에 관해서는 다음에 살피기로 하고, 먼저 '아나시의 고향'에
있는 아나시니이마스효오즈신사와 아나시스모오신사에 관해서
JTB(일본교통공사)에서 간행한 안내서 『나라(奈良)』를 보면 다음과 같
이 소개되어 있다.

유즈키악(弓月岳) 정상에 있던 상사(上社)를 산기슭으로 내려 하사(下社)
로 한 것이 아나시니이마스효오즈신사이다. 이 신사는 오오미와(大神)신사
와 오오야마토(大和)신사, 이소노카미(石上)신궁 등과 어깨를 나란히 하는
대사(大社)이지만 그 유래는 확실하지 않고 제신도 분명하지 않다. 이 신사
는 마키무쿠산 앞산을 조금 올라간 곳에 위치하고 있기 때문에 경내에서 바
라보는 전망이 훌륭하다. 토리이(鳥居 : 신사 입구에 세운 기둥 문) 옆에는 노

아나시의 스모오신사

미노스쿠네를 모신 작은 사당이 있어 스이닌천황 때에 노미노스쿠네가 타이마노케하야를 물리쳤다고 전하는 일본씨름의 발상지로도 알려져 있다.

노미노스쿠네와 일본씨름 스모오의 관계에 대해서는 조금 뒤에서 다루기로 하겠다. 안내서 『나라』에는 "아나시니이마스효오즈신사(줄여서 효오즈신사 또는 아나시효오즈신사라고도 함)가 대단한 신사였는데도 신사의 유래나 제신이 불확실하다"고 씌어 있지만 나는 그렇게 생각하지 않는다. 어떤 의미에서는 이곳만큼 제신이 분명한 신사도 드물다고 본다. 나는 이 글을 쓰기 전에 효오즈신사를 직접 찾아가 신사의 유래 등이 적힌 『오오효오즈(大兵主)신사』를 받아 보고 이 신사의 궁사(宮司 ; 신사의 최고책임자) 나카 요시오(中由雄) 씨를 찾아 뵙고 몇 가지 물어

비자나무, 모밀잣밤나무, 떡갈나무 등 2.7ha에 이르는 경내 숲이 아름다운 와시미야신사

본 적이 있었다.

　나카 씨에 따르면 제신은 미케쯔카미(御食津神)라고 하는 구슬거울
〔鈴鏡〕을 가진 '히보코(日矛)' 즉 아메노히보코(天日槍 또는 天日矛)[13]
라고 했다. 아메노히보코는 흔히 기록에서 보듯이 '신라의 왕자'라는
따위의 사람 이름이 아니라 신라계 도래인들이 태양신을 받드는 제사
를 지내기 위한 제구(祭具)를 인격화한 것이다. 이와 같은 신라계 도래
인들을 '아메노히보코 집단'이라고 부르는데, 이들은 신라 · 가야계로
생각되는 '하타(秦) 씨족[14]과도 밀접한 관계에 있었다.

　이러한 사실은 아나시효오즈신사의 지리적 위치를 보아도 알 수 있
다. 아나시(穴師)라는 지역은 현재 마키무쿠산(567m)이라 불리는 유
즈키악의 산기슭에 위치하고 미와산(467m)의 동북쪽 끝에 해당하기
때문에 보통은 '미와산록'이라고 부른다. 바로 마키무쿠 유적(纏向遺

跡)이 있는 이곳에 하타씨족이 모여 살고 있었던 것이다. 또한 『향가(鄕歌)』와 『만엽집』과의 관계를 말한 나카니시 스스무(中西進) 씨의 「만엽집의 세계와 한국」의 다음과 같은 내용을 보아도 알 수 있다.

나라(奈良)의 하세 또는 하쯔세(初瀨)라고 불리는 지역에 '유즈키(弓月)'라는 지명이 있다. 카키노모토노히토마로는 그의 노래집에서 "하쯔세의 유즈키 밑에서 내 아내가 밝은 달밤에 다른 남자와……"라고 노래하고 있다. 이 노래는 한국의 대표적인 향가인 처용가(處容歌)의 내용과 아주 비슷하며 더욱이 나라현의 유즈키는 훗날 하타씨족의 조상이 된 유즈키노키미(弓月君)[15]와 그 일족이 살았던 곳이다. 가까운 곳에 효오즈신사가 있다.…… 유즈키의 효오즈신사도 카라신(伽羅神) 또는 역시 가야신을 나타내는 '카라카미(韓神)'를 모신 신사로 유즈키노키미가 살았다는 이 유서 깊은 땅에서 한국의 처용가와 거의 비슷한 와카(和歌 ; 고대부터 불려진 일본 고유의 정형시)가 불려졌다는 것이 단순한 우연만은 아니리라.

또한 나라여자대학 교수 센다 미노루(千田稔) 씨도 나라의 역사 지리에 관한 어느 좌담회에서 "사쿠라이의 마키무쿠산은 일찍이 유즈키악이라고 불렸으며 유즈키노키미가 하타씨의 조상이므로 유즈키악은 하타씨와 관계가 깊다. 그곳 산기슭에는 효오즈신사가 세워져 있다.…… 이 신을 하타씨가 신라로부터 모셔온 듯하다"라고 자신의 견해를 밝히고 있다. 센다 씨가 말하는 유즈키노키미는 『일본서기』 오오진천황 14년조에 따르면 120지방[百二十縣]의 백성을 이끌고 백제를 거쳐 도래한 하타씨족의 조상을 일컫는 것으로, 그들의 일족이 살았다는 유즈키악 즉 마키무쿠산과 미와산 기슭 일대에 '마키무쿠 유적'이 있다. 이 유적은 1971년부터 1, 2차 발굴조사가 진행되었지만 최근 제4차 이시즈카(石塚)고분의 발굴조사로 학계의 주목을 받게 되었다. 또한 근처에 있는 하시바카고분과도 깊은 관련이 있어 일본 고대 국가 형성과정에

마키무쿠 지역(뒤쪽에 마키무쿠산과 미와산이 보인다.)

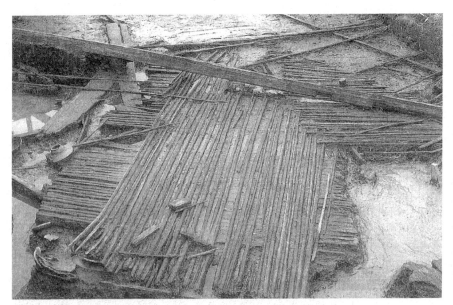

마키무쿠 유적의 부서진 가옥

마키무쿠 유적에서 출토된 토기

관해 여러 각도에서 매스컴의 큰 관심이 모이고 있다.

마키무쿠 유적에 관해서는 1989년 6월 29일자 마이니치(每日)신문에 "마키무쿠의 이시즈카고분/3세기 전반 축조/여왕 히미코와 같은 시대/목제품의 연륜 측정/'고분의 기원' 재검토/나라 국립문화재연구소"라는 머릿기사로 다음과 같이 씌어 있었다.

나라현 사쿠라이시에 있는 마키무쿠 유적은 야요이시대 말기부터 코훈시대에 걸친 대취락터로 알려져 있다. 이곳에서 가장 오래된 전방후원분에 속하는 이시즈카고분에서 출토한 노송나무 판(板)모양의 나무 제품을 나이테연대측정법(年輪年代測定法)으로 조사하고 있던 나라 국립문화재연구소는 28일까지의 조사로 나무 제품의 가장 바깥쪽의 나이테가 서기 175년 전후인 것을 밝혀 내고 이 고분의 발굴을 주관하는 사쿠라이시 교육위원회 등에 보고했다. 이 노송나무를 자른 시기는 이보다 수십 년 뒤인 3세기 전반으로 추정된다. 벌채한 시기가 고분의 축조 연대와 거의 같은 시기로 생각되므로 지금까지 출토된 토기 등을 근거로 추정한 3세기 후반보다 연대를 거슬러 올라가 야마타이코쿠의 여왕 히미코의 시대와 겹치고 있다. 이와 같은 사실은 사가현(佐賀縣) 요시노가리(吉野ヶ里) 유적[16]의 출현으로 다시 일어난 야

하시바카고분에서 바라본 유즈키악(중앙은 마키무쿠산, 오른쪽은 미와산)

마타이코쿠의 소재지 논쟁에 영향을 주었을 뿐만 아니라 코훈시대가 시작된 시기와 토기 편년의 재검토가 요청될 듯하다.

마키무쿠 유적은 초기 야마토 정권의 도궁(都宮)이 있었을 가능성이 있는 대취락터로 규모는 사방 2km에 이른다. 마키무쿠이시즈카고분 이외에 히미코의 무덤이라는 설이 전해 내려오는 하시바카고분과 야쯔카(矢塚)고분 등 6기의 전방후원분과 한 곳의 고분군이 더 확인되어 야마타이코쿠의 가장 유력한 후보지로 생각된다.

이 신문 기사는 계속 이어지고 있으나 야마타이코쿠가 키나이(畿內 ; 쿄오토에 가까운 다섯 지방을 일컬음)의 야마토에 존재했었던지 큐우슈우(九州)에 있었던지 간에 내가 주목하는 것은 사방 2km에 이르는 대취락을 만들고 살았던 사람들이 도대체 누구였는가 하는 점이다. 이곳에 집단을 이루고 살았던 사람들은 유즈키노키미를 조상으로 하며 유

아나시니이마스효오즈신사

즈키악이 위치한 아나시에서 효오즈신사를 모시고 있던 하타씨족이었
거나 적어도 신라·가야계로 생각되는 하타씨족과 전혀 무관한 사람들
은 분명히 아니었을 것이기 때문이다.

여기서 유즈키의 효오즈신사의 '효오즈'와 마키무쿠 유적 안에 있는
아나시니이마스효오즈신사와 아나시스모오신사의 '아나시(穴師)'에
대해서 살펴보기로 하자. 먼저 오오효오즈(大兵主) 또는 효오즈(兵主)
신사는 효오고현(兵庫縣)의 타지마(但馬) 등에 7사(社)가 있고 그밖에
12사 정도가 있으나 학자들마다 의견이 다르다. 예를 들면 하시카와 타
다시(橋川正) 씨의 「효오즈신사의 분포와 쯔마국(投馬國)」에는 효오즈
신사에 관해 다음과 같이 씌어 있다.

이 외국인 '효오즈'가 일본에 도래한 시기는 본시 알기 어렵고 나이토오
코난(內藤湖南) 박사는 그저 효오즈는 백제의 신이라기보다는 그보다 훨씬

이전의 아직 아무 기록이 없던 시대에 온 신이라고 전하므로 오오진천황 14년에 백제에서 도래한 하타씨족의 유즈키노키미와 연관지어 대략적인 연대를 추정하고 있다.

"백제의 신이라기보다는 그보다 훨씬 이전"이라고 하면서 "백제에서 도래한 하타씨족의 유즈키노키미와 연관지어"라고 한 것은 논리적으로 맞지 않다.

또 다른 의견으로 키타지마 카코오(北島葭江) 씨가 쓴 『미와 이소노카미(三輪石上)』에는 다음과 같은 설명도 있다.

아나시라는 것은 하타씨가 채광(採鑛)을 주로 했기 때문에 붙은 이름이 아닌가 생각된다. 일본에서는 '효오즈'가 무신(武神)으로 이즈모국과 관련이 깊은 스사노오노미코토(素盞鳴尊)[17]를 제신으로 모신 적도 있지만 이것은 하타씨족과 이즈모족과의 관계를 암시하는 듯하다.

아나시(穴師)가 하타씨나 이즈모족과 어떤 관계에 있었는지는 알 수 없다. 그러나 아나시는 키타지마 씨의 견해처럼 하타씨가 채광을 주로 했기 때문에 붙여진 이름이라고 생각한다.

'아나시'의 '아나(穴)'는 사가현(滋賀縣) 오우미(近江)의 쿠사쯔(草津) 등에 남아 있는 지명 '아나'와 같은 것으로 신라계 도래인으로 전하는 아메노히보코와 관련된 지명이다. 아메노히보코가 상륙했다고 알려진 야마구치현(山口縣)의 아나토(穴門)와도 관련이 깊지만 쿠사쯔에는 아메노히보코를 받드는 아라(安羅)신사가 세 곳이나 있다. 즉 '아나'는 '아라(安羅)·아야(安耶)·아나(安那)'를 가리키는 말로 그 옛날 아메노히보코를 상징으로 하는 도래인 집단이 살았고 훗날 백제와 신라에 병합된 고대 한반도의 남쪽에 있던 소국(小國)의 이름이었다. 이른바 5세기 무렵에 일본으로 도래한 한민족의 후손 야마토노아야씨

(東漢氏)의 '아야(漢)'가 곧 '아야(安耶)'에서 유래한 말이다.

이와 같은 사실은 『일본서기』 오오진천황 37년조에 기록된 '아나하토리(穴織)'라는 것과 유우랴쿠(雄略)천황 14년조의 '아야하토리(漢織)'라는 표기를 통해서도 추측할 수 있다. 또한 최근 이곳 마키무쿠 유적에서 아야(安耶)의 아야하토리(漢織 : 고대 한국에서 건너간 베짜는 기술 또는 사람) 즉 사선형 줄무늬 비단[능직(綾織)이라고도 하며 일본음으로 역시 아야하토리로 읽음]도 출토되었다.

내가 1988년에 발간한 『일본 속의 한국문화』 제10권에서 하타씨족을 다룰 때만 해도 나는 하타씨족을 신라·가야계(아라 등을 포함한) 도래인으로만 알고 있었다. 그러나 하타씨족도 원래 같은 신라·가야계였던 바로 아메노히보코 집단에서 갈라져 나왔던 것이다. 그와 같은 사실은 다음에 살펴볼 나라현 동북부 야마토타카하라(大和高原)의 쯔게촌(都祁村)에 남아 있는 전승과 유적 등을 보아도 알 수 있다.

야마베군 쯔게 부근

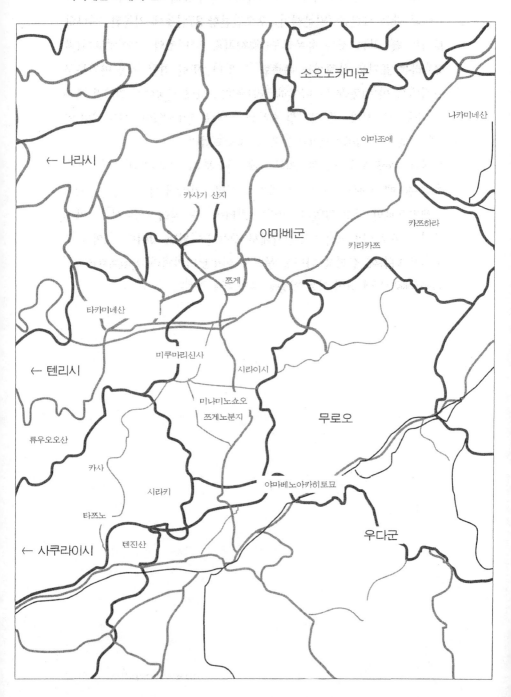

야마토의 신라 쯔게국

　이번에는 사쿠라이시와 텐리시의 동북쪽 옆에 있는 나라현 야마베군(山邊郡) 쯔게촌(都祁村)을 시작으로 돌아보기로 한다. '쯔게국' 즉 '都祁國'은 원래 한자로 '闘鷄國'이라 표기했다고 한다.

　타카야나기 미쯔토시(高柳光壽)·타케우치 리죠오(竹內理三) 씨가 펴낸 『일본사사전』의 「야마토국」에는 쯔게국에 관해서 "현재의 나라현, 키나이의 하나로 대국(大國)이었다. 옛날에는 야마토(倭), 카쯔라기(葛城), 쯔게(闘鷄) 등의 쿠니노미야쯔코(國造 ; 고대의 세습 지방관)가 지배했다. 또한 야마토 정권의 발상지로 8세기까지 주권자(主權者)의 거주지로서 국가의 중심이었다"고 씌어 있다.

　이 경우 이곳을 지배했다는 '쿠니노미야쯔코'를 어떻게 다루어야 하는가 하는 문제는 남아 있지만 어찌되었든 옛 쯔게국(闘鷄國)은 일본의 통일국가 발상지였던 야마토에서 대단히 중요한 존재였던 것만은 분명하다.

　쯔게국(闘鷄國·都祁鄕·都祁村을 일컬음)에 관해서는 오오와 이와오(大和岩雄) 씨의 「야마토의 시라기(鷄林)·쯔게(闘鷄)의 나라」에 자세히 소개되어 있다. 오오와 씨는 "어째서 쯔게(闘鷄)인가"라는 설명을 시작으로 다음과 같이 적고 있다.

쯔게촌에서 출토된 옛 칼

　쯔게를 『고사기(古事記)』에는 '都祁(도기)'로, 『속일본기』에는 '竹鷄(죽계)'로 표기했다. 쯔게(ッゲ)를 『일본서기』나 『속일본기』 등의 나라시대 정사(正史)에 '鬪鷄(투계)·竹鷄(죽계)'로 표기한 것은 무슨 이유일까? 일본어로 '쯔게'라는 음을 표기한다면 한자로는 『고사기』의 都祁와 『화명초(和名抄·와묘오소오 ; 934년에 만들어진 사전)』의 '都介(도개)'처럼 표기해야 하며 鬪鷄와 '竹鷄'라는 한자는 '쯔게'로 읽을 수 없다. 즉 '鬪鷄·竹鷄'라고 쓴 『일본서기』나 『속일본기』의 표기는 표의(表意)문자로써 '鷄(계)'라는 한자에 의미를 부여하고 있는 것이다.

　『일본서기』 스진천황 65년 7월조를 보면 "미마나(任那·임나 ; 일본인들이 4, 5세기경 한반도 남쪽에 있었다고 주장하는 일본의 속국)는 큐우슈우의 쯔쿠시국(筑紫國)을 떠나 2,000여 리 북쪽, 바다를 건너 계림(鷄林, 신라)의 서남쪽에 있다"고 기록되어 있다. 계림은 신라의 수도이다. 『삼국사기』 신라본기(新羅本紀) 제1에 따르면 "신라 제4대 탈해이사금(脫解尼師今) 9년 3월조에 김알지(金閼智)의 탄생에 따라 금성(金城)의 서쪽 시림(始林)을 계림(鷄林)으로 새롭게 불러 국호로 삼고……"라는 기록이 있다. '계림'이라는 국명이 출생과 관련이 있는 것으로 보아 난생설화(卵生說話)[18]와도 관련이 깊은 '계(鷄)'자가 등장한 것으로 생각된다.

　또한 오오와 씨는 하리마국(播磨國) 호오소오산(峰相山)에 있는 케이소쿠사(鷄足寺)를 비롯한 일본 전국에 있는 케이소쿠사를 예로 들고 "鷄足의 鷄, 鷄林의 鷄이다. 그러므로 鬪鷄·竹鷄라고 쓰인 야마토의 쯔게국은 계림국(鷄林國), 즉 신라국(新羅國)이라는 의미일 것이다"라 하고 계속해서 다음과 같이 쓰고 있다.

쯔게국으로 가려면 하세천(初瀨川), 아나시천(穴師川), 후루천(布留川)을 거슬러 올라가는 세 갈래 길이 있다. 현재 아나시천을 통하는 길은 잘 이용되지 않고 있지만 고대에는 이 길이 쯔게와 야마토쿠니나카(大和國中)를 연결하는 중요한 도로였던 듯하다. 이 옛길을 그 지방 사람들은 '텐노오자카(天皇坂?)'라고 부르고 있다. 아나시오오효오즈신사 뒤를 통해서 텐노오자카를 넘으면 카미노고오(上鄕)로 통한다(지금 이곳으로 가려면 하세천을 거슬러 올라간다). 아나시(穴師, 지명) 쪽에서 올라가 맨 처음 나오는 카사(笠)라는 마을에 아라(荒)신사가 있다.

또한 시라키(白木)라는 취락도 있다. 옛날에는 키타시라키(北白木), 나카시라키(中白木), 미나미시라키(南白木)로 나뉘어 있었다. 무로마치(室町)시대 시라키에는 시라키 무사시(白木武藏)라는 호족이 있었으나 그들의 조상인 아메노히보코가 신라에서 도래한 후 신라성(新羅城, 新羅는 일본음으로 '시라기'이며 城도 '키'라고 읽는다)을 쌓았기 때문에 '신라'가 '시라기〔백성(白城, 白의 일본음 역시 시라 또는 시로이다)〕'로 바뀌고 다시 '시라키'로 되었다고 전해 내려오고 있다. 시라키의 옆 취락은 카야노모리(萱森)라고 부른다.

카미노고오까지는 아직 사쿠라이시에 속한 곳으로 그곳에 있는 '시라키'라는 지명이 곧 한국의 '신라'를 가리키는 것이다. 또한 오오와씨의 글 마지막 부분에 시라키 옆에 '카야노모리'가 있다고 했으나 이 카야노모리의 '카야' 즉 '萱'는 『화명초』에 '加夜(가야)'로 표기되어 있으므로 고대 한반도 남부의 '가야'를 의미하는 것이다. 또 '모리(森)'

가 한국어의 '머리(중심, 성지라는 뜻)'에서 유래되었다는 것은 『만엽집』에 신사를 '모리(신사가 있는 땅을 모리라고 함)'라 표기한 것을 보아도 알 수 있으며 오오와 씨가 예로 든 아스카천(飛鳥川) 상류에 있는 지명 '카야노모리(栢森)' 등으로도 짐작할 수 있다.

마침 한국어와 관련된 지명을 다루고 있으나 쯔게(鬪鷄) 혹은 쯔게(都祁)라는 것도 원래는 한국어에서 온 말이다. 오오와 씨의 논문을 조금 더 살펴보면 "아라 마사토(荒正人) 씨가 아사히신문 11월 11일자에 '아라(荒)'라는 성은 한국의 아라(安羅)에서 온 것이라고 했으나 카미노고오에 있는 아라(荒)신사가 곧 '아라(安羅)' 신사라는 것은 아나시효오즈신사와의 관계에서도 추측할 수 있다"고 하면서 계속해서 다음과 같이 쓰고 있다.

시라키 · 아나시 · 아라신사 등이 있는 카미노고오에서 더 들어가면 『화명초』에 기록되어 있는 쯔게향(都祁鄕)이 나온다. 이곳에는 시라키에서와 같이 키타시라이시(北白石), 나카시라이시(中白石), '미나미시라이시(南白石)'라는 지명이 있다. 취락에 키타 · 나카 · 미나미가 붙은 지명은 '시라키'와 '시라이시' 뿐이다. 시라이시의 '시라(白)'는 곧 신라의 일본음 '시라기'의 '시라'일 것이다. 오바마시(小浜市) 시라

마키무쿠 유적에서 출토된
닭모양 하니와

이시에 있는 시라이시신사는 신라씨(新羅氏)의 신사라고 한다. 그리고 미에 현(三重縣) 이가(伊賀)에 가까운 현재의 야마조에촌(山添村)에는 '하타(波多)'라는 지명이 있다. 옛날에는 하타노촌(波多野村)이라고 불렀다. 하타(波多)신사는 나카미네산(中峰山)에 있고 이 산의 옛이름은 하타요코산(波多橫山)이었다고 한다. 중세(中世)에는 이 부근을 넓게 '하타노쇼오(畑莊)'라고 불렀다 한다.

또한 야마조에촌에는 '키리카쯔(切幡)', '카쯔하라(勝原)' 등의 지명〔하타(幡 혹은 秦)는 일본음으로 카쯔(勝)라고도 읽는다〕도 남아 있다. 계림국(鷄林國)의 '鷄' 자를 따서 쯔게를 '鬪鷄' 혹은 '竹鷄'로 쓴 것처럼 쯔게국에는 같은 한국 계통의 것이라 하더라도 고구려와 백제계의 지명과 신사 및 전승(傳承)은 없고 신라계의 것이 훨씬 많이 남아 있다. 나는 이 쯔게국을 '야마토의 신라(大和鷄林國)'라고 부르고 싶다.

쯔게촌에서 출토된 토기

오오와 씨는 계속해서 "이곳 쯔게는 미와산과 마키무쿠산의 동쪽에 잇닿은 고원과 산지로, 넓이는 야마토쿠니나카(大和國中)와 거의 같은데 도래인의 유적으로는 백제계, 신라계, 고구려계가 뒤섞여 있으나 이 넓은 쯔게를 신라계만 차지하고 있었다는 것은 아주 희귀한 일이다"라고 전제한 뒤 쯔게와 아나시의 관계

쯔게미쿠마리신사 소장 그림두루마리

에 대해서 다음과 같이 적고 있다.

　쯔게의 산길을 따라 미에현 이가로 빠지면 쯔게천(拓植川) 유역에 『화명
초』에 기록된 쯔게향(拓植鄕)이 나온다. 현재 이가정(伊賀町)에 속한 카미쯔
게(上拓植), 나카쯔게(中拓植), 시모쯔게(下拓植)가 그곳이다. 카미쯔게에
있는 쯔미에(都美惠)신사('拓植'은 '쯔미에'라고 읽으나, '쯔게'라고도 읽
고 한자로 拓植・都介로 표기한다)는 아나시를 제신으로 모시고 있으나 『이
가정지요령(伊賀町誌要領)』에는 "신사의 명세장(明細帳)에 따르면 신사의

창립 연대는 확실하지 않으나, 옛 기록에 따르면 비타쯔(敏達)천황 시대에 이 고을의 수령이 아나시다이묘오진(穴師大明神)이라 부르는 신을 모셨다"고 기록되어 있으므로 야마토의 쯔게가 아나시와 깊은 관련이 있다는 것과 서로 통한다.

이와 같이 이가의 '쯔게(拓植)'와 야마토의 '쯔게(都祁)'는 지명이 같다는 것말고도 제사와 전승에서도 공통점이 있다. 이가에는 하토리향(服部鄉), 하토리천(服部川)이 있고 닌자(忍者)로 유명한 이가(伊賀) 호족도 원래 '하토리'라는 성(姓)을 가진 집단이었다. 한편 야마토의 쯔게에도 '하토리향'이라는 지명이 있어서 그곳에 있는 '칸하타(神波多)신사'는 '칸하토리베(神服部)신사'라고도 한다. 또한 쯔게촌에는 『엔기식(延喜式 ; 헤이안시대 초기의 제도 의식 등의 세칙을 집대성한 책. 967년 시행)』에 기록된 오리베(下部)신사가 있는데 이 신사 이름인 '오리베'가 곧 아야하토리와 관련되는 오리베(織部)이다.

요컨대 고대 한반도에서 건너와 옛 쯔게국에 정착해서 살고 있던 신라 · 가야계 사람들은 '쯔게(拓植)'라는 지명과 함께 미에현의 이가에 이르기까지 멀리 퍼져 나갔다는 것이며 그 사람들이 바로 아메노히보코 집단에서 갈라져 나온 하타씨와 하토리씨 등이었다는 것이다.

산료오보고분

　지금부터 나라현 북동부에 있는 야마토타카하라에 속한 쯔게촌, 옛 쯔게국에 있는 산료오보(三陵墓)고분에 관하여 살펴보기로 하자. 그런 데 앞에서도 잠깐 살펴보았으나 '쯔게(鬪鷄·都祁·都介)'라는 지명은 도대체 어디서 온 말일까? 일본에서 현재 쯔게촌의 쯔게로 남아 있는 이 말은 원래 한국어 '해돋이'의 '돋이'를 의미하는 한자어 '都祈(도 기)'에서 유래한 말이다. 미즈타니 케이이치(水谷慶一) 씨의 『알려지지 않은 고대』를 보면 "신라신화에 나오는 연오랑(延烏郎) 세오녀(細烏 女)[19]와 일본신화의 아마이와토(天岩戸)[20] 이야기는 동짓날에 지내는 태양제사(太陽祭祀)라는 같은 뿌리에서 나온 것이다. 그 하늘신을 받 든 장소를 '迎日縣(영일현)' 또는 '都祈野(도기야, 일본음은 토키노)'라 고 불렀다" 하고 다음과 같이 쓰고 있다.

　'迎日縣(해를 맞이하는 곳)'의 의미는 알겠으나 '都祈野'란 무슨 뜻인가? '都祈(도기)'는 신라어로 일출(日出)을 의미한다. 지금도 한국에서 옛날과 똑같이 발음을 하는 '해돋이'라는 뜻이다. '都祈'는 '돋이'를 한자의 음을 빌려 나타낸 것으로 먼저 신라어의 의미를 '迎日縣'이라는 한자로 번역한 다음 그 음을 '都祈野'라고 표기한 것이다. 우리들은 흔히 "鷄がトキを告げ

る(닭이 울어 날이 밝았음을 알린다)"고 말한다. 이 경우 닭이 날이 밝아옴을 알리는 의미로 'トキ(토키)'를 보통 시각(일본어로 '時'를 '토키'라 읽음)과 관련지어 생각하고 있으나 이것은 오히려 신라어의 '해돋이'란 뜻으로 해석하는 것이 좋을 것 같다. 이 '都祈'를 일본어로 '쯔게'라고 읽는 것은 한음〔漢音, 일본 한자음에서는 한음과 오음(吳音)의 대표적인 음으로 나뉨〕인 '토키(都祈)'가 지명으로 표시될 경우에 오음인 '쯔게(都祈)'로 바뀌는 것이다.

미즈타니 씨는 또한 현재 일본에는 이 '토키'와 '쯔게'라는 지명이 많이 남아 있다며 나라현 쯔게촌, 미에현 쯔게천(拓植川), 기후현(岐阜縣) 토키군(土岐郡), 이시카와현(石川縣) 토키정(富來町), 사이타마현(埼玉縣) 쯔게향(都家鄉)과 토키천(都幾川) 등을 예로 들고 있다.

쯔게야마구치신사

콘류우사의 관음보살입상

　내가 나라현 야마토타카하라 남부에 있는 쯔게촌을 방문한 것은 5월
어느 날이었다. 그때 사쿠라이시 쪽에서 택시를 타고 잘 뚫린 아스팔트
길을 달려가면서 차창 밖을 내다보니 과연 이름 그대로 넓은 고원이었
다. 나는 쯔게촌에 도착해서 우선 촌사무소 교육위원회로 향했다. 그곳
에서 오오니시 노리코(大西範子) 씨로부터 몇 가지 자료를 받고는 곧
바로 해발 400~500m 높이에 있다는 쯔게미쿠마리(都祁水分)신사와
쯔게야마구치(都祁山口)신사로 향했다. 작은 촌에 있는 신사치고는 신
록이 무성하고 품격도 있어 보이는 아주 잘 정돈된 신사였다. 신사를
둘러보고 근처 콘류우사(金龍寺)에 안치되어 있는 신라의 불상으로 추

측되는 관음보살입상과 안온사(安隱寺)의 무릎을 세우고 앉은 십구야
강석불(十九夜講石佛)도 보고 싶었으나 그보다 더 내 흥미를 끈 것은
쯔게촌, 즉 옛 쯔게국에 있는 산료오보고분이었다.

이 고분에 언제부터 '산료오보(三陵墓)'라는 이름이 붙었을까 궁금
해서 앞서 쯔게촌 교육위원회 오오니시 노리코 씨로부터 받은 쯔게촌
기획과에서 펴낸 『쯔게(都祁)』라는 안내서를 펴 보니 "전방후원분으로
쯔게국 왕의 무덤으로 생각되고 있다"고 간단히 적혀 있었다. 좀더 자
세한 내용을 알기 위해 나라현 교육위원회 문화재보존과 이즈미모리
키요시(泉森皎) 씨의 「산료오보 동(東)고분의 조
사」를 보니 다음과 같이 씌어 있었다.

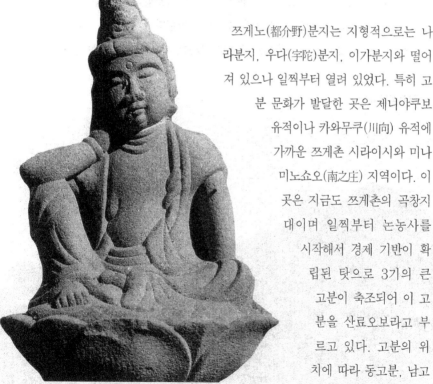

쯔게노(都介野)분지는 지형적으로는 나
라분지, 우다(宇陀)분지, 이가분지와 떨어
져 있으나 일찍부터 열려 있었다. 특히 고
분 문화가 발달한 곳은 제니야쿠보
유적이나 카와무쿠(川向) 유적에
가까운 쯔게촌 시라이시와 미나
미노쇼오(南之庄) 지역이다. 이
곳은 지금도 쯔게촌의 곡창지
대이며 일찍부터 논농사를
시작해서 경제 기반이 확
립된 탓으로 3기의 큰
고분이 축조되어 이 고
분을 산료오보라고 부
르고 있다. 고분의 위
치에 따라 동고분, 남고
분, 서고분으로 부르고

안온사의 십구야강석불

있으나 남고분만은 고분군을 이루고 있어 어느 고분이 남고분인지 분명하지 않다.

쯔게촌의 고분은 일찍부터 주목되어 왔다. 그 이유는 첫째로 우수한 거울과 옥(玉)이 출토되었기 때문이다. 또한 쯔게촌의 고분은 원분(圓墳) 중심으로 이루어져 전방후원분이 축조되지 않은 점도 주목되어 왔다. 그러나 그 뒤의 조사로 산료오보 동고분이 100m가 넘는 대규모의 전방후원분이며 서고분 역시 전방후원분일 가능성이 높다고 지적되고 있다. 1990년 쯔게촌 교육위원회가 나라현립(縣立) 카시하라(橿原) 고고학연구소의 협조를 받아 동고분을 조사한 결과 전체 길이가 110m나 되는 서쪽을 향해 축조된 전방후원분으로 판명되었다. 후원부(後圓部)의 높이에 비해 전방부(前方部)가 7~8m 낮은 것으로 보아 전기(前期) 고분의 축조법과 같고 원통(圓筒) 하니와가 약 150개 정도 사용되었을 것으로 추정된다.

산료오보 동고분은 나라분지를 제외한 나라현 내에서는 가장 큰 전방후

산료오보고분

원분으로 밝혀졌다.…… 5세기 전반에서 후반에 걸쳐 대규모의 무덤을 만든 이 고분의 피장자는 어떤 사람일까?『일본서기』등의 문헌에는 쯔게(鬪鷄)의 '쿠니노미야쯔코' [21]와 쯔게의 '이나기(稻置)' [22] 등의 이름이 나온다. 쯔게의 쿠니노미야쯔코는 쯔게노(都介之)분지를 반 독립적으로 지배하고 있던 인물로 생각된다.

'쯔게국'이 어떠한 나라였는가 하는 것에 대해 이 산료오보고분이 시사하는 바가 크다. 나라신문 1991년 7월 2일자를 보면 "온더록(on the rock)용으로 저장?/쯔게(都祁)에서 고대의 얼음실 출토"라는 머릿기사가 실렸다. 얼음을 어떤 용도로 썼는지는 알 길이 없으나 고대에 나라현 야마토타카하라에서 번창했던 쯔게국은 더위를 식히기 위해 또는 병간호 등을 위해 필요한 얼음실까지 따로 마련하고 있었다는 것이다.

‖ 역주 ‖

1) 고분의 종류 : 고분에는 전방후원분(前方後圓墳), 원분(圓墳), 방분(方墳), 전방후방분(前方後方墳), 상원하방분(上圓下方墳), 범립패식고분(帆立貝式古墳) 등이 있으나 원분이 가장 많다.

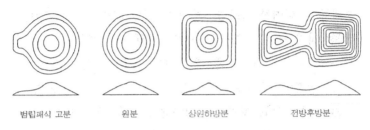

| 범립패식 고분 | 원분 | 상원하방분 | 전방후방분 |

2) 미와전설(1) : 야마토의 미와산(三輪山)에 사는 뱀 · 천둥의 신인 오오모노누시노미코토(大物主神)에 얽힌 신혼담(神婚譚). 김달수, 『일본 속의 한국문화 유적을 찾아서1』, 대원사, 1995, p.335 참조.

3) 시대구분

죠오몬(繩文)시대	BC 1만년 ~ 8천년	무로마치(室町)시대	1338~1573년
야요이(彌生)시대	BC 3세기~AD 3 세기	센고쿠(戰國)시대	1467~1568년
코훈(古墳)시대	AD 4~6세기	아즈치모모야마(安土桃山)시대	1573~1603년
아스카(飛鳥)시대	592~710년	에도(江戶)시대	1603~1867년
나라(奈良)시대	710~794년	메이지(明治)시대	1868~1912년
헤이안(平安)시대	794~1192년	타이쇼오(大正)시대	1912~1926년
카마쿠라(鎌倉)시대	1192~1333년	쇼오와(昭和)시대	1926~1989년
난보쿠쵸오(南北朝)시대	1333~1392년	헤이세이(平成)시대	1989~현재

4) 와후우카 : 코쿠후우(國風)문화. 9세기 말 당나라가 쇠퇴하면서 스가와라노미치자네의 주창으로 견당사를 폐지하고 그때까지 받아들인 대륙문화를 기초로 안정된 귀족생활을 배경으로 한 일본적인 문화를 발달시킨 것을 말한다. 특히 일본문자가나의 발명으로 문학이 발달하고 와카(和歌) 등도 발달했으며 일본풍의 문화가 유행했다.

5) 야마타이코쿠 소재지 논쟁 :「위지」'왜인전'에 의하면 3세기 일본에는 야마타이코쿠를 중심으로 30여 개의 소국이 있었다는 기록이 있다. 기록에는 나라와 나라

사이의 거리와 방위도 적혀 있는데 그것이 사실이라면 야마타이코쿠의 위치는 큐우슈우(九州)의 카고시마현(鹿兒島縣) 근처에 해당한다. 그러나 현재까지 카고시마 부근에서 그와 같은 흔적이 발견되고 있지 않다. 따라서 방위를 달리 생각하거나 지명이 닮은 곳을 찾거나 하는 새로운 설이 많이 나오고 있다. 대표적인 설은 키타큐우슈우(北九州)설과 키나이(畿內)설이 있다.

6) 하지씨 : 하니와 및 토기의 제작과 장례 · 능묘(陵墓) 등의 관리를 담당했던 씨족으로 노미노스쿠네가 하지베(土部)에 임명되어 이후 천황의 장례를 노미노스쿠네의 후손들이 맡게 되면서 씨족의 이름도 '하지베'에서 유래하게 되었다고 한다. 스이코천황 때에는 군사와 외교에 종사하는 사람도 있었으나 타이카(大化) 2년(646) 분묘의 축조 규제와 화장의 보급 등으로 씨족의 지위가 낮아졌으나 그것을 만회하기 위해 781년과 782년 두 번에 걸쳐 개성(改姓)을 청원해서 스가와라씨와 아키시노씨 등으로 바꾸었다고 한다.

7) 타이마노케하야 : 스이닌(垂仁)천황 때에 힘센 사람과 생사를 걸고 싸워서 진 일이 없었다는 역사(力士)로 천황이 그 소문을 듣고 이즈모국(出雲國)으로 불러 노미노스쿠네와 스모오를 겨루게 했는데 노미노스쿠네에게 죽임을 당했다는 전설상의 장사.

8) 텐만궁 : 텐만텐진(天滿天神), 즉 학문의 신 스가와라노미치자네를 모신 신사의 궁호(宮號). 일본 전국 각지에 있음.

9) 하쿠호오(白鳳)시대 : 미술사의 시대구분으로 7세기 후반에서 나라시대 직전까지를 말한다. 미술사에는 아스카문화(552~645), 하쿠호오문화(7세기 후반~나라시대 직전), 텐표오문화(724년부터 약 50년간)로 시대를 나누고 있다.

10) 아치노오미 : 5세기경에 도래한 인물로 야마토노아야노아타이의 조상이라고 하며 오오진천황 때에 아들 쯔카노오미(都加使主)와 함께 17현(縣)의 백성들을 이끌고 도래했다고 전함.

11) 야마토노아야(야마토노아야노아타이) : 5세기경에 도래한 한민족(韓民族)의 후손으로 야마토를 본거지로 하고 조정의 기록과 외교문서를 담당했다고 함. 7세기에는 정치 · 군사의 실권을 잡았으며 성(姓)도 이미키(忌村) 또는 스쿠네로 승격됨. '東漢直 · 倭漢直'으로 표기.

12) 카키노모토노히토마로 : 7세기 후반 지토오(持統) · 몬무(文武)천황 때『만엽집』의 대표적인 가인(歌人)으로 457수의 작품이 보인다. 그의 작품은 찬란한 수사와 율동이 넘치고 중후하며 진지한 인격을 느끼게 한다.

13) 아메노히보코 : 일본설화에 나오는 신라의 왕자로 스이닌천황 시대에 일본으로 건너와 효오고현(兵庫縣) 이즈시(出石)에 머물렀다는 인물.

14) 하타씨 : 고대 초기의 유력한 씨족으로 오오진천황 시대에 조정에 온 유즈키

노키미(弓月君)의 후손이라고 하나 확실하지 않음. 전설에 의하면 중국에서 진시황제(秦始皇帝)의 후손이 건너와 살게 되었다고도 한다. 신라계 도래인으로 알려진 하타씨의 본거지는 야마시로국(山城國)으로 5세기 후반부터 양잠과 기직(機織)의 기술을 일본에 전했다고 한다.

15) 유즈키노키미 : 하타씨의 조상으로『일본서기』에 의하면 오오진천황 14년에 백제에서 사람들을 이끌고 도래했다는 기록이 있다.

16) 요시노가리 유적 : 사가현(佐賀縣) 칸자키군(神埼郡) 요시노가리 구릉에서 발견된 야요이시대 중기를 중심으로 한 유적. 분묘와 큰 환호(環濠) 취락터가 발견되고 환호 안에서 수혈식 주거터와 고상(高床)창고, 저장혈군(貯藏穴群) 등과 많은 유물이 발견되었다. 특히 '왜인전'에 기록된 야마타이코쿠를 연상시키는 유구가 발견되어 많은 화제를 불러일으켰다.

17) 스사노오노미코토 : '須佐之男命'이라고도 표기. 일본신화에 나오는 아마테라스오오미카미(天照大神)의 동생. 흉포해서 아마이와토(天岩戸)사건을 일으켜 천상(天上)의 나라 타카마가하라(高原天)에서 쫓겨났다는 신. 신라에 건너가 배를 만드는 나무를 가지고 와서 식림(植林)의 도(道)를 가르쳤다고도 함.

18) 난생설화 : 영웅이나 위대한 지도자의 탄생에 초인적인 권위를 부여하기 위해 알(卵)에서 태어났다고 하는 고대의 민족설화. 신라의 시조 혁거세와 고구려의 시조 주몽의 탄생설화 등 특히 동북아시아 지방의 민족설화에서 많이 볼 수 있다.

19) 연오랑 세오녀 : 신라의 신화전설에 나오는 부부의 이름으로『삼국유사』에 의하면 연오랑(延烏郞)이 바위를 타고 일본으로 건너가자 그를 따라서 세오녀(細烏女)도 일본으로 건너가 각각 한 나라(一國)의 왕과 왕비가 되었다고 하는 설화.

20) 아마이와토 : 일본신화에서 천신(天神) 즉 천황의 조상이 살았다는 천상의 나라 타카마가하라에 있었다고 하는 암굴(岩窟)의 견고한 입구(戸)를 말하며 '아메노이와토'라고도 함. 신화 속에서 최고신이며 태양신인 아마테라스오오미카미가 아마이와토에 들어가 밤낮없이 어두워졌을 때 거울을 만드는 여신인 이시고리도메가 금으로 거울을 만들어 아마이와토를 열었다고 한다.

21) 쿠미노미야쯔코 : 고대의 세습지방관으로 거의 군(郡) 하나를 지배했다. 미야쯔코는 고대 성씨의 하나로 백성을 다스린 지방관 토모노미야쯔코(伴造)를 일컬음.

22) 이나기 : 상대(上代)의 지방관의 명칭으로 아가타누시(縣主) 다음의 관직. 주로 곡물류의 수납을 담당했다고 함.

제 **2** 부

텐리시의
한국문화 유적 I

텐리시 주변

고대 텐리의 후루 · 미시마

나라현 북부에 위치한 텐리시(天理市)로 눈을 돌려 보자. 일본에서 가장 오래된 길이라고 하는 야마노베노미치(山邊道)는 사쿠라이시로 부터 시작해서 이곳 텐리시 이소노카미신궁(石上神宮)까지인데 북쪽의 나라시(奈良市)로 가는 길은 지금은 끊겨 있다. 여기서 잠깐 나라현 역사학회에서 펴낸 『나라현의 역사 산보』의 「야마노베노미치」를 다시 보면 다음과 같은 글이 씌어 있다.

일본에서 가장 오래된 길이라고 일컬어지는 야마노베노미치는 미와산 산기슭에서 시작해서 마키무쿠산, 아나시산, 류우오오산(龍王山) 끝자락을 돌아 타카마도산(高圓山), 카스가(春日)산록에 이르는 고대의 교통로였다. 야마토의 국가 형성 시기인 스진천황 때의 수도는 시키(磯城)의 미즈가키 궁(瑞籬宮)으로 그 다음 대인 스이닌천황 때의 수도 마키무쿠의 타마키궁 (珠城宮)과 케이코오(景行)천황 때의 수도 마키무쿠의 히시로궁(日代宮)도 야마노베노미치에 잇닿아 있었으므로 이 길은 일본의 국토 형성과 함께 열려 있던 가장 오래된 도로인 것이다.…… 야마노베노미치 주변은 옛 사(社)와 절 그리고 시가전설(詩歌傳說)이 풍부하고 한가로운 전원의 풍경 속에 1,500기에 이르는 고분이 산재해 있다. 이곳 토지의 대부분은 이미

텐리교 본부

밀감밭이나 묘지로 쓰이고 있으나 울창한 숲에 둘러싸인 채 옛 모습을 그대로 간직한 곳도 아직 남아 있어 옛 사람들의 영혼이 숨쉬고 있는 길이기도 하다.

야마노베노미치 주변에는 1,500기에 이르는 고분이 산재해 있다고 했으나 그 고분 중에서 사쿠라이시에 있는 옥지팡이 등이 출토되었던 챠우스야마(茶臼山)고분과 환두대도(環頭大刀)·금동관 등이 출토된 아나시의 타마키야마(珠城山)고분 등은 이 책의 전편이라 할 수 있는, 『일본 속의 한국문화 유적을 찾아서1』을 통해 이미 살펴보았다. 그러나 그것은 그야말로 일부분에 불과하고 고분의 대부분은 텐리시에 집중되어 있다.

텐리시는 텐리교(天理敎)의 총본산이 있는 것으로도 알 수 있듯이 일본 내에서 유명한 종교도시이다. 그러나 지금의 텐리시로 바뀐 것은 1954년의 일로 그 이전까지는 탄바이치정(丹波市町)이라고 불렸었다. 텐리시에는 탄바이치정말고도 후루노미타마샤(布留御魂社)라고도 하는 이소노카미신궁 등이 있는 후루정(布留町)과 텐리교 본부가 있는 미시마정(三島町) 등 유서 깊은 옛 지명이 지금도 남아 있다. 이 옛 지명에 대해 조금 살펴보기로 하자.

먼저 탄바이치라는 지명은 1893년에 바뀐 이름으로 그리 오래된 지명은 아니다. 그러나 이 '탄바이치'라는 지명이 지금은 쿄오토부(京都府)에 속해 있는 '탄바국(丹波國)'에서 유래한 지명이라면 탄바국이 와도오(和銅) 6년(713)에 탄고국(丹後國)에서 갈라져 나왔으므로 탄바이치 역시 상당히 오래된 지명이라고 하겠다. 또 다른 탄바(丹波)에서 온 상인들이 시장(市, 일본음 이치)을 열었기 때문에 탄바이치정이 되었다고도 하나 내가 이 '탄바'의 '탄(丹)'이 고대 한국어의 '곡(谷, 谷의 옛 음이 탄이었음)'에서 유래했다는 사실을 알게 된 것은 카나가와현(神奈川縣) 오다와라시(小田原市)에 사는 향토사가 나카노 케이지로오(中野敬次郎) 씨가 쓴 「하코네산(箱根山)의 개발과 고려문화」의 다음과 같은 내용을 읽고 나서부터였다.

지명에 관해서 말하면 고대로부터 명산으로 알려진 하코네산과 그 옛날 수험도(修驗道)[1]의 큰 도장이며 지금은 등산계에서 널리 알려진 '탄자와산괴(丹澤山塊)'도 그 산 이름은 한국어에서 온 것으로 생각된다. 탄자와산의 '탄(丹)'은 고대 한국어로 깊은 골짜기란 뜻이며 '사와(澤, 자와는 탁음화 현상)'도 역시 깊은 골짜기의 계곡물을 가리키는 것으로 훗날 이것이 야마토고토바(大和言葉, 일본 고유의 언어)가 되었다고 하므로 '탄자와산'은 '골짜기가 깊고 계곡물이 맑은 산'이라는 뜻인 듯하다. 하코네산은 『만엽집』의 노래 속에서는 '波古(하코네로 읽음)' 등으로 표기되어…… 어원(語源)은 '상자〔箱〕모양을 한 산'의 뜻으로 생각하는 사람이 많은 듯하나 실은 '성산(聖山)' 또는 '신선(神仙)의 산'이라는 뜻에서 온 것이다. 북중국이나 한국의 고어(古語)에서는 '하코'란 '신선'의 의미이고 '네'란 '산령(山嶺)'의 뜻으로 '산꼭대기에 신선이 사는 거룩한 산'이라는 의미에서 따온 산 이름이다.

나는 쿄오토시(京都市)를 출발하여 탄바지역을 종단한 적이 있다. 탄바는 이름 그대로 산과 산들로 이루어진 곳으로 당연히 산골짜기〔곡(谷) 또는 단(丹)〕의 파도〔波〕였다. '谷'과 '丹'이 같은 뜻이라는 것은 '탄바'를 '타니와'로 읽는 경우가 있는데 이때의 '타니(丹)'가 '곡(谷)'을 일본음으로 'タニ(타니)'로 읽는 것과 연관지어 추정할 수 있다. 또한 '타니(谷)'를 '탄'[2]으로 발음하는 경우도 있는데 내가 알기로는 이시카와현(石川縣) 노토오(能登)의 스즈시(珠洲市)에 있는 탄자키(谷崎) 횡혈고분이 그런 경우이다.

또한 유명한 후루(布留) 유적, 후루식(布留式) 토기, 후루천(布留川) 등의 '후루'라는 명칭도 고대 한국어의 '도읍(都邑)'이라는 뜻의 말에서 유래하는 것이다. 현재 한국의 수도인 '서울' 역시 도읍이라는 뜻에서 온 것임은 이미 알려진 사실이다. 좀더 구체적으로 생각해 보면 고대 한국의 신라는 옛날에는 서야벌(徐耶伐), 서나벌(徐那伐), 서라벌(徐羅伐), 즉 '셔블(徐伐)'이었다.

카나자와 쇼오자부로오(金澤庄三郎) 씨의 『일한 고지명의 연구(日韓古地名研究)』에는 '서(徐)'란 민족명, 즉 '국호'로 '야(耶)·나(那)·라(羅)'는 '국토'라는 뜻이며 '블(伐)'이란 '국토의 도읍'이라고 한다. 따라서 서울〔일본음으로는 소우루(ソウル)〕을 일본말로 읽으면 바로 '소(ソ)'의 '후루(フル)'가 되는 것이다. 이 '소·후루·후레'라는 지명을 쓰는 지역은 특히 큐우슈우(九州)에 많으며 일본 각지에도 남아 있다. 예를 들면 현재의 나라시(奈良市), 오오야마토코오리야마시(大和郡山市), 이코마시(生駒市)도 옛날에는 소오노카미군(添上郡) 또는

소에카미군, 소오노시모군(添下郡) 또는 소에시모군이라고 불렀으므로 이 '소오(添)'도 카나자와 씨의 '소(국호)'에서 유래한 것이다.

다음으로 텐리시 미시마정의 '미시마(三島)'라는 지명의 유래에 관해서도 살펴보자. 이 지명은 에히메현(愛媛縣) 이요(伊豫)의 오오미시마(大三島)에서 따온 지명이다. '오오미시마'라는 뜻은 '세 개의 큰 섬'이라는 의미가 아니고 원래는 '오오미시마(大御島, 성스러운 섬)'였다. 이요의 오오미시마에는 현재 백제에서 도래했다는 오오야마즈미노카미(大山祇神 또는 大山積神)를 모신 오오야마즈미(大山祇)신사가 있는데 『이요국 풍토기(伊豫國風土記)』를 보면 다음과 같이 씌어 있다.

오치군(乎知郡) 미시마(御島)에 오신 신의 이름은 오오야마즈미노카미(大山積神), 일명 와타시노다이진(和多志大神)이다. '와타시(和多志)'란 '바다를 건너온' 즉 도해(渡海)의 큰신이라는 뜻이다. 이 신은 나니와(難波, 오오사카의 옛이름)의 타카쯔궁(高津宮)에서 천하를 통치하던 닌토쿠(仁德) 천황 시대에 계셨다. 이 신은 쿠다라국(百濟國)에서 건너오셔서 셋쯔국(攝津國) 미시마로 오셨다.

셋쯔국의 미시마는 현재의 오오사카부 타카쯔키시(高槻市)로 이곳 미시마에(三島江, 지명)라는 곳에 오오야마즈미신사의 분사(分社)인 미시마가모(三島鴨)신사가 있다. 본궁(本宮)인 이요의 오오야마즈미신사는 노송나무 등의 수목으로 덮인 7만 평이나 되는 넓은 경내에 붉게 칠한 본전 외에 29사(社)나 되는 섭사(攝社)와 말사(末社)를 가진 거대한 신사로 국보 및 중요문화재가 많은 것으로도 유명하다. 신사의 사무소에서 구한 『오오미시마 참배(大三島詣)』를 보면 다음과 같이 소개되어 있다.

이 신사의 명칭은 오오야마즈미신사, 야마(山)신사, 미시마(三島)신사 등

텐리교 본부 구내에 있던 미시마신사

여러 이름이 있으나 모두가 오오미시마를 중심으로 하는 오오야마즈미노카미를 받드는 신사로 홋카이도(北海道)에서 큐우슈우에 이르기까지 전국 각지에 퍼진 분사는 1만 318사(社)에 이른다.

신라와 가야에서 도래한 하타씨족을 씨신으로 모신 큐우슈우의 우사 하치만궁(宇佐八幡宮, 분사가 4만 정도)[3]이나 쿄오토의 이나리(稻荷, 분사가 역시 4만 정도 있음)신사만큼은 아니라 할지라도 백제에서 건너온 오오야마즈미노카미를 받드는 신사도 상당히 많음을 알 수 있다. 그중에서도 분사로서 유명한 것에 미시마신사가 있다. '미시마'라는 신사명이 붙은 것은 물론 총본궁(總本宮) 오오야마즈미신사가 이요의 오오미시마에 있기 때문이지만 단순히 그런 이유만은 아니다. 미시마신사는 텐리시의 미시마정에도 있고 텐리교 본부 구내에도 있다.

그런데 내가 조사한 바에 따르면 미시마신사는 역시 오오야마즈미 신사가 있는 이요에 110여 사로 가장 많고 그 다음으로 많은 곳이 시즈오카현(靜岡縣) 이즈(伊豆)의 미시마시(三島市)에 있는 미시마신사를 중심으로 하는 지역이다. 이 신사에 관해서는 시즈오카현 고등학교 사회과 교육연구협의회에서 펴낸 『시즈오카현의 역사 산보』에 다음과 같이 씌어 있다.

옛 시모다 카이도오(下田街道)[4]가 국도(國道) 1호선에서 갈라지는 위치에 신사의 격이 가장 높은 미시마신사가 있다. 중세 이후의 전설에 따르면 이요국 오오미시마의 미시마묘오진(三島明神)이 이즈의 미야케시마(三宅島)에 상륙해서 카모군(賀茂郡) 시라하마(白浜)로 옮겼다가〔현 시모다시(下田市) 시라하마신사〕오오히토정(大仁町) 히로세(廣瀬)신사를 거쳐 현재의 위치에 자리잡았다고 한다. 이것은 미시마묘오진을 신앙으로 하는 세토나이카이(瀨戸內海) 집단이 그들이 가진 항해술을 이용해서 이즈반도(伊豆半島)로 이동했다는 것이다.

여기서 말하는 세토나이카이 집단이 보유했다는 항해술은 지금 우리들이 상상하는 것보다도 훨씬 우수했었던 것 같다. 그 뿐만이 아니고 현재 인구 5,000명이 채 안 되는 미야케시마에도 경내에 고분이 있는 도가(富賀)신사를 비롯해 천년 전에 세워지고 『엔기식』에 기록된 신사가 12사나 된다. 참고로 큐우슈우의 카고시마현(鹿兒島縣), 옛 사쯔마국(薩摩國)에는 2사밖에 없다.

다시 미시마(三島·御島)라는 지명 문제로 되돌아가 보자. 내가 미시마신사의 신사명 미시마가 단순히 지명에서 따온 것이 아니라는 사실을 알게 된 것은 코쿠가쿠인(國學院)대학 강사였던 코레사와 쿄오죠오(是澤恭三) 씨의 「카라신(韓神)에 관하여」와 「미시마와 조선」 등의 글을 읽고 나서부터였다.

　간단히 말하면 미시마는 '御島'라고도 쓰고 '조선(朝鮮, 한국)'을 의미하는 것으로 생각되며 옛 조선을 나타내는 다른 호칭이었다는 것이다. 카나자와 쇼오자부로오 씨도 『일한 고지명의 연구』에서 '시마(島)'는 '향리(鄕里)'라는 뜻이라고 적고 있다. 그것이 사실인지 아닌지는 알 수 없으나 카가와현(香川縣) 사누키(讚岐)에는 '시라기(新羅)'라는 이름이 붙은 신사가 네 곳 있는데 그중에 젠쯔우지시(善通寺市)에 있는 시라기신사에서 행해지고 있는 제례(祭禮)는 "스사노오노미코토의 조선도(須佐之男命 朝鮮渡)"라는 후나카구라(船神樂 ; '카구라'는 고대부터 행해지는 노래를 동반한 춤)로 알려져 있다. 이 후나카구라는 "이번에 스사노오노미코토님이 카라(韓, 신라)의 미시마로 돌아가신다고 해서"라고 하는 오오쿠니누시노미코토(大國主命)[5]의 말로 시작하고 있다.

대량의 한국제 토기 출토

나는 텐리시에 있는 텐리(天理)대학을 자주 방문하고 있다. 우선 해마다 텐리대학에서 개최되는 '조선학회(朝鮮學會)'에 참가하기 때문이며 또 다른 이유는 텐리대학 부속 텐리참고관(天理參考館)에는 일본의 국보 및 중요문화재로 지정된 한국의 옛 문화재가 많이 소장되어 있어서 그것을 보기 위해서였다. 한동안 너무 바빠서 찾지 못했지만 신문 등에 보도되는 고고학적 발굴 유물에는 항상 관심을 두고 있었다. 그중에서 내가 특별히 주목한 것은 1981년 6월 4일자 토오쿄오신문의 기사로 "화염(火炎)모양 맞새김〔透刻〕 굽다리접시 출토/스에키(須惠器)의 뿌리에 광명(光明)/텐리/후루 유적에서 일본 최초로"라는 다음과 같은 내용이었다.

코훈시대의 제사 유적인 나라현 텐리시의 후루 유적에서 이번에 한반도 남부의 독특한 화염모양의 맞새김을 가진 스에키〔須惠器 ; 고대 한국에서 전해져 5세기 후반부터 제작된 도기[6]에 가까운 경질(硬質)토기〕가 일본에서는 최초로 발견되었다. 이것은 일본에서 스에키가 나타나기 시작한 코훈시대 중기의 것으로 생각되며 스에키의 원류를 찾는 귀중한 자료로써 주목받고 있다. 『일본서기』에는 백제의 도공이 전했다고 기록되어 있으나 최근의 연구에 따르면 한반도 남부 가야 지방에서 전해져 그 뒤 신라의 영향을 받으면서 일본식 스에키가 만들어지게 되었다고 한다.

고대의 가야 지방은 아라(阿羅, 현재의 함안) 등 10여 개의 소국으로 나뉘어 있어서 일본에 전해진 스에키 제작기술이 가야국 중의 어느 나라 것인지는 확실하지 않다. 텐리참고관의 타케타니 토시오(竹谷俊夫) 학예관이 조사한 바에 따르면 화염모양의 맞새김을 가진 토기는 현재 한국의 경상북도 함안(咸安)을 중심으로 하는 지역에서만 분포하는 독특한 것임을 알게 되었다. 2차 세계대전 이전에 조사된 함안에서 가장 큰 함안 34호분(지름 40m의 원형분)도 석실 안에 화염모양의 맞새김을 가진 굽다리접시 3개와 그릇 1개가 부장되어 있었다.

이 기사를 보고 화염모양의 맞새김을 가진 스에키가 가야국 여러 나라 중의 아라(阿羅, 安耶·安那라고도 함)로부터 멀고 먼 바다를 건너왔다는 사실도 흥미로웠고 이 유물이야말로 일본 스에키의 뿌리를 찾는 정말 귀중한 자료가 되겠다고 생각했다. 왜냐하면 오늘날 스에키의 원류는 거의 가야일 것이라고 굳어져 있으나 한편으로 나는 스에나가 마사오(末永雅雄) 씨가 『고분』에 "스에키의 원류를 신라에서 찾는 것은 거의 틀림없을 것이라고 학계가 인정하고 있다"고 쓴 글이 마음에 걸렸기 때문이다. 가야의 소국들이 6세기 후반에 신라로 병합되고 말았기 때문에 그 원류가 가야든 신라든 상관이 없어 보이지만 나는 다음과 같은 이유로 망설이고 있었던 것이다.

내가 20여 년 동안 『일본 속의 한국문화』 전 20권을 완성하기 위해 일본 각지를 걸어다녀 보고 알게 된 사실은, 먼저 일본 각지에 흩어져 있는 고대의 유적과 유물은 반드시 그렇다고 해도 지나치지 않을 정도로 고구려, 백제, 신라계가 포함된 것이지만 역시 그 기층을 이루고 있는 것은 가야계였다는 것이다. 토기의 경우 스에키의 원류가 가야라고 하는 것도 내 생각에는 후루 유적에서 화염모양의 맞새김을 가진 스에

한국 함안 34호분에서 출토된 화염모양의 맞새김을 가진 토기(왼쪽)와 후루 유적에서
출토된 화염모양의 맞새김을 가진 토기(오른쪽)

키가 발견된 이후부터라고 생각하기보다는 '가야계 도질토기(陶質土器)'의 발견 전후부터이며 이 도질토기가 등장하면서 한식 토기(韓式土器), 한식계 토기(韓式系土器), 한식계 하지키(韓式系土師器)[7] 등의 단어가 자주 눈에 띄게 된 것이다.

내가 일본에서 출토된 한식 토기를 처음 본 것은 키이국 풍토기(紀伊國風土記)의 언덕[丘] 자료관이거나 오오사카의 시죠오나와테시(四條畷市) 자료관이었다고 기억되는데 그 한식 토기가 바로 이곳 텐리시 후루 유적에서 출토된 것이다. 그후 나는 후루 유적에서 발견된 '화염모양의 맞새김을 가진 스에키'를 내 눈으로 직접 보고 싶었고 타케타니 학예관도 만나보고 싶었다.

그 사이에 텐리시의 고분과 유적에서는 또 다른 유물이 출토되고 있었다. 이를테면 텐리시 니카이도오(二階堂)에 있는 호시즈카(星塚)고분의 출토품 등이 그것이다. 이 고분에 대해서는 전 토오쿄오대학 교수 사이토오 타다시(齊藤忠) 씨가 20여 년 전에 쓴 「일본에서의 귀화인 문화의 흔적」에 '드리개딸린 귀걸이의 흔적' 등이 있다고 했으나 출토물은 그것만이 아니었다. 이와 같은 사실은 호시즈카고분의 출토물에 관한 몇 가지 신문 보도를 통해 알게 되었다.

먼저 토오쿄오신문 1985년 4월 26일자에 "고대 한국형 그릇받침〔器臺〕 출토/도래 도공이 만든 것인가?/정치사의 공백지대에 일석(一石)/텐리의 호시즈카고분"이라는 기사와 같은 해 6월 1일자에는 "1,500년 전의 피리〔橫笛〕 출토/일본 최고(最古)/제사용인가? 소나무 가지로 만들다/피리 주둥이 부분 양쪽에 손가락 구멍/텐리 호시즈카 1호분"이라는 기사가 나왔다.

또한 요미우리신문 6월 16일자에는 "일본에서 가장 오래된 피리는 대륙에서?/고구려 고분을 많이 닮은 벽화/텐리대학 조교수가 발견하다"라는 기사가 실려 있었다. 역시 호시즈카고분에 관한 것으로 1987년 7월 9일자 아사히신문에는 앞서부터 줄곧 문제가 되어온 토기에 관한 것으로 "식량을 가득 지니고/준비에 빈틈이 없었던 도래인/대량의 한국제 토기/텐리시 호시즈카고분군"이라는 머릿기사와 함께 다음과 같은 내용이 소개되어 있었다.

대륙에서 도래한 피리가 출토되어 화제를 모으고 있는 나라현 텐리시 호시즈카고분군을 발굴조사하고 있던 텐리시 교육위원회와 미쯔지 토시카즈 (三辻利一) 나라교육대학 교수(분석화학)는 9일, 5세기 후반에서 6세기 중엽의 한반도제 도질토기 123점을 발굴했다고 발표했다. 지금까지 도질토기는 대개 유적 한 곳에서 많아야 10여 점이 나왔었다. 예상을 초월한 대량의 토기 출토에 고고학 관계자는 "도래인들이 토기만 가지고 왔다고는 생각할 수 없다. 식량이나 볍씨 등을 대량으로 토기에 넣고 이주해 온 것으로 생각된다"며 도래인의 모험심 뒤에 숨어 있는 신중성을 읽고 있었다.

출토 현장은 나라분지의 중앙부로 전방후원분인 호시즈카 1호분(전체 길이 38m)과 2호분(60m 전후) 그리고 두 고분의 피장자들의 주거지로 추정

고구려 고분벽화의 '피리를 부는 천안(天安)'

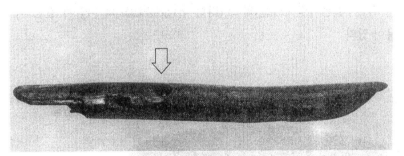

소나무 줄기를 뚫어 만든 가장 오래된 피리로 중앙에 소리를 내는 구멍이 있다.

되는 쇼오지(小路) 유적이 모여 있었다. 이 일대에서 스에키로 생각되는 잔
[杯], 항아리[壺], 독[甕] 등 약 500점이 출토되었다. 도질토기는 등요(登窯
; 고온을 내는 가마)에서 구운 딱딱한 토기로 한반도에서는 4세기 초 무렵에
등장한다. 5세기 전반에 이 기술이 일본으로 전해져 그 당시 일본의 야소토
기(野燒土器 ; 막토기) 다음으로 생겨난 것이 스에키이다. 그릇의 모양이나

문양 등에 미세한 차이는 있으나 구별하기는 쉽지 않다. 때문에 미쯔지 교수가 X선으로 토기의 스트론튬 등의 미량원소를 분석해서 제조한 곳을 조사해 보니 전체의 4분의 1인 123점이 한국에서 만든 도질토기 특유의 반응을 나타냈다.

미쯔지 교수가 이 고분의 토기를 조사하기 전까지 같은 분석방법으로 조사한 토기는 4만 점이 넘는다. 그렇지만 도질토기로 밝혀진 것은 수십 점뿐이었다. 호시즈카고분의 경우 단일 유적으로서 그 수량이나 비율에서 놀랄 정도다. 토기의 대부분이 저장용기로 사용된 높이 50cm 전후의 독과 항아리 등의 대형토기로 식탁용 잔이나 굽다리접시 등의 소형토기는 매우 적었다.

나는 이 기사를 읽고 나서 고대에 이곳 텐리 지역이 과연 어떠한 곳이었을까 더욱 궁금해지기 시작했다. 호시즈카고분에 관하여 역시 텐리참고관의 타케타니 씨에게 들어서 안 것으로 카도카와(角川)서점에서 펴낸 『일본지명대사전』의 「나라현 편(奈良縣編)」에 다음과 같은 내용이 있다.

호시즈카 1호분에서 출토된 그릇받침

호시즈카고분터

호시즈카고분은 텐리시 니카이도오 우에노쇼오정(上之庄町)에 있는 6세기 전반의 전방후원분이다. 야마토분지 해발 약 50m의 퇴적지에 있다. 분구는 후원부만 남아 있고 동서로 34m, 남북으로 약 26m, 높이가 약 2m이다. 또한 분구의 일부가 서쪽으로 방형(方形, 사각형)으로 튀어나온 곳이 있다. 1952년 분구 바로 위에 공동묘지가 조성될 예정이어서 사전 발굴조사가 진행되었다. 주체부(主體部)가 남동쪽으로 열린 양수식(兩袖式) 횡혈석실이었다. 현실에는 응회암으로 만든 조립식 석관의 밑부분과 뚜껑돌〔蓋石〕이 일부만 남아 있었다. 출토된 유물은 드리개식 금제 귀걸이〔垂下式金製耳飾〕 1개, 금반지〔金製環〕 파편 1개, 유리제 곱은옥〔勾玉〕 4개 등 장식품과 금은상감거북등무늬 칼자루〔金銀象嵌龜甲文入把頭〕 1개, 철칼〔鐵刀〕 파편 3개, 철화살촉〔鐵鏃〕 20개 등의 예리한 무기류와 금동제 십자꾸미개 6개, 철판 금도금꾸미개[鐵地金張金具] 1개, 철판 은도금꾸미개 1개, 금동제 반지 등의 말갖춤류[馬具類] 등 많은 유물이 출토되었다.

1983년과 1985년에는 주택 건설에 따른 사전 조사가 진행되어 분구 주변에서 폭이 약 10m, 깊이 약 1m인 분구 주위를 두른 이중으로 만들어진 도랑이 검출되었고 많은 원통 하니와와 스에키 및 나무 제품이 출토되었다. 또한 이 고분의 동쪽에서 바깥 도랑[周濠]과 중복되어 윗부분이 잘려나간 전방후원분 1기도 발견되었다. 바깥 도랑을 포함한 전체 길이는 약 50m가 넘는 것으로 추정되며 전방부가 대략 서쪽을 향하고 있었다. 후원부는 26~27m, 바깥 도랑의 폭은 5~8m 정도이다. 이 고분에서는 하지키(土師器), 스에키와 함께 소나무로 만든 피리가 출토되었다.

앞에 인용한 최근의 조사에서 발견된 대량의 한국제 토기는 하지키, 스에키와 함께 "두 고분의 피장자들의 주거지로 생각되는 쇼오지 유적" 일대에서 출토된 스에키로 추정되는 잔과 항아리, 독 등이 섞여 있었다고 했으나 1952년에 이루어진 호시즈카고분의 발굴조사에서 출토된 유물도 놀랄 만한 것이었다. 대량의 한국제 토기 외에도 역시 한국제로 생각되는 장식품과 예리한 무기류 및 말갖춤 등의 유물이 출토되었다는 사실은 이 2기의 호시즈카고분의 피장자가 대단한 호족이었음을 나타낸다.

여기서 다시 토기로 눈을 돌릴 필요가 있다. 왜냐하면 고분이나 유적 출토 유물의 경우 우선 그곳에서 어떠한 토기가 출토되었는가 하는 점이 매우 중요하기 때문이다. 그러나 토기의 경우는 구별이 쉽지 않다. 예를 들면 앞에서 인용했던 "도질토기는 등요에서 구운 딱딱한 토기로 한반도에서는 4세기 초 무렵에 등장한다. 5세기 전반에 이 기술이 일본으로 전해져 그 당시 일본의 야소토기 다음으로 생겨난 것이 스에키이다. 그릇의 모양이나 문양 등에 미세한 차이는 있으나 구별하기는 쉽지 않다. 때문에 미쯔지 교수가 X선으로 토기의 스트론튬 등의 미량원소

오바사 유적에서 출토된 초기 스에키

를 분석해서 제조한 곳을 조사해 보니 전체의 4분의 1인 123점이 한국에서 만든 도질토기 특유의 반응을 나타냈다"는 내용에서 알 수 있듯이 분석화학을 전공한 미쯔지 교수의 연구가 없었더라면 호시즈카고분에서 출토된 토기들이 한국제 도질토기가 아니라 그저 스에키로만 알려졌을 것이다.

물론 스에키도 처음에는 '쵸오센토기(朝鮮土器)'라고 했었다. 이른바 고분과 유적 등의 편년을 좌우하는 토기로 알려진 '스에키'를 타케타니 토시오 씨가 쓴 「초기 스에키의 계보에 관한 일고찰」의 앞부분을 보면 에도(江戶)시대에는 '교오키 야키(行基燒 ; 나라시대의 승려 교오키가 지시해서 만들기 시작했다는 도기)', '마가타마 쯔보(曲玉壺)' 등으로 불렸고 메이지(明治)시대에는 '이와이베(祝部)토기', '쵸오센토기'라고 했으나 뒤에 이와이베토기와 쵸오센토기가 같은 토기로 밝혀져 쇼오와(昭和)시대에 들어서면서 『일본서기』 등에 '스에쯔쿠리베(陶

部)' 등의 기록이 있으므로 '스에키' 라고 부르게 되었다 한다.

고분과 유적에서 출토된 토기에 관해서는 최근 세밀한 연구가 진행되고 있다. 스에키에도 '초기(初期) 스에키' 라는 것이 있고 또한 토기에도 도질토기 · 한식 도기 · 한식계 도기 · 한식계 하지키가 있을 뿐만 아니라 '쇼오나이식(庄內式)', '후루식(布留式)' 등의 토기가 있으며 코훈시대의 토기만 하더라도 여러 종류가 있다.

나는 고고학을 전공한 사람이 아니어서 토기에 관한 책을 읽거나 실물을 직접 보아도 솔직히 잘 알 수가 없었다. 이 원고를 쓰려고 구상하던 시기는 1993년 8월 초순으로 그때 마침 오오사카의 이즈미시(和泉市)에 있는 오오사카부립(府立) 야요이문화박물관에서 하기(夏期) 기획전 행사로 '스에키의 기원을 탐색한다' 는 제목의 전시회가 열리고 있었다. 요전에 똑같은 전시회가 키타큐우슈우시(北九州市)의 역사자료관에서도 열린 적이 있으나 그때는 사정이 생겨서 갈 수 없었으므로 이번에는 시간을 내어 가 보았다. 오오사카(大阪)에는 유명한 스에무라(陶邑) 옛 가마터군〔古窯群〕이 있어서인지 여러 형태의 초기 스에키가 많이 진열되어 있었으며 아주 잘 꾸며진 전시회였다. 이 전시회의 『도록(圖錄)』을 보면 먼저 「제1부 스에키의 시작」에 최근 스에무라의 오바사(大庭寺) 유적에서 발굴된 '스에질 선형토기(須惠質船形土器)' 라는 큰 사진과 함께 다음과 같은 해설이 있었다.

아나가마(窖窯)에서 구운 일본 최초의 토기를 스에키라고 한다. 한반도에서 바다를 건너온 새로운 기술이 이즈미(泉) 북쪽 구릉(丘陵)으로 전해졌을 무렵에 세계 최대의 대왕묘군(大王墓群)이 이곳 항구 가까운 언덕 위에 만들어지고 있었다. 우리 생활에서 없어서는 안 되는 도자기의 뿌리, 즉 스에키가 만들어지기 시작한 것은 일본고대사의 큰 전환기이기도 했다.

위의 내용은 몹시 함축적인 문장이며 또한 대단히 시사적이기도 하

가장 오래된 스에키(오바사 유적에서 출토)

오바사 유적에서 출토된 한반도계 일상토기

다. 왜냐하면 지금까지의 통설은 도자기를 굽는 새로운 기술을 전한 기술자에 관한 일본인의 견해는 고대 한국에서 '일시적으로 돈을 벌러 온 사람들'이라는 인상이 강했다.

그러나 내 생각에는 그들이 다름아닌 대왕묘의 피장자가 된 대호족을 따라 일본으로 건너왔던 사람들이라고 본다. 또한 『도록』의 다음 항목 「도래인의 발자취」에는 스에키의 발상지, 즉 한국의 예안리(禮安里)에서 출토된 항아리·통모양 그릇받침(筒形器臺)·뚜껑있는 손잡이달린 항아리(有蓋把手付壺) 등 일본 스에키의 원류가 된 도질토기의 사진을 싣고 다음과 같이 씌어 있었다.

일본으로 도래한 도공들이 도질토기 기술을 갖고 이즈미의 북쪽 구릉에 도착했을 때는 한반도로부터 여러 종류의 다양한 기술이 본격적으로 유입되던 시기였다. 즉 철 소재의 수입과 야금기술의 혁신에 따른 무기와 무구

스에키의 원류가 된 도질토기인 뚜껑달린 굽다리접시

및 농기구의 대량생산과 기마풍습에 따른 말갖춤 생산을 대표로 하는 새로운 공예기술의 혁신 등 기술혁신의 파도가 밀려오던 시대였다. 스에키도 그와 같은 기술혁신의 산물이었다.

계속해서 「제1장 최고(最古)의 스에키 제작촌」의 '최고(最古)의 스에키'라는 소제목이 붙은 부분에는 다음과 같은 내용도 씌어 있다.

스에키의 제작기술이 한반도에서 일본으로 전해진 시기는 5세기 전반이었다. 그릇을 만들 때 도르래를 사용하고 아나가마에서 환원염(還元炎, 산화염) 처리를 하고 고온에서 딱딱하게 구워 내는 방법 등은 그 당시에는 없던 특징이었다. 스에키 기술의 가장 오래된 단계에서는 그릇의 모양, 문양, 제작기법 등에서 도질토기의 양상이 극히 농후해서 전문가라도 구별하기 어려운 토기도 있다. 그러나 도질토기와 거의 같았던 최초의 스에키도 이윽고 일본의 풍토와 어우러져 독자적인 변화를 거쳐 일본화·정형화되어갔다. 그 변화 이전의 단계, 즉 정형화 이전의 스에키를 특히 '초기 스에키'라고 해서 선박을 통해 일본으로 들어온 도질토기와 후대의 스에키를 구분하고 있다.

벼농사 기술을 갖고 도래한 야요이인(彌生人)과 그들이 만든 토기도 그렇지만 기마풍습과 말갖춤의 생산기술을 가지고 도래했던 코훈시대의 사람들도 역시 일본의 풍토와 어우러져 독자적인 변화를 거쳐 일본화되었던 것이다. 다시 말하면 토기가 변화했듯이 인간도 똑같은 변화를 거쳐왔던 것이다.

이소노카미신궁의 칠지도

텐리시의 고분과 유적에서 출토된 것은 도질토기나 스에키만이 아니고 한식 또는 한식계 도기와 한식계 하지키 등도 출토되고 있다. 우리는 이미 앞에서 후루 유적에서 출토된 '화염모양의 맞새김'을 가진 도기를 살펴보았다. 그러나 후루 유적에서는 '쇠뿔모양 손잡이〔牛角形把手〕'가 달린 한식계 토기도 출토되고 있다. 나는 텐리참고관의 타케타니 토시오 씨와 함께 텐리시 교육위원회를 방문해서 몇 점의 한식계 토기를 직접 본 일이 있다. 이 한식계 토기 역시 도질토기라 불리듯이 멀고 먼 고대 한국에서 바다를 건너온 것들이었다. 이와 같은 토기(土器) 또는 도기(陶器)에 관해서는 타케타니 씨가 쓴 『초기 스에키의 계보에 관한 일고찰』의 제5장 「일본 출토의 화염모양 굽구멍이 있는 도기의 계보」와 제6장 「초기 스에키의 성립과 그 계보」에 카와치(河內) 지역 일부를 포함한 야마토 전체의 토기에 관해 다음과 같이 적혀 있다.

한국에서 출토한 유물 중 함안 34호 고분에서 출토된 도질토기의 연대는 함께 출토된 갑옷〔甲〕과 투구〔冑〕 및 사슴뿔로 만든 칼집 꽁무니〔鹿角製鞘尻〕 등으로 보아 일본의 코훈시대 중기의 것으로 추정할 수 있을 것이다. 또한 후루 유적에서 출토된 굽다리접시〔高杯〕도 코훈시대 중기의 것으로 생각되며 카와치의 큐우호오사(久寶寺)에서 출토된 그릇받침 역시 스에무라의

초기 스에키의 계보에 관한 일고찰

유 적 지	소 재 지	한식계토기	한식계도기	한식도기	비 고
布留遺跡	天理市布留町·三島町 등	○	○	○	高杯(伽耶)
和爾 森本遺跡	天理市森本町·楢町	○	○		
忍坂柳田遺跡	櫻井市忍坂	○			
脇本遺跡	櫻井市脇本		○		
大福遺跡	櫻井市大福	○			
纒向遺跡	櫻井市太田町·辻町·東田	○			
奧垣戶遺跡	櫻井市三輪山			○	直口壺, 要檢討
新澤281號墳	橿原市川西町			○	平底壺(百濟)
南山4號墳	橿原市南山町			○	動物台付角杯·高杯形器台·燈蓋形土器(伽耶)
下明寺池遺跡	橿原市新賀町			○	繩蓆文壺(伽耶)
曾我遺跡	橿原市曾我町		○		
坪井遺跡	橿原市常盤町大字坪井			○	小型器台(伽耶)
發志院遺跡	大和郡山市發志院町	○			
十六面·藥王寺遺跡	磯城郡田原本町十六面·藥王寺			○	繩蓆文壺
東橘遺跡	高市郡明日香村橘		○		
脇田遺跡	北葛城郡新庄町脇田	○			
石光山43號墳	御所市元町			○	平底壺(百濟)

(야마토에 있어서 한식계 하지키·한식계 도기·한식 도기 출토 유적 일람표,
1984년 8월 현재)

후루〔니시쇼오지(西小路)〕 지역의 한식계 토기인 독의 출토 상황

한식계 토기(매장문화재 텐리조사단)

제1단계, 2단계를 하한(下限)으로 하는 것이다. 즉 한국에서는 함안을 중심으로 한 지역에 분포하고 일본에서는 키나이 지역에 분포하며 연대로는 코훈시대 중기에 해당되는 것이다. 이것은 그야말로 코훈시대 중기에 가야 지방, 특히 함안을 중심으로 한 지역의 도질토기 문화가 야마토나 카와치 지역에 미친 문화현상의 일단을 나타내는 것으로 높이 평가하고 싶다.……

이번 장(제6장)에서는 먼저 후루 유적이 있는 야마토에서 한식 도기, 한식계 도기, 한식계 하지키의 실태에 관해 검토해 보자. 1984년 8월 현재 필자가 수집할 수 있었던 자료를 일람표로 작성했다(표 참조). 야마토의 총 유적 수는 17곳에 이르나 한식 도기, 한식계 도기, 한식계 하지키가 출토된 곳은 후루 유적뿐이었다. 현 시점에서 가장 중요한 유적은 나라현 카시하라시의 미나미야마(南山) 4호분이다. 이 고분의 연대는 주체부(主體部)로는 판정할 수 없지만 이 고분의 구릉 밖에서 출토한 철화살촉 등의 철 제품으로 보아 5세기 중엽으로 추정된다.

미나미야마 4호분에서는 가야에서 배로 건너왔다고 생각되는 동물받침이 붙은 뿔잔[動物臺付角杯], 굽다리접시모양 그릇받침[高杯形器臺], 등잔모양 토기[燈盞形土器]가 출토되고 있다. 이 동물받침이 붙은 뿔잔과 같은 종류의 도질토기가 한국의 경상도에서도 출토되고 있다. 미나미야마고분의 받침다리[脚臺]는 2조(二條)의 예리한 단(段)을 두르고 상단과 하단에 마름모양[菱形]의 굽구멍[透孔]을 가로로 뚫었지만 경상도에서 출토된 받침다리는 3조(三條)의 3단을 두르고 위에서 두 번째 단에만 작은 원형 굽구멍을 방향이 다르게 뚫었다는 차이는 있으나 받침다리, 흙판[土板], 동물, 뿔잔[角杯]이라는 구성은 거의 같다고 해도 좋을 듯하다. 특히 굽다리접시모양 그릇받침과 동물받침이 붙은 뿔잔의 중앙부를 가로로 관통하고 있는 작은 구멍은 가야 지방에서 볼 수 있는 도질토기 문화의 한 특징이다.

이상의 내용에서 알 수 있듯이 후루 유적에서는 한식 도기, 한식계 도기, 한식계 하지키 등이 나란히 출토되고 있다. 「고대 텐리의 후루 ·

미시마」에서 다룬 것과 같이 이곳은 토기의 출토 내용을 보아도 '후루' 즉 한국어의 '후루(셔블의 블)', 다시 말하면 도읍(都邑)이라는 뜻에 어울리는 지역이었다. 또한 이곳 나라현 텐리시 중부에 위치한 후루정(布留町)에는 후루노미타마노야시로(布留御魂社), 즉 '이소노카미(石上)'라 불리는 중요한 신궁이 있다. 경내 면적이 7만 445평에 이르는 울창한 나무로 둘러싸인 이 신궁도 타케타니 씨 등과 함께 방문한 적이 있었다. 나라 국립박물관에서 펴낸 『아마노베노미치의 고고학』에는 이 신궁에 대하여 다음과 같이 소개되어 있다.

고분 순례를 끝내고 더 북쪽으로 올라가면 오래된 삼나무 숲에 둘러싸인 이소노카미신궁이 정적 속에서 한층 영위(靈威)를 띠고 있다. 주제신(主祭神)으로 신검(神劍) 후쯔노미타마(布都御魂)를 받드는 이소노카미신궁에는 메이

이소노카미신궁

지시대 초기까지 본전(本殿)이 없었다. 『만엽집』 4권에 기록되어 있는 카키노모토노히토마로의 노래처럼 옛 이소노카미의 모습은 그야말로 후루산의 서원(瑞垣 ; 수목으로 에워싼 담) 안이 바로 신좌(神座 ; 신이 계신 곳)였다.

배전(拜殿)의 왼쪽 구석에 '후루사(布留社)'라고 새겨진 검(劍)의 앞부분 모양의 서원에 둘러싸인 평탄한 곳이 있다. 이곳은 '금족(禁足)의 영지(靈地)'라고 불리는 곳으로 메이지시대 초기에 이곳에서 '후쯔노미타마'라고

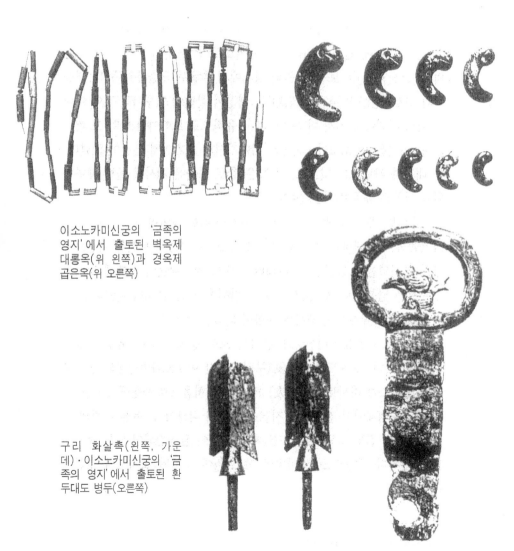

이소노카미신궁의 '금족의 영지'에서 출토된 벽옥제 대롱옥(위 왼쪽)과 경옥제 곱은옥(위 오른쪽)

구리 화살촉(왼쪽, 가운데)·이소노카미신궁의 '금족의 영지'에서 출토된 환두대도 병두(오른쪽)

하는 신검 한 자루와 벽옥(碧玉)으로 만든 대롱옥〔管玉〕·경옥곱은옥〔硬玉勾玉〕·조옥(棗玉), 활석(滑石)으로 만든 구옥(臼玉)·대롱옥 등의 300개에 이르는 구슬류와 벽옥으로 만든 금주형 석제품(琴柱形石製品) 및 칼자루에 봉황의 머리를 주물해 넣은 환두대두병두(環頭大頭柄頭) 등 주로 코훈시대 전기에서 후기에 걸쳐 볼 수 있는 많은 유물이 발견되었다. 이소노카미신궁에 전하는 보물 중에서 특히 유명한 것으로 '칠지도(七支刀)'가 있다.

이소노카미신궁의 '금족의 영지'라고 불리는 곳에서 발견된 이와 같은 많은 유물에 관해서 타카야나기 미쯔토시 등이 펴낸 『일본사사전』의 「이소노카미」를 보면 "금족의 영지에서 발굴된 구슬류와 무기, 거울 등과 성토(盛土) 및 돌구조〔石組〕는 매장이 한번에 이루어진 것이 아니고 여러 시대에 걸쳐서 이루어진 제사 유적으로 보아야만 한다"고 씌어 있다. 이것은 "이소노카미신궁은 메이지시대 초기까지 본전이 없었다"는 내용과 관련되는 것으로, 즉 많은 출토 유물은 제사를 올릴 때마다 함께 헌상된 유물이라는 것이다.

그렇다면 과연 그 제사는 도대체 무엇을 위한 것이며 누구에 대한 제사였을까? 그 대상은 바로 신궁 옆을 흐르고 있는 후루천을 제신으로 모신 제사였음에 틀림없다. 타케타니 씨도 지적했듯이 고대에 당시의 후루천은 남북으로 200m가 넘는 범람원을 갖는 큰 하천이었다고 한다. 그러므로 후루천이 제사의 대상이 되었을 것이다.

다음으로 이소노카미신궁에 전하는 보물 중에서 특히 유명한 것이 '칠지도'이다. 칠지도는 1873년부터 5년간 이소노카미신궁의 궁사를 역임했던 스가 마사토모(菅政友) 씨에 의해 처음으로 세상에 알려졌다. 칠지도는 백제에서 전래되어 지금은 일본의 국보가 된 유물로 칼의 좌우에 3개씩 칼날이 달려 있고 61자의 명문이 금상감되어 있는 것으로도 유명하다. 『야마노베노미치의 고고학』에 소개된 칠지도의 명문은 다음과 같다.

(앞) 泰ロ四年ロ月十六日丙午正陽造百練ロ七ロ刀ロ辟百兵宜供供侯王ロロ
ロロ作

(뒤) 先世ロ來未有此刀百ロ王世子寄聖ロ故爲ロ王旨造傳ロロ世

〔해석〕泰ロ四年五月十六日, 丙午正陽에 百練의 ロ의 七支刀를 만든
다.…… 百兵을 피해 기쁘게 侯王에게 供供해야 한다.…… 만든다. 先世以
來, 아직 이 칼이 없다. 百濟王의 世子寄生聖ロ, 故ロ王의 旨를 위해 만들어
ロ世에 ロ하다.

이 칠지도에 새겨진 명문의 빠진 글자를 어떻게 읽을 것인가에 관해
서 예전부터 여러 학자들이 많은 의견을 제시해 왔다. 나는 20여 년 전
에 쿄오토대학의 우에다 마사아키(上田正昭) 교수 등과 같이 이 칠지
도를 직접 본 일이 있다. 또한 1972년에 간행한『일본 속의 한국문화』
제3권「야마토」에 그때의 일을 다음과 같이 썼다.

이소노카미신궁 경내의 여러 곳에 있는 헌등(獻燈)에는 크게 '후루사(布
留社)'라고 새겨져 있었다. 그것을 바라보며 내가 우에다 씨에게 "후루(블)
군요!"라고 말하자 우에다 씨도 "네, 후루(블)입니다!"라고 둘이서 무슨
암호 같은 대화를 주고받았다. 즉 '후루의 이소노카미'의 '후루'는 한국어
의 '서울'의 옛말인 '셔블(徐閥)'에서 유래한 '도읍'이라는 뜻으로 이른바
'거룩한 땅〔聖地〕'이라는 의미이다. 한편 이소노카미(石上)의 '이소(石)'의
'이'는 아라이 하쿠세키(新井白石)[8]가 말하는 '발어(發語)', 다시 말하면 접
두어로 '이소'는 곧 '소'이므로 '서울'의 '서(徐)'에서 온 말일 것이다.
우리들은 신궁 사무소에 들러 신관(神官) 모리 타케오(森武雄) 씨를 소개
받아 그 유명한 칠지도를 직접 볼 수가 있었다. 사진에서 보듯이 칼의 좌우
에 이상하게 생긴 칼날이 3개씩 달려 있는 칠지도는 일본의 국보일 뿐만 아
니라 신궁의 보물이기도 해서 좀처럼 볼 수 없는 귀중한 물건이었다. 야마
모토 켄키치(山本健吉) 씨의『야마토산하초(大和山河抄)』를 보면 현재 학술

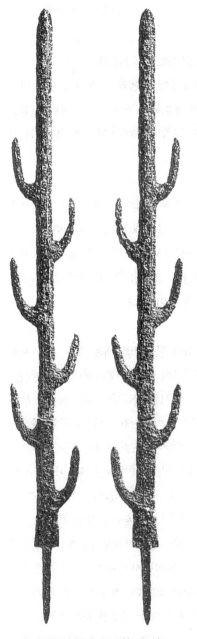

칠지도 앞(왼쪽) · 뒤(오른쪽)

원 회원으로 있는 야마모토 씨조차 이 칠지도를 볼 수 없었다고 한다. 그런 까닭에 함께 간 미즈노 아키요시(水野明善) 씨 등은 실물을 보기도 전에 벌써 흥분하고 있었다. 드디어 모리 씨가 밀봉한 상자 속에서 황송스럽게 우리들 앞에 그것을 꺼내 보였을 때는 나도 진한 감동에 온몸이 짜릿해지는 것을 느꼈다.

이 칠지도는 천수백 년 전에 한국의 백제로부터 바다를 건너왔다는 사실 뿐만 아니라 너무나도 귀중한 역사적인 글자(명문)가 새겨져 있었다. 실물을 보고 제일 먼저 느낀 인상은 천년도 훨씬 넘은 옛 것인데도 뜻밖에도 그다지 오래되었다는 느낌이 들지 않았다. 또한 금상감된 명문도 확실히 남아 있어서 강한 빛을 내뿜고 있었다. 그러나 안타깝게도 우에다 씨도 지적했듯이 나 같은 초보자가 봐도 명문의 일부가 후세에 와서 긁혀 없어진 듯한 흔적이 분명히 드러나 보였다. 만일 그렇다면 도대체 어떻게 해서 그런 일이 일어났을까? 지금으로서는 알 수가 없으나 그중에는 녹이 슬어 없어진 글자도 있기 때문에 이 명문에 관해서는 많은 학자들의 의견이 분분했다.

그런데 어째서 칠지도의 명문에 관해서 서로 다른 많은 의견이 나왔는지 모르겠으나 일본 학자들의 일치된 의견은 칠지도를 한국의 백제왕이 일본의 왜왕에게 '헌상(獻上)'했다는 것이었다. 이곳 신궁의 사무소에서 받은 『이소노카미신궁약기(石上神宮略記)』에도 "진구우(神功)황후 섭정 52년(372)에 백제왕이 바쳤다고 전한다"고 씌어 있고 『일본역사대사전』에도 똑같이 씌어 있다. 그렇지만 그런 식의 해석에는 문제가 많다. 우선 확실히 남아 있는 문자만을 보아도 이 칠지도 명문의 문체는 하행(下行) 문서형식으로 "후세에 전시(傳示)하라"는 내용으로 보아 높은 지위의 사람이 낮은 지위의 사람에게 주는 것이었다. 그리고 낮은 지위의 사람을 가리키는 '후왕(侯王)'이란 글자가 있어서 이런저런 이유로 새로운 의견이 나오게 되었다고 생각한다.

쿠리하라 토모노부(栗原朋信) 씨의 「칠지도 명문에 관한 해석」을 보면 '후왕' 즉, "칠지도 명문 속의 '왜왕지(倭王旨)'는 이사사와케노미코토, 즉 훗날의 오오진천황에 해당한다고 생각한다"고 씌어 있다. 여기까지는 새로운 의견이므로 납득할 수는 있었다. 문제는 쿠리하라 씨가 명문의 글자 중에서 '성음(聖音)'이라고 읽혀 온 것을 '성진(聖晉)'으로 고쳐 읽고 이 칠지도가 중국의 동진(東晉)이 백제를 통해 왜왕에게 보내 온 물건일 것이라고 한 내용이다. 즉 쿠리하라 씨의 생각은 한마디로 중국의 동진이라면 모르겠으나 한국의 백제에서 왔다고 하면 하행 문서형식이 될 수 없다는 생각에서 나온 것이다. 두말할 것도 없이 비굴한 사대사상에서 나온 생각이며 한국에 대한 변함없는 황국사관의 발로이다. 나는 왠지 쓸쓸하기 그지 없었다.

그러나 그와 같은 일본인의 황국사관을 극복해야 한다는 우에다 마사아키 씨에 의해 최근에 와서는 칠지도에 관한 어설픈 설 따위는 일단

배척되고 있는 듯하다. 우에다 씨의 논문 「이소노카미신궁과 칠지도」에 자세히 나와 있고 또 그가 쓴 「고대사의 초점」에도 다음과 같이 분명히 씌어 있다.

이소노카미신궁의 칠지도는 전체 길이가 74.8cm(칼부분 65cm)인 잘 단련된 양날식 칼로 좌우에 3개씩의 칼날이 서로 다른 모습으로 달린 주도(呪刀)이다. 칼의 앞뒤에 금으로 상감된 60자 정도의 한자가 새겨져 있다. 나는 세 번 정도 실물을 직접 감상할 기회가 있었으나 안타깝게도 밑에서부터 3분의 1부분에서 칼이 꺾여 있었고 명문의 일부는 녹이 슬어 없어졌을 뿐만 아니라 고의로 긁어 낸 곳도 있어서 명문을 판독하기가 곤란한 부분이 있다. 때문에 아주 어렵게 많은 사람들에 의해서 해독되어 왔으나 지금까지의 해석에서 결정적으로 잘못된 점은 타이와(泰和) 4년(369)에 백제왕이 왜왕에게 '헌상한 칼'이라는 해석이다. 명문의 앞부분에 '왜왕에게 공공(供供·供給)해야 한다'의 '왜왕(倭王)'은 명문 뒷부분의 왜왕을 가리킨다. 무엇보다도 이 명문의 서법(書法)은 윗사람이 아랫사람에게 내리는 하행 문서형식으로 결코 '헌상(獻上)'을 의미하는 서법이 아니고 문장의 뜻도 그렇지 않다. 즉 백제왕이 후왕(侯王)인 왜왕에게 주었다는 것을 의미하는 명문이다. 그런데도 이것을 '헌상' 또는 '바쳤다(奉)'고 자의적으로 해석하는 것은 '아우피열(我優彼劣)', 즉 나를 귀히 여기고 남을 얕보는 차별의식에 사로잡힌 탓이다.

그렇다면 이 '후왕(侯王)'에 해당하는 왜왕은 과연 누구라는 것인가? 이 어려운 문제를 풀기 위해서는 칠지도가 출토된 이소노카미신궁 주변과 후루 유적을 중심으로 한 지역의 고분 등을 살펴보고 추정할 수밖에 없다. 그것을 살피기 전에 원래 이소노카미신궁은 왜 왕권[왜(倭)가 야마토(大和)로 바뀐 것은 7세기 중반 645년의 타이카개신(大化改新)[9] 이후]의 무기고였다고 한다. 그리고 이 신궁을 관장하고 있던 씨족은 군사(軍事)씨족으로 유명한 모노노베씨(物部氏)[10]였다. 카와치의 시부 카와(澁川)에서 5세기경에 야마토로 진출한 모노노베씨족에 관해서는 1989년 7월 21일자 요미우리신문에 "모노노베씨의 거점/텐리의 후루 유적에서/『일본서기』의 이소노카미 석상구(石上溝, 도랑)"라는 머릿기 사와 함께 다음과 같은 기사가 실렸다.

　고대의 군사씨족 모노노베씨의 근거지로 알려진 나라현 텐리시 소마노우 치정(杣之內町)의 후루 유적을 발굴조사하고 있는 매장문화재 텐리교조사 단은 20일 『일본서기』에 '석상구'라고 기록된 5세기 무렵 코훈시대 중기에 만들어진 대규모의 관개 용수로가 발견되었다고 발표했다. 모노노베씨가 이 용수로를 이용해서 농업 생산력을 증대시켜 야마토 조정 안에서 가장 큰 호족으로 발전하는 기틀을 마련했다고 생각되는 고대 국가 형성기의 1급 자 료로서 주목된다.
　발굴현장은 야마토 조정의 무기고로 알려진 이소노카미신궁에서 서쪽으 로 약 500m 떨어진 후루천 남쪽 강가의 구릉지이다. 텐리교단의 부대시설 건설에 따라 5,700m²를 발굴하자 폭 15m, 깊이 약 2m 되는 도랑[溝]이 30m에 걸쳐 발견되었다. 물을 이곳에서 북동쪽으로 약 1km 떨어진 후루천 에서 취해서 남쪽의 타무라천(田村川)으로 끌어들인 것으로 생각되며 전체 길이는 3km에 이를 것으로 추정된다. 도랑 밑에서 5세기 후반의 스에키와 도래계 토기 등이 출토되었다. 도래인들이 가지고 온 선진 토목기술을 이용 해서 도랑을 판 듯하다.

　도랑을 만든 사람들이 도래계 사람들이라는 것은 모노노베씨족 또한 도래인이 틀림없으므로 재론할 여지가 없다. 이 모노노베씨에 관해서 는 다음에 따로 자세히 다루어 보기로 하자.

야마토 기마군단과 야나기모토고분군

내가 이 원고를 쓰기 위해 다시금 텐리를 방문했을 때 앞서의 타케타니 토시오 씨의 안내로 제일 먼저 찾았던 고분은 '석상구'가 발굴된 소마노우치정의 소마노우치(杣之內)고분군 안에 있는 니시야마(西山)고분이었다.

이 고분은 파란 수풀에 둘러싸인 완만한 작은 구릉을 연상시키는 전방후방분(前方後方墳)으로 고분에는 텐리시 교육위원회가 세운 '사적 니시야마고분'이라 쓴 안내판이 있고 다음과 같이 씌어 있었다.

이 고분은 소마노우치고분군 안에 있고 맹주묘(盟主墓)적인 전방후방분이다. 코훈시대 전기에 축조된 것으로 추정된다. 전체 길이는 183m, 전방부 폭이 약 72m, 후방부의 폭이 약 94m 규모로 일본 전국에 흩어져 있는 전방후방분 중에서는 가장 큰 규모를 자랑한다. 고분은 후방부를 동쪽으로 향하고 주축을 동서 방향으로 두었다. 분구의 첫번째 단(段)은 전방후방형(前方後方形)이나 두 번째 단은 전방후원형(前方後圓形)이라는 특이한 형태를 띠고 있다. 외부시설로는 이음돌[葺石]과 하니와가 보인다. 내부시설은 수혈식(竪穴式) 석실이 있었다고 생각되며 거울, 철검(鐵劍), 곱은옥, 대롱옥 등이 출토되었다. 또한 고분의 주위에는 도랑을 만들었다고 추정된다.

니시야마고분

이 고분은 후루천이 평야 쪽으로 흘러드는 남쪽 강가의 요충지에 축조된 것으로 생각된다. 　　　　　　　　　1927년 4월 8일 국가지정 사적.

소마노우치정에 4세기 것으로 추정되는 고분이 있다는 사실과 고분의 분구가 각 단이 다르게 축조되었다는 점이 몹시 흥미롭다. 과연 전방후방분 위에 다시 전방후원분을 축조한 것일까? 좀처럼 이해하기 어려우나 4세기부터 긴 세월 동안 그와 같은 축조법이 있었을지도 모른다. 어찌 되었든 고분의 전방부는 제사를 지내기 위한 곳이었음에는 틀림없다.

다음으로 같은 소마노우치 고분군 속에 있는 쯔카아나야마(塚穴山)고분을 살펴보자. 타케타니 토시오 씨의 『쯔카아나야마고분 발굴 중간 보고』에 따르면 "이 고분의 분구는 지름 63.4m의 원분으로 높이가 6m 이상, 도랑 밑의 폭이 9.5m, 바깥 둑의 폭이 14.9m, 둑의 바깥 지

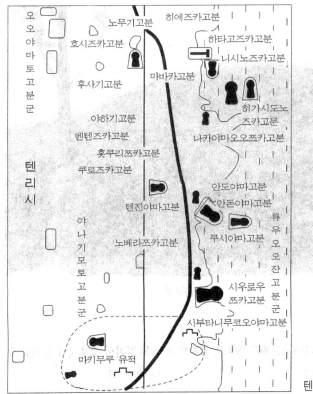

오
오
야
마
토
고
분
군

노무기고분

히에즈카고분

호시즈카고분

하타고즈카고분

니시노즈카고분

마바카고분

후사기고분

히가시도노
즈카고분

야하기고분

나카야마오오즈카고분

벤텐즈카고분

홋쿠리쯔카고분

쿠로즈카고분

안도야마고분

텐
리
시

안돈야마고분

텐진야마고분

류
우
오
오
잔
고
분
군

쿠시야마고분

야
나
기
모
토
고
분
군

노베라쯔카고분

시우로우
쯔카고분

시부타니무코오야마고분

마키무쿠 유적

텐리시 지역의 고분

름은 실로 112.2m에 이른다"고 씌어 있으나 지금은 봉토(封土)가 쓸려 내려가 큰 돌로 만든 연도(羨道, 널길)와 현실이 그대로 노출된 채 남아 있었다. 이 고분은 소가노우마코(蘇我馬子)[11]의 분묘로 알려진 아스카(飛鳥)의 유명한 이시부타이(石舞臺)고분과 아주 비슷했으나 쯔카아나야마고분이 이시부타이고분보다 앞선 600년경에 축조된 것으로 추정된다. 출토품은 은실로 감은 철제 칼자루[銀絲捲鐵刀把] 도막, 철제 낫[鐵鎌], 굽다리접시(스에키), 항아리, 그릇받침 등이다. 쯔카아나야마고분에 묻힌 피장자에 관해서는 타케타니 씨의 보고서에 다음과 같이 씌어 있다.

쯔카아나야마고분의 축조 연대를 서기 600년경으로 추정하면 이 시기에 후루 지역에 자리잡고 세력을 떨치고 있던 씨족은 모노노베씨였다. 오오미 마사시(近江昌司) 씨는 이같은 조건을 전제로 한 뒤에 이 고분의 피장자는 모노노베 가문의 유력자이며 코오토쿠(孝德)천황 때에 위부(衛部)였던 우마시(宇麻之)의 조부에 해당하는 인물로 생각된다고 한다. 한편 당시(587년) 중앙에서는 모노노베 가문의 본종가(本宗家) 모노노베노모리야(物部守屋)[12] 가 대륙으로부터 불교를 들여오는 것을 둘러싸고 소가노우마코와 싸우다 전사했다. 이 사건이 곧바로 쯔카아나야마고분의 조영에 영향을 미치지 않은 것은 종가의 몰락이 하위 가문에까지 미치지는 않았기 때문일 것이다.

한 가지 짚고 넘어가야 할 점은 모노노베씨라고는 하지만 모노노베 씨족이 당시 후루 지역에 세력을 갖고 있었다고 해서 이소노카미신궁의 칠지도에 새겨진 '후왕(侯王)', 즉 '왜왕(倭王)'을 가리키는 것은

쯔카아나야마고분의 횡혈(橫穴)

아니라는 점이다. 나는 앞에서 왜왕이 누구였겠는가 하는 것은 칠지도가 있는 이소노카미신궁 주변과 후루 유적을 중심으로 한 지역의 고분 등을 살펴보고 추정할 수밖에 없다고 했으나 이 지역의 고분은 텐리시 지역만 해도 실로 수많은 고분군과 고분이 흩어져 있다. 따라서 이 수많은 고분을 전부 살펴볼 수는 없다.

텐리시 지역에 산재한 고분 중에서 특히 유명한 것은 야나기모토(柳本)고분군, 오오야마토(大和)고분군 등이다. 물론 그 밖에도 많은 고분군이 존재한다. 예를 들면 1984년 12월 25일자 나라신문에 "45기의 고분/새롭게 발견/텐리·류우오오잔고분군/전체 1,000기, 일본 최대?/금색으로 빛나는 환두대도까지"라는 기사가 나왔다.

내가 류우오오잔(龍王山)고분에서 출토된 유물에 주목한 것은 앞에서 다루었던 이소노카미신궁의 이른바 '금족의 영지'에서 출토된 것과 같은 한국에서 건너온 환두대도가 출토되었기 때문이었다. 류우오오잔고분에 관한 기사는 나라신문 이외에도 1984년 12월 25일자 요미우리신문에 "야마토 기마단의 집단묘지인가/나라·류우오오잔고분군/금색의 환두(環頭, 고리)도 출토"라는 머릿기사로 다음과 같은 글이 실려 있었다.

나라현 텐리시의 야나기모토와 시부타니(澁谷) 두 지역에 걸쳐 있는 류우오오잔고분군을 발굴조사하고 있는 나라현립 카시하라 고고학연구소는 24일까지의 조사로 고분이나 횡혈 등 총 45기가 밀집된 코훈시대 후기의 매장터(6세기 후반~7세기 초)를 확인했다. 이곳은 스진천황릉으로 알려진 안돈야마(行燈山)고분과 케이코오(景行)천황릉으로 알려진 시부타니무코오야마(澁谷向山)고분의 바로 동쪽에 있고 출토 유물에 부장품이나 농·공구류가 없고 무기와 말갖춤 등이 중심인 것으로 보아 야마토 정권의 기마군단이 있었던 곳으로 추정된다.

이 고분군 중에 최대 규모의 고분(C구역 3호분)에서는 봉황을 맞새김해

금박이 거의 완전히 남아
있는 환두

넣고 금박이 거의 완전하게 남아 있는 금동제 환두(環頭)가 1점 발견되었
다. 기마군단의 지휘자급 유품으로 주목된다. 환두는 긴 지름이 6.3cm, 짧
은 지름이 4.5cm 되는 긴 원형의 고리〔環〕로 길이 3cm, 폭이 2.5cm인 칼
자루〔柄〕에 꽂는 부분이 붙어 있었다. 봉황은 한 마리로 고리 중앙에 머리
부분이 두껍고 뚜렷하게 새겨져 있었다. 또한 고리의 좌우에는 밑부분에서
윗부분을 향하도록 각각 한 마리씩의 용을 부조해 넣었다.

이 고분이 만일 '야마토 기마단의 집단묘지'라고 한다면 에가미 나
미오(江上波夫) 씨의 유명한 「기마민족정복왕조설」[13]을 연상시키는 기
사이다. 기마군단과 관련된 곳으로 류우오오잔고분군은 야마토의 서쪽
카와치 지역에 있으나 3, 4개월 뒤 역시 요미우리신문 1985년 4월 12
일자에 "이코마산계(生駒山系)에 말 기르는 군단/말의 이빨과 소금 만
드는 그릇 출토/코훈시대 중기/케이타이(繼體)천황을 떠받들다"라는

머릿기사로 다음과 같이 씌어 있었다.

　오오사카부 시죠오나와테시에 있는 이코마산 서쪽 산기슭의 대지에서 12일까지의 조사로 코훈시대 중기(5세기 후반)의 것으로 추정되는 말의 이빨과 여러 개의 소금 만드는 그릇, 한식 토기가 출토되었다. 케이타이천황 시대에 카와치로 도래한 기마군단이 살기 시작해서 군사력으로 천황을 지탱했다는 기사가 『일본서기』 등에 나와 있는데 시교육위원회에서는 이곳이 바로 '말을 기르는 군단'이 있었다는 사실을 뒷받침한다는 것과 아울러 일본에서 발견된 말을 기르는 취락으로서는 가장 오래된 곳이라는 점에 주목하고 있다.…… 말의 뼈는 아래턱 부분으로 황토색 아랫니 15개는 높이가 7cm, 길이가 15cm였다. 이빨은 빈틈없이 쪽 고르며 말의 전체 길이는 1.5m, 키가 1.2m 전후의 몽고 계통의 중형 말로 생각된다. 말은 제사를 지내기 위해 머리 부분만을 매장한 듯하다.

　소금을 만드는 그릇은 20개 정도로 밑이 둥근 컵모양(높이 6cm, 입구 지름 25cm)이다. 바닷물을 끓여 농축시켜 소금을 만든 것으로 추정된다. 또한 한식 토기는 격자고목문(格子叩目文)이 들어간 항아리(높이 40cm, 입구 지름 23cm)로 같은 격자고목문이 들어간 역시 한식계 평저발형(平底鉢形, 밑이 평편한 사발모양) 토기(높이 22cm, 입구 지름 16cm)와 시루(甑)도 발견되었다. '타이호오율령(大寶律令)'[14]의 시행으로 말을 사육하기 위해서는 방대한 양의 소금이 필요했기에 오오사카만의 바닷물을 배로 카와치 평야의 중앙에 위치한 카와치호(河內湖)를 통해 운반해서 제염토기(製鹽土器)로 소금을 만들었다는 기록이 있고 더욱이 한식 토기는 한반도에서 말을 가지고 일본으로 도래한 씨족들이 사용한 것이었다.

　앞의 「후루 유적과 이소노카미신궁」에서 다루었던 한식 토기가 바로 이곳 이코마산계에 속한 서쪽 산기슭의 대지에서도 출토되었다. 또한 현재 오오사카부 카시와라시(柏原市)에 있으며 같은 이코마산계에 속

카시와라시립 역사자료관의 한식 토기

하는 히라오야마(平尾山)고분군에서도 한식 토기가 출토되고 있다. 나는 이곳에서 출토된 한식 토기를 오오사카부 시죠오나와테시립 역사민속자료관과 카시와라시립 역사자료관에서 직접 본 일이 있다.

이쯤에서 나라현 텐리시 야나기모토에 있으며 케이고오천황의 무덤으로 알려진 시부타니무코오야마고분을 살펴보기로 하자. 이 고분에 관해서는 타케타니 씨의 「미와 왕조와 야요이 유적」에 자세히 소개되어 있으므로 그것을 인용하면 다음과 같다.

시부타니무코오야마고분은 케이코오천황의 무덤으로 알려진 전체 길이가 300m나 되는 전방후원분으로 야나기모토고분군 안에서는 가장 큰 규모를 자랑한다. 고분 주위에 도랑을 판 안돈야마고분과 마찬가지로 도토제(渡

土堤)를 갖고 있다. 자세한 것은 잘 알 수 없으나 칸사이(關西)대학 자료관에는 이 고분에서 출토되었다는 '돌베개[石枕]'가 소장되어 있다. 대학에서 출토 유물을 소장하고 있다는 것은 곧 이 고분의 매장 시설이 누군가에 의해 이미 도굴되었다는 것이 된다. 고분의 주변을 우에노야마(上之山)고분과 시우로우즈카고분을 비롯한 여러 개의 고분이 에워싸고 있다.

나는 텐리참고관의 타케타니 씨와 함께 먼저 코훈시대 중기의 고분인 시부타니무코오야마고분으로 향했다. 사쿠라이시를 향해 뻗어 있는 현도(縣道)를 따라 남쪽으로 잠시 내려가자 왼편에 역시 전기 고분인 안돈야마고분이 나타나고 그 오른쪽에는 배총(陪塚)인 텐진야마(天神山)고분이 있었다. 우리는 그곳에서 100m 정도 더 내려와 왼쪽의 거대한 고분 앞에 차를 세웠다.

울창한 수목에 둘러싸인 시부타니무코오야마고분은 전방부와 후원부를 구별하기 어려웠으나 고분의 남쪽 끝 저편으로 사쿠라이시 지역

시죠오나와테시립 역사민속자료관의 한식 토기

시부타니무코오야마고분

에 솟아 있는 수려한 미와산이 보이고 미와산과 반쯤 겹치게 타마키야
마(珠城山)고분이 눈에 들어왔다. 시부타니무코오야마고분은 천황릉
이기 때문에 궁내청이 관리하고 있어서 그저 바라보기만 할 수 있을 뿐
안으로 들어갈 수 없었다. 또 깊은 나무숲을 헤치고 들어간다 해도 특
별히 볼 것도 없었으나 문제는 이 고분에서 출토된 돌베개가 중요하다
는 것이었다.

　이와 같은 돌베개는 카가와현(香川縣) 사누키(讚岐) 지방에 있는 적
석총(積石塚)으로 유명한 이와세오야마(石淸尾山)고분군의 이와부네즈
카(石船塚) 등에서도 출토되고 있다. 돌베개에 관해서 저명한 고고학자
모리 코오이치(森浩一) 씨의 『고분문화소고(古墳文化小考)』에는 "시부
타니무코오야마고분에서 출토되었을 가능성이 있는 돌베개가 전해 내
려오고 있다. 그런데 돌베개는 한국의 고구려, 백제, 신라, 가야에서도
출토되며 그중에서도 고구려와 백제의 것이 신라보다 앞선 것이라고
한다"고 씌어 있다. 그렇다면 전기 고분에 해당하는 시부타니무코오야
마고분의 돌베개는 고구려나 백제의 것에 가깝다는 것으로 모리 씨는

시부타니무코오야마고분에서
출토된 돌베개

이 돌베개와 고구려의 적석총에 관해 계속해서 다음과 같이 쓰고 있다.

전기 고분에서 출토된 돌베개 중에서 특히 카가와현 타카마쯔시(高松市)의 쿠리바야시(栗林)공원에 인접한 이와세오야마고분군 안에 있는 이와부네즈카의 석관에 붙어 있는 돌베개가 유명하지만 이 고분은 적석총의 전방후원분이다. 적석총은 흙을 쌓지 않고 돌을 쌓아 만든 것이다.

오오사카부 카시와라시의 마쯔오카야마(松岳山)고분에서도 돌베개가 붙은 석관이 출토되었으나 무덤의 모양은 전방후원분으로 후원부의 꼭대기 일대에만 할석(割石)이 한 그루 면에 깔려 있어서 부분적으로 적석총의 양상을 띠고 있다.

이와 같이 돌베개는 적석총과 연관되는 경향이 있고 적석총이라 하면 바로 고구려식 고분의 축조법이 연상된다. 「위지(魏志)」 '동이전(東夷傳)'에는 고구려의 무덤에 대해 "돌을 쌓아 무덤(封)을 만든다"는 기록이 있고 실제로 고구려의 옛 수도 집안(集安) 부근에는 수많은 돌로 쌓은 방분(方墳)

이 있다.

나는 1992년 모리 코오이치 씨, 에가미 나미오 씨와 함께 옛 고구려의 수도인 집안이 있었던 압록강 중류 일대를 직접 시찰하고 그와 같은 적석 전방후원분을 보고 온 일이 있었다.

이쯤에서 북쪽으로 되돌아가 스진천황릉으로 알려진 안돈야마고분을 살펴보자. 역시 타케타니 씨의 「미와 왕조와 야요이 유적」을 보면 처음 부분에 오오야마토(大和)고분군에 관한 설명에 이어 안돈야마고분에 관하여 다음과 같이 씌어 있다. 조금 길지만 대단히 중요한 내용이므로 소개하기로 하겠다.

두 번째로 살펴볼 곳은 야나기모토고분군입니다. 현재 약 15기의 고분이 있습니다. 동쪽에 있는 쿠시야마(櫛山)고분은 쌍방중원분(雙方中圓墳)으로 원분의 양쪽에 방형부(方形部)를 붙인 듯한 특이한 모양을 하고 있습니다. 전체 길이는 150m로 고분 주위에 도랑을 둘렀습니다. 이와 같은 고분은 일본 전국에서도 보기 어려운 것으로 카가와현의 이와세오산(石淸尾山)에 있는 네코즈카(猫塚)와 카가미즈카(鏡塚)고분 등에 몇 기가 있을 뿐입니다.

2차 세계대전 말기에 이곳 야나기모토에는 일본 해군의 항공대가 주둔해서 패전이 농후한 상황이었는데도 이른바 본토결전(本土決戰)을 대비해서 열심히 비행장을 만들고 있었습니다. 결국에는 완성되지 못했으나 쿠시야마고분의 바로 위에도 해군의 물자저장고가 있었습니다. 그 물자저장고가 철거됨과 동시에 고분의 조사도 실시되었습니다. 그 결과 고분의 방형부에서 아주 흰 구슬자갈을 깔아 놓은 제단으로 추정되는 시설이 발견되었고 원구부(圓丘部)에 매장된 수장(首長)은 조립식의 장지형(長持形) 석관에 모셔져 있다는 것을 알게 되었습니다. 이 조사로 고분의 방형부가 제단의 역할을 하고 있었다는 사실이 밝혀져 전방후원분의 전방부 역시 제단일 것이라는 견해가 우세하게 되었습니다.

안돈야마고분은 스진천황의 무덤으로 추정되는 전체 길이 242m의 전방후원분으로 분구는 동서로 길게 놓여 있고 산쪽에 원구부를, 평야쪽에 전방부를 배치하고 있습니다. 고분의 주위에는 도랑을 둘렀지만 동쪽이 높고 서쪽이 낮은 지형이기 때문에 물을 부어도 구조적으로 도랑 전체에 이르지 않습니다. 그렇기 때문에 도랑을 셋으로 나누어 각각 도토제를 쌓는 방법을 고안해 놓고 있었습니다.…… 이 고분에서는 내행화문(內行花文)을 새긴 진귀한 동판이 출토되었으며 그 탁본이 나가다케사(長岳寺)에 전하고 있습니다. 안돈야마고분의 서쪽에는 3기의 전방후원분이 있습니다만 그것들은 모두 안돈야마고분의 배총으로 생각됩니다. 배총인 안도야마고분은 전체 길이가 120m, 미나미안도야마고분은 65m, 텐진야마(天神山)고분은 113m입니다.

텐진야마고분은 현도(縣道)인 나라~사쿠라이선의 개수공사 때문에 후원부의 절반 정도가 없어져 버렸으나 그 당시의 조사에 따르면 후원부의 꼭대기에 수혈식 석실이 남아 있었고 점토로 된 마루 위에 한 개의 목궤(木櫃)가 안치되어 있었습니다. 목궤 속에는 20면(面) 거울과 41kg이나 되는 대량의 수은(水銀) 적색안료〔朱〕가 들어 있었습니다. 목궤 밖에도 3면 거울이 있었기 때문에 합계 23면의 거울이 출토되었습니다. 거울이 출토되었다는 사실로 텐진야마고분의 피장자는 쿄오토부의 쯔바이오오쯔카야마(椿井大塚山)고분이나 오카야마현(岡山縣)의 유바쿠루마즈카(湯迫車塚)고분처럼 거울의 관리나 제사 등을 관장했던 인물로 생각됩니다. 이 고분의 석실에는 사람은 매장되지 않았다고 보고되어 있어서 재검토가 필요합니다. 쿠로즈카(黑塚)고분은 전체 길이 130m의 전방후원분으로 역시 도랑을 둘렀습니다. 야나기모토고분군의 서쪽에는 전방후원분인 노베라즈카고분, 이시나즈카(石名塚)고분, 야나기모토오오쯔카(柳本大塚)고분이 남북으로 자리잡고 있습니다.

삼각연신수경

앞에서 나라현 텐리시 지역 류우오오산 산기슭에 자리한 야나기모토 고분군에 관해 살펴보았으나 그중에서도 중요한 고분은 쿠시야마(木箭山)고분, 안돈야마(行燈山)고분, 텐진야마(天神山)고분이라고 생각한다. 그러면 쿠시야마고분은 조금 뒤에 다루기로 하고 지금부터 안돈야마고분과 텐진야마고분에 대해서 직접 보고 느낀 점을 적어 보기로 하겠다. 스진천황의 무덤으로 알려져 있는 안돈야마고분도 궁내청이 관리하는 고분이었다.

나는 우에다 마사아키 씨와 함께 고분에 가 보았으나 이 무덤에 관해 글을 쓰게 될 줄은 정말 몰랐었다. 왜냐하면 나는 될 수 있으면 이른바 '천황릉'으로 불리는 고분은 다루지 않으려고 마음먹고 있었기 때문이었다. 그래서 여기서도 잠깐 언급하는 정도로 끝내려고 한다.

높은 석단(石段)과 토리이로 방어된 거대한 자연 신전(神殿) 같은 안돈야마고분은 에도(江戶)시대에 고분의 바깥 둑을 수리해서 어느 정도 변형이 되었다고 한다. 확실한 것은 잘 모르겠으나 그것보다도 이 고분에서는 내행화문을 새겨 넣은 진귀한 동판 이외에도 시부타니무코오야마고분에서 출토된 돌베개와 같은 찰진흙으로 만든 베개가 출토되었다. 나라 국립박물관에서 펴낸 『야마노베노미치의 고고학』에 따르면

안돈야마고분에서 출토된
찰진흙으로 만든 베개

이 찰진흙으로 만든 베개는 현재 오오사카의 후지타(藤田)미술관에 소
장되어 있으나 함께 출토된 돌팔찌[石釧]와 곱은옥, 대롱옥 등은 어디
론가 사라졌다고 한다. 안돈야마고분에 대해서는 이쯤 해두고 이 고분
의 배총으로 매우 흥미로운 텐진야마고분을 살펴보자.

　텐진야마고분은 현도를 사이에 두고 주분(主墳)인 안돈야마고분과
마주보고 있으나 지금은 이자나기(伊耶奈岐)신사로 되어 있다. 신사란
원래 분묘의 피장자를 받든 것이므로 이상할 것이 없으나 이 고분에는
피장자가 있었다는 증거는 없고 23면의 거울이 묻혀 있었다고 한다. 거
울 역시 신궁이나 신사의 신체(神體)로 삼고 있는 것이어서 이상할 것
은 없으나 그렇다고 하더라도 사람은 없고 23면의 거울을 비롯해 철칼,
철화살촉 등 유물만이 매장되었다는 것은 흥미롭다. 물론 쿄오토부 소
오라쿠군(相樂郡)에 있는 쯔바이오오쯔카야마고분에서도 32면이나 되
는 이른바 '삼각연신수경(三角緣神體鏡)'이라 불리는 거울이 출토된 적

텐진야마고분

은 있다.

텐진야마고분에서 출토된 거울은 현재 나라 국립박물관에 소장되어 있으나 1988년 4월 텐리시 문화센터 전시실에서 열린 '고대로의 탐방' 전시회에 특별히 진열된 일이 있었다. 나는 전시회를 직접 볼 수는 없었으나 그때의 안내서를 가지고 있다. 역시 『고대로의 탐방』이란 제목이 붙은 이 책에는 텐진야마고분에 관해 다음과 같이 씌어 있었다.

텐진야마고분은 4세기 후반의 전방후원분으로 안돈야마고분의 배총으로 추정되고 있습니다. 1960년에 현도인 텐리~사쿠라이선의 개량공사로 고분의 동쪽 부분이 파괴되어 긴급 발굴조사를 실시했습니다. 그 결과 석실로부터 거울과 적색안료, 검, 칼, 철화살촉, 손칼, 창대패, 토기편 등이 출토되었습니다. 거울은 23면으로 20면이 넘는 거울이 출토된 것은 일본 전국에서도 드문 일입니다. 적색안료도 41kg이나 발견되었는데 역시 다른 곳에서 이와 같이 적색안료가 많이 출토된 예는 없습니다. 거울은 야요이시대에 중국이나 한국에서 처음 수입되었습니다. 텐진야마고분의 23면 거울에서 5면 (5·7·15·18·22면)은 일본제로 생각되며 그 외의 거울은 수입품으로 생각됩니다. 적색안료는 일상생활에 쓰인 것은 아니고 제사에 사용한 토기나 철제품, 시체, 무덤 내부, 하니와에 칠했습니다. 텐진야마고분의 적색안료는 부장품으로 사용되었다는 점과 그 양이 많다는 것이 특징입니다.

23면의 거울 중에서 5면은 일본제라고 하였으나 사진이 나와 있지 않아 잘 알 수 없다. 앞에서 인용했던 『야마노베노미치의 고고학』에 그 거울 전체 사진이 실려 있으나 거울의 형식에 관해서만 자세히 적혀 있고 어느 것이 일본제이고 수입품인지에 관해서는 적혀 있지 않았다. 하물며 수입했다고 전하는 18개의 거울 중에서 중국에서 들여온 것과 한

삼각연 변형신수경

국에서 들여온 것을 구분한다는 것은 더욱 어려운 일일 것이다.

나는 원래부터 원시·고대시대에 수입이나 수출이 행해졌다고는 생각하지 않는다. 유물이란 사람과 함께 도래된 것으로 본다. 아무튼 무슨 근거로 일본제와 수입품을 구별하였는지 알고 싶었다. 그것에 관해서는 다음에 다루기로 하겠다. 텐진야마고분에서 출토한 유물 중에는 유명한 '삼각연 변형신수경(三角緣變形神獸鏡)'이라는 거울이 1면 있다. 야마토의 전기 고분에서는 그동안 삼각연신수경이 전혀 출토되지 않았으나 '변형'이긴 하지만 그것이 출토되었다는 것은 매우 흥미로운 일이다.

삼각연신수경은 중국제라는 설과 일본제라는 설로 의견이 나뉘어 있는 것으로 유명하다. 게다가 최근에 와서는 이 두 설 외에 새로운 세 번째 설이 나타났다. 1993년 4월 15일자 마이니치신문(오오사카판)을 보면 "삼각연신수경/한반도 제작설/콜럼버스의 달걀식 발상/유공(鈕孔 : 실이 통하는 구멍)의 단면 '직사각형'에 주목"이라는 머릿기사로 상당히 긴 박스기사가 나왔다. 그 내용은 쿄오토 국립박물관에서 열렸던 특별전 '왜국―야마타이코쿠와 야마토 정권' 등을 인용해서 다음과 같이 씌어 있었다.

야마타이코쿠의 여왕 히미코가 중국에서 받은 거울인지 아니면 당시 일본에서 만든 거울인지로 의견이 대립되어 있는 삼각연신수경 문제는 고대 일본의 국가 형성과정을 밝히는 열쇠라고 하며 쿄오토 국립박물관에서 개최중인 특별전 '왜국―야마타이코쿠와 야마토 정권'에서도 여러 점 전시되고 있다. 고고학은 유물로 말하는 것이다. 전시된 삼각연신수경을 바라보면서 최근에 세 번째 제작지 후보로 부상한 한반도 제작설을 생각해 보았다〔學藝部, 佐佐木泰造〕. 거울의 형식을 구분하는 것은 매끄러운 거울 면의 뒷부분〔鏡背〕에 그려진 여러 가지 문양이다. 삼각연신수경은 가장자리의 단면이 삼각형이고 중국의 신선사상을 나타낸 신〔동왕부(東王父), 서왕모(西王

母))과 짐승(용과 호랑이)모양이 그려져 있다.

거울에 관한 지금까지의 연구는 주로 문양이나 명문을 중심으로 진행되어 왔다. 그러나 오오사카대학의 후쿠나가 노부스케(福永伸哉) 씨는 거울 뒷면의 중심에 있는 반구형 손잡이의 유공에 주목했다. 유공은 거울의 뒷면을 그냥 봐서는 볼 수 없다. 한번 봐서 곧 흉내를 낼 수 있는 문양과 달리, 자세히 보지 않으면 눈에 띄지 않는 유공에는 거울을 만든 장인 집단 특유의 기법이 반영되어 있다. 삼각연신수경 유공의 단면은 거의 직사각형 또는 그에 가까운 모양이다. 특별전에서 함께 전시중인 쿄오토부 쯔바이오오쯔카야마고분, 시마네현(島根縣) 칸바라(神原)신사고분, 아이치현(愛知縣) 히가시노미야(東之宮)고분 등에서 출토된 삼각연신수경을 봐도 거의 직사각형이다.

한편 그 당시에 중국에서 만들어진 다른 형식의 거울은 90% 이상이 원형

아이치현 히가시노미야고분에서 출토된 삼각연신수경. 중앙의 유공이 직사각형으로 이루어져 있다.

또는 반원형이다. 중국에서 만들어진 거울 중에서 예외적으로 유공의 단면이 직사각형인 거울 중에는 바깥둘레에 두툼한 선이 둘러쳐져 있고 문양면에서도 중국의 중앙부에서 만들어진 거울과는 다른 특징을 갖고 있으며 주로 중국의 동북부에 분포하고 있다. 3세기 전반 당시 중국의 동북부로부터 한반도 북부에 이르는 지역에 세력을 갖고 있던 사람들은 공손씨(公孫氏)였다.……

야마타이코쿠의 여왕 히미코가 위(魏)나라에 사자(使者)를 보낸 시기는 공손씨가 멸망한 다음해인 경초(景初) 3년(239)의 일로 사자는 대방군(帶方郡)의 태수(泰守)를 통해서 위나라에 조공을 바치고 위나라로부터는 '거울 100개'를 받았다고 한다. 그러므로 거울의 제작지가 위나라의 수도 낙양(落陽)이 아니라 낙랑군(樂浪郡)이나 대방군이었다고 해도 이상할 것은 없다. 쿄오토부 히로미네(廣峰) 15호분에서 출토된 용호경(龍虎鏡 : 삼각연신수경과 비슷한 종류)의 명문에는 중국에는 실재하지 않는 '경초 4년'이라는 명(銘)이 새겨져 있어서 이것이 삼각연신수경이 일본에서 제작되었다는 큰 근거가 되고 있다.

이에 반해서 위경설(魏鏡說 ; 위나라에서 만든 거울이라는 설)을 주창하는 야마구치(山口)대학 콘도오 쿄오이치(近藤喬一) 교수는 당시보다 조금 뒤의 시기에 개원(改元 ; 연호를 바꾸는 것)을 알 수 없는 실재하지 않는 연호를 사용한 예가 있음을 들어 반론했다. 그러나 일본 제작설을 주장하는 스가야 후미노리(菅谷文則) 씨의 말처럼 수도 주변에서 연호가 바뀐다는 등의 정보는 쉽게 전파되는 것으로 실재하지 않은 연호를 사용했던 곳은 낙랑군 등 수도에서 멀리 떨어진 곳에서만 가능한 일이었다.

만일 거울이 제작된 곳이 한반도라고 하면 실재하지 않은 연호에 관한 수수께끼도 쉽게 설명할 수 있을 것이다.…… 한반도에서 삼각연신수경이 전혀 출토되지 않고 있는 지금, '한반도 제작설'은 가설의 범주를 넘을 수 없으나 여러 가지 상황 증거를 가장 합리적으로 설명할 수 있는 매력이 있다. 이와 같은 합리적인 설을 유추해 낼 수 있었던 것은 아무도 주목하지 않았

미쿠모 유적에서 출토된
전한경(前漢鏡)

던 거울의 특이한 유공에 착안했던 '콜럼버스의 달걀식' 발상이었다. 그동
안 할 수 있는 논의는 이미 다했다고 생각되는 삼각연신수경이지만 또 다른
각도에서 바라본다면 아직도 더 큰 비밀이 숨겨져 있는지도 모른다.

기록해 두고 싶은 내용도 있어 길게 인용하였다. 삼각연신수경 외에
도 새롭게 인식되고 있는 거울이 있다. 이른바 야마타이코쿠의 큐우슈
우설(九州說)로 알려진 후쿠오카현(福岡縣) 치쿠젠(筑前)에 있는, 옛
이토국(伊都國)의 왕묘로 생각되는 유적에서 출토된 '전한경(前漢鏡)'
이 그것이다. 이 거울에 관해서는 삼각연신수경처럼 거울이 어디서 제
작되었는가 하는 문제도 없고 문자 그대로 중국의 전한시대에 제작된
것으로 알려져 왔다. 그런데 1985년 7월 18일자 니시니혼(西日本)신
문에 "미쿠모(三雲) 유적의 전한경/한반도제였다/대륙과의 교류 해명
에 광명(光明)"이라는 머릿기사로 다음과 같은 글이 씌어 있었다.

후쿠오카현 이토시마군(絲島郡) 마에바루정(前原町) 미쿠모(三雲)의 미쿠모 유적에서 출토된 전한경의 파편과 금동사엽좌식(金銅四葉座飾)꾸미개[金具] 2개가 한반도산 원료를 사용했다는 사실이 17일까지의 조사로 토오쿄오 국립문화재연구소의 성분 분석에 의해 밝혀졌다. 전한경 등은 종래 중국제로 알려져 왔으나 이번 조사결과로 정설을 뒤집게 되었다. 이 일대는 「위지」 '왜인전'에 기록된 야요이시대 중기 후반(기원 전후)에 이곳에 있었던 이토국의 왕묘로 생각되며 1949년부터 현 교육위원회가 발굴을 시작해서 일본 전국에서 가장 큰 옹관 2개를 비롯해 전한경 57면, 금동사엽좌식 8개, 동검(銅劍)과 동창(銅矛) 등의 많은 유물이 출토되었다.

군마현 마에바시시 킨칸즈카고분에서 출토된 금동입화형관(金銅立花形冠)

이것은 삼각연신수경의 콜럼버스의 달걀식 발상법과는 달리 국립문화재연구소의 성분 분석에 의한 것으로 56면이나 되는 거울이 출토되었다는 사실이 놀랍다. 거울 이외에도 한반도에서 도래했다는 자루달린가는동검[有柄細形銅劍]도 출토되었다. 전 코쿠가쿠인대학 교수 타키가와 마사지로오(瀧川政次郎) 씨의 「히메코소(比賣許曾)에 대해서」

에 따르면 이토국의 왕은 『치쿠젠국 풍토기(筑前國風土記)』에 기록된 "우리들은 하늘에서 코마국(高麗國, 고구려)의 오로산(意呂山)으로 강림하신 히보코(日矛)의 후손 이토데(五十跡手)[15]이다"의 '이토데(五十跡手)'라고 한다. 이미 몇 번 언급했듯이 아메노히보코는 신라·가야계 도래인 집단의 상징이다.

마에바루정은 지금은 시(마에바루시)로 승격되었고 미쿠모 유적 이외에도 이토국의 왕묘로 알려진 히라바루(平原) 유적과 이하라(井原) 야리미조 유적 등이 있다. 또한 최근에 새로운 유적이 발견되었는데 1993년 10월 15일자 요미우리신문에는 "야마타이코쿠시대의 유력한 나라/이토국의 왕묘 발견/후쿠오카현 히라바루 유적 인접지"라는 머릿기사로 다음과 같이 씌어 있었다.

　　야마타이코쿠시대의 유력한 나라 '이토국'의 왕묘로 알려진 후쿠오카현 마에바루시의 히라바루 유적 인접지에서 히라바루 유적에 묻힌 왕의 선대왕 또는 왕족의 무덤으로 보이는 방형주구묘(方形周溝墓)가 마에바루시 교육위원회가 실시한 15일까지의 조사로 발견되었다. 이 주구묘(周溝墓)에서는 야요이시대 후기 초엽(1세기 중반)의 옹관이 출토되었는데 서기 57년에 인접국의 나노쿠니왕(奴國王)이 중국의 한(漢)나라 광무제(光武帝)로부터 '한위노국왕(漢委奴國王)'이라 새긴 금인(金印)[16]을 받은 때와 같은 시기에 존재했던 이토국의 왕묘로 생각된다.

야나기모토고분군의 텐진야마고분에서 출토된 거울을 살펴보다가 일본 남부 큐우슈우의 이토국까지 가게 되었으나 다음 장에서는 다시 야나기모토고분군에 있는 쿠시야마고분으로 되돌아가 살펴보기로 하겠다.

‖ 역주 ‖

1) 수험도(슈겐도) : 원래 일본 고유의 산악신앙에 뿌리를 두고 밀교(密教)를 매개로 해서 형성된 종파의 일종. 산중에 들어가 고행을 하는 것으로 신험(神驗)을 얻고자 한다.

2) 탄 : 『삼국사기』「지리지」에는 고구려 지명으로 쓰인 한자 '谷'이 후대에 '단(旦)·탄(呑)·돈(頓)'으로 표기되어 있어서 '谷'의 옛 음이 [than]이었을 것이라고 추정되고 있다. '谷'의 訓, 「たに」와도 관계가 있을 것으로 추정.

3) 하치만궁 : 하치만(八幡)은 하치만신(八幡神)과 하치만궁의 약자로 조금도 거짓이 없는 경우에 쓰는 말이며 하치만궁과 하치만신을 제신으로 하는 신사의 총칭.

4) 카이도오(街道) : 각 도시를 연결하는 주요 도로. 에도시대에는 에도에서 각지로 통하는 카이도오 이외에 와키오오칸(脇往還) 등이 있었다.

5) 오오쿠니누시노미코토 : 이즈모계(出雲系) 신화의 주신(主神)으로 스사노오노미코토의 자손이며 일본의 국토를 창조했다는 신.

6) 토기와 도기 : 흙으로 구운 모든 그릇을 토기라 하며, 도기는 진흙 태토(胎土)를 원료로 하는 점에서는 토기와 같지만 훨씬 고열로 굽고 기체(器體) 표면에 인위적으로 유약(釉藥)을 발라서 물의 흡수를 많이 줄인 점이 다르다. 토기를 1,000°C 이상의 고열로 구우면 진흙 속의 광물질이 녹아서 용기벽에 유리질의 막을 형성하는데 인위적인 유약을 사용한 도기와는 이 점에서 구별된다.

7) 스에키와 하지키 : 스에키는 한반도에서 우수한 기술을 갖고 도래한 사람들에 의해 만들어진 토기로 청회색을 띠고 등요(登窯)에서 1,000°C 이상의 온도로 구워낸 것이다. 하지키는 야요이식 토기의 제작법을 이은 것으로 적갈색을 띠며 야요이식 토기보다 간단해지고 부엌의 식기류가 주종을 이루고 있다.

8) 아라이 하쿠세키(1657~1725년) : 에도시대 중기의 유학자이며 정치가로 1709년 6대 쇼오군(將軍) 토쿠가와 이에노부(德川家宣)를 보좌해서 막신(幕臣)이 되어 정치의 실권을 쥐었다. 그는 바쿠후(幕府)의 권위를 높이려고 힘썼으며 쇄국중에도 외국 사회를 알려고 노력했던 인물이다. 언어학·문헌학 등의 저서도 있어서 근세(近世) 굴지의 대학자로도 명성이 높다.

9) 타이카개신(타이카노카이신) : 645년, 타이카(大化) 원년(元年) 여름에 나카노오오에황자를 중심으로 중신(中臣) 후지와라노카마타리(藤原鎌足) 등의 혁신적인 조정 호족들이 소가대신 가문을 멸하고 시작한 일본 고대정치사의 개혁.

10) 모노노베씨 : 니기하야히노미코토(饒速日命)를 그 조상으로 하는 고래(古來)

의 씨족으로 일찍부터 군사력을 장악하고 신사와 깊은 관계를 맺고 있었다. 모노노베(物部)의 '모노(物)'의 어원은 무기·정령설(精靈說) 등이 있고 '베(部)'는 야마토정권이 받아들인 백제의 정치제도 부사제(部司制)에 유래한다. 숭불파인 소가씨와의 대립은 유명하다.

11) 소가노우마코(?~626년) : 소가씨(蘇我氏)는 타케시우치노스쿠네를 조상으로 하고 야마토국 타케치군 소가를 근거지로 했던 고대의 유력한 씨족이다. 씨족 중에서 가장 유명한 우마코는 아스카시대의 권신(權臣)으로 비타쯔(敏達)천황부터 4대에 걸쳐 대신을 지낸 사람으로 불법을 일으키는 한편 모노노베노모리야(物部守屋)를 토벌하고 스슌(崇峻)천황을 암살(620년)한 인물.

12) 모노노베노모리야(?~587년) : 『일본서기』에 의하면 비타쯔천황 14년에 불법 폐기(佛法廢棄)를 주장해서 숭불을 주장하던 소가노우마코(蘇我馬子)와 대립하였으나 결국 사살되었다고 하는 인물. 시텐노오사(四天王寺)를 건립했다고 함.

13) 기마민족정복왕조설 : 1949년 당시 일본고대사의 상식을 뒤엎는 의견이 토오쿄오대학 교수 에가미 나미오(江上波夫) 씨에 의해 발표되었다. 그 내용은 고대 일본을 통일하고 카와치를 중심으로 왕조를 세운 사람들은 4세기경에 말을 타고 용감히 싸우던 대륙(한반도)의 사람들이 일본에 건너와 먼저 키타큐우슈우에 왕조를 세우고 4세기 말부터는 킨키(近畿)로 진출해서 오오진(應神)왕조를 세워 일본을 정복했다는 설로 기마민족국가설 또는 북방기마민족설이라고도 한다.

14) 타이호오율령 : 몬무(文武)천황의 타이호오(大寶) 원년(701)에 오사카베신노오(忍壁親王)와 후지와라노후히토(藤原不比等)가 편찬한 법전.

15) 이토데 : 큐우슈우의 쯔쿠시(筑紫) 이토아가타누시(伊都縣主)의 조상. 하늘에서 내려온 히보코(日矛)의 자손이라고 한다.

16) 금인(金印) : 1784년 후쿠오카현 시카노시마(志賀島) 해변가에서 한 농부가 발견했다는 금인. 일본의 국보로 지정되어 있으나 글자가 너무 선명하고 불필요한 글자인 '漢'과 당시로는 어색한 '國王'이라는 표현이 있어서 개인의 도장이거나 위조된 것이라는 설도 있다.

제 **3** 부

텐리시의
한국문화 유적 Ⅱ

◆◆◆◆◆◆◆◆◆◆◆◆◆◆◆◆◆

일본의 전방후원분

앞에서 나라현 텐리시의 류우오오산 산기슭에 축조되어 있는 야나기모토고분군 중에서 세 곳의 고분이 중요하다고 했었다. 이번에는 앞 장에서 다룬 안돈야마고분과 텐진야마고분 다음으로 쿠시야마고분에 관하여 살펴보기로 하자. 우선 좀더 확실히 해두기 위해 앞서 인용했던 타케타니 토시오 씨의 글을 한 번 더 읽어 보기로 하자.

2차 세계대전 말기에 패전이 농후한 상황이었는데도 이곳 야나기모토에는 일본 해군의 항공대가 주둔해서 이른바 본토결전(本土決戰)을 대비해서 열심히 비행장을 만들고 있었습니다. 결국에는 완성되지 못했으나 쿠시야마고분 바로 위에도 해군의 물자저장고가 있었습니다. 그 물자저장고가 철거됨과 동시에 고분의 조사도 실시되었습니다. 그 결과 고분의 방형부에는 아주 흰 구슬자갈을 깔아 놓은 제단으로 추정되는 시설이 발견되었고 원구부(圓丘部)에 매장된 수장(首長)은 조립식의 장지형(長持形) 석관에 모셔져 있다는 것을 알게 되었습니다.
이 조사로 고분의 방형부가 제단의 역할을 하고 있었다는 사실이 밝혀져 전방후원분의 전방부 역시 제단일 것이라는 견해가 우세하게 되었습니다.

쌍방중원분인 쿠시야마고분

　나는 타케타니 씨와 함께 안돈야마고분의 뒤쪽 산기슭에 위치한 쿠시야마고분에 직접 올라간 적이 있다. 이 고분은 천황릉으로 알려진 안돈야마고분과 달리 누구나 들어갈 수 있는 곳으로 고분 앞 도랑 옆에 세워진 안내판에는 고분의 전체 길이가 150m이고 출토품 등으로 보아 4세기에 축조된 것이며 사적으로 지정되어 있다는 등의 내용이 적혀 있었다. 쌍방중원분(雙方中圓墳)인 쿠시야마고분의 정상부는 산 속으로 가는 통로가 되어 있었다.

　그곳에 서서 앞을 내려다보니 오른쪽의 안돈야마고분은 숲에 가려서 보이지 않았으나 왼쪽으로는 멀리 넓은 야마토 평야가 눈에 들어왔다. 우리들은 방형부에 아주 흰 구슬자갈을 깔아 놓은 제단으로 추정되는 곳에 이르렀다. 흰 구슬자갈은 어디서나 팔고 있는 귀여운 자갈로 나는 자갈 한 개를 주머니에 넣으려다가 문화재라는 생각에 그만두었다. 이 구슬자갈 위에서 제사를 지냈던 옛 사람들의 모습이 떠올랐으나 내가 문제로 삼고 있는 것은 전방후원분에 관한 것이다.

이 쿠시야마고분의 예를 보아도 알 수 있듯이 이 무덤의 전방부(방형부)가 무슨 용도로 쓰였는지 이제야 분명히 밝혀진 것이라고 생각한다. 원래 전방후원분이라는 명칭은 바쿠후(幕府)[1] 말기의 근왕가(勤王家 ; 황실에 충성을 다하는 사람)인 가모오 쿤페이(蒲生君平)[2]가 붙인 이름으로, 그 이후에 어떤 권위에 둘러싸여서 일부 고고학자들 외에는 그 실태를 확실히 알고 있는 사람이 거의 없었고 알 수도 없게 되어 있었던 형편이었다. 전방후원분 중에는 나중에 전방후원분으로 새롭게 다시 축조된 고분도 있다. 예를 들면 산요오전차(山陽電車)의 홍보지 산요오뉴스에 연재된 코오베(神戶) 고대사연구회 회원인 마노 오사무(眞野修) 씨의 「연선(沿線)의 고분을 찾아서」의 9회째 '히오카야마(日岡山)고분군'을 보면 다음과 같은 설명이 있다.

히오카료오(日岡陵)고분은 카고천(加古川)이 만들어 낸 평야가 내려다 보이는 산꼭대기에 축조된 전체 길이 85.5m에 이르는 히오카야마고분군에서도 중심이 되는 중요한 전방후원분이다. 그러나 쇼오와시대 초기에 카고천 유역에 축조된 고분 및 유물의 조사에 전념하고 있던 쿠리야마 카즈오(栗山一夫) 씨에 따르면 이 고분을 조사하면서 히오카촌(日岡村)의 주민들로부터 "어릉(御陵, 왕릉)에는 원분(圓墳)이 없다고 해서 전방부를 새롭게 만들어 붙이기로 하고 우리들도 도왔다"는 이야기를 들었다고 한다. 이것이 사실이라면 히오카료오고분은 메이지시대에는 원분이었던 것을 왕릉에 원분이 없다는 이유만으로 전방부를 새롭게 개조했다는 것이다. 또한 히오카릉(日岡陵)을 연대순으로 나열한 기록에 따르면 메이지 36년(1901) 12월에 "어재소(御在所)에 치토(置土)를 하다"라고 씌어 있다.

천황릉으로 알려져 있어서 직접 들어가 분구를 관찰할 수 없으나 궁내청의 실측도(實測圖, 1928년 측량)에만 의존한다면 후원부와 전방부의 연결이 부자연스럽지 않고 전기 고분의 형태도 갖추고 있어서 전방부를 덧붙인 증거는 확인할 수 없었다. 쿠리야마 씨에게 전방부를 덧붙였다는 사실을 알려준 분들이 이미 타계한 지금, 1901년에 실시된 치토(置土)의 규모와 내용을 확인하기 위해서는 궁내청이 능묘의 공개와 현장 조사를 허락하기를 기다릴 수밖에 없다. 이와 같은 내용에 관해서는 하루나리 히데미(春成秀爾) 씨의 「날조된 전방후원분」(『고고학연구』 17-2)에 자세히 보고되어 있다.

물론 여기서 다루려는 것은 개조된 전방후원분에 관한 것은 아니지만 한 가지 알 수 있는 것은 일본에서 지금까지 전방후원분이 어떠한 것으로 여겨지고 취급되었는가 하는 점이다. 더욱 이상한 것은 전방후원분이 키나이의 왕권(야마토 조정)에 의해 만들어졌으며 각 지역에 있는 것까지 왕권의 허·인가(許認可) 및 규제 아래 있었다고 생각되고 있으며 지금도 그러한 생각이 남아 있다는 것이다. 그와 같은 생각은 전방후원분에만 남아 있는 것이 아니다.

나는 1995년에 한국에서 출판한 『일본 속의 한국문화 유적을 찾아서 1』의 「우마미(馬見)고분군이 있는 땅」에 일본에서 최대급의 범립패식(帆立貝式) 고분인 오토메야마(乙女山)고분(전체 길이 130m)과 역시 기원 전의 것으로 세 번째 규모인 범립패식 고분이라는 이케가미(池上)고분(전체 길이 92m)에 관해서 쓴 일이 있다. 그것을 쓰게 된 이유는 일본의 어느 신문인가에 실린 "이케가미고분은 오래 전부터 대형 범립패식 고분으로 알려져 왔으나…… 범립패식 고분은 전방후원분의 전방부가 짧은 모양의 고분이다. 피장자가 전방후원분을 만들 만큼의 신분이 아니었으므로 전방부가 규제된 것이 아닌가 생각된다"는 기사 내용에 대해 의문을 제기한 것으로 다음과 같이 썼었다.

일본에서 세 번째로 꼽을 만한 규모를 가진 대고분(이케가미고분)이 어째서 전방부의 길이만큼 규제되었다는 것일까? 5세기 전반에 그러한 규제가 있었다고는 생각할 수 없을 뿐만 아니라 대개 다른 고분의 예를 보아도 알 수 있듯이 고분의 전방부 길이와 신분의 서열과는 관계가 없는 것이다. 원래 전방후원분의 전방부는 제사를 올리기 위해 만들어졌다. 최근의 키타큐우슈우시 코쿠라(小倉)의 야마자키(山崎) 야쯔가지리(八ヶ尻)고분과 오오사카부 키시와다시(岸和田市) 시모이케다(下池田) 유적 등의 발굴조사에 의해 그러한 사실이 계속해서 밝혀지고 있다. 또한 한국에서의 전방부의 변천과정을 보아도 전방부가 제사용으로 축조되었다는 것을 알 수 있다. 어찌되었든 전방부가 길고 짧은 것은 고분을 축조한 사람의 의도와 제사상의 편의로 그렇게 된 것이지 피장자의 신분과는 직접적인 관계가 없는 것이다.

역시 문제가 되는 것은 한국에서의 전방부의 변천과정을 통해서도 알 수 있다고 한 주장으로 이것은 내 체험에 근거해서 말한 것이다. 그것에 관해서는 잠시 뒤로 미루기로 하고 앞의 두 고분 중에서 시모이케다 유적의 전방부에 관한 내용을 살펴보기로 하자.

1986년 9월 28일자 아사히신문(오오사카판)에는 알기 쉬운 그림 설명과 함께 "전방후원분 이렇게 해서 생겼다/추론(推論)을 뒷받침하는 주구묘(周溝墓)/폭이 넓은 육교(陸橋) 처음 출토/키시와다/제사 장소가 발달해서 방형(方形)으로"라는 머릿기사로 다음과 같은 글이 씌어 있었다.

수수께끼에 싸인 전방후원분의 기원을 해명하는 데 중요한 단서가 될 만한 1,900여 년 전(야요이시대 중기 말~후기 초)의 유구(遺構)가 오오사카부 키시와다시 시모이케다정 시모이케다 유적에서 발견되었다. 원형의 분구를 가진 무덤으로 그동안 가장 어려운 문제로 남아 있던 전방후원분의 방형 돌출 부분과 매우 닮은 폭이 넓은 육교를 갖추고 있었다. 이 육교 부분이 확대되어서 전방후원분의 방형부가 되었다는 추측은 있었지만 학자들은 이와 같은 육교의 발굴은 처음이라고 주목하고 있다.…… 고고학자 토이데 히로

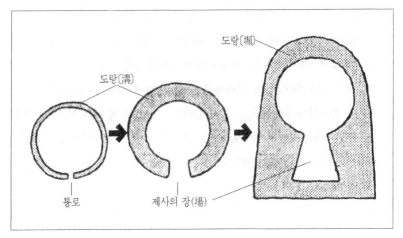

전방부의 발달과정

시(都出比呂志) 오오사카대학 교수는 "원형주구묘(圓形周溝墓)의 통로 부분에서 매장에 관계된 제사가 행해지게 되어 그에 따라서 시모이케다 유적과 같은 폭이 넓은 육교가 필요하게 되었다. 이 육교가 독자적으로 발달해서 거대한 전방후원분의 방형부로 바뀌었다고 하는 지금까지의 추측을 뒷받침하는 발견이다"라고 말하고 있다.

전방후원분의 '전방(방형부)'이 무엇을 위해서 축조되었으며 전방후원분이란 도대체 무엇이었는가 하는 것은 앞에서 살핀 것처럼 일부 고고학자들 사이에서는 지금까지도 이렇다 할 정설이 없다. 이와 똑같은 생각을 타케타니 씨도 내게 말한 적이 있었다.

한국의 남부에서도 발견된 전방후원분

전방부가 제사를 지내기 위한 장소였다는 의견에서 가장 문제가 되는 것은 앞서 내가 지적했던 "한국에서의 전방부의 변천과정을 보아도 알 수 있다"는 내용이다. 이것은 나의 체험에 근거해서 말한 것이라고 했으나 우선 전제가 되어야 할 것은 고대 한국에서도 고대 일본처럼 전방후원분이 축조되고 있었는가 하는 점이다. 1983년 7월 9일자 아사히신문을 보면 "한반도에도 전방후원분/한국학자가 발견/일본 발생설을 부정"이라는 큰 머릿기사가 나오고 앞부분에 다음과 같이 씌어 있었다.

일본 특유의 분묘 형식으로 알려진 전방후원분이 한반도 남부 해안이나 낙동강 유역에 축조되었다는 사실이 한국의 고고학자의 조사로 밝혀졌다. 전방후원분이 해외에서 발견된 것은 이번이 처음이다. 고분을 발견한 학자는 일본의 전방후원분의 원류로 생각된다며 종래의 '전방후원분 야마토 발생설'을 정면으로 부정하고 있어 전방후원분의 기원과 축조 연대 및 그 의의를 둘러싸고 학계에 논쟁이 일 듯하다.

기사에 나온 한국의 고고학자는 영남대학의 강인구(姜仁求) 교수로 논쟁은 바로 시작되었다. 그 논쟁의 내용은 이제부터 살피기로 하고 그전에 1983년 8월 17일자 마이니치신문을 보면 "한국의 전방후원분 확인/도오시샤(同志社)대학 모리 코오이치 교수/한·일 고고학계에 파문"이라는 머릿기사로 다음과 같이 씌어 있었다.

　일본에만 존재하고 중국이나 한국에는 없다고 알려져 왔던 전방후원분이 한국에도 존재한 사실이 도오시샤대학 고고학연구실 모리 코오이치(森浩一) 교수의 현지 조사로 16일 확인되었다. 전방후원분이 한국에도 있다는 사실은 일본 고고학 연구를 다시 써야 하는 것으로 문자 그대로 역사적인 확인이라 하겠다. 이 전방후원분은 한국의 경상남도 마산시에 근접한 고성군(固城郡) 고성읍 송학동(松鶴洞)에서 발견된 '송학동 1호분'이다. 대구 영남대학 강인구 교수가 발견한 것으로, 강 교수의 전방후원분 발굴 소식을 접한 모리 교수가 15일 방한해서 16일까지 강 교수와 함께 고분을 둘러본 결과 전방후원분이 틀림없다고 판정했다.

송학동 1호분 전경

모리 교수에 따르면 송학동 1호분은 거의 완전한 형태로 남아 있어서 어째서 지금까지 발견되지 않았는지 믿기 어려우며 미세한 부분을 살펴봐도 전방후원분이 틀림없다고 한다. 확인된 전방후원분은 전체 길이가 56.7m, 후원부의 직경이 31.5m, 높이가 8.5m이다. 또한 전방부는 길이 25.2m, 폭이 27m였다. 지형이나 고분의 형태는 일본 전방후원분의 전기 고분과 그 특징이 완전히 일치했다고 한다. 강 교수는 이곳 이외에도 경상남도 함안군을 비롯해 대구시 근처에서도 많은 전방후원분을 발견했다고 보고하고 있다.

또한 같은 해 8월 20일자 아사히신문에는 "이것이 한국의 전방후원분/현지를 조사한 고대사 연구가가 촬영"이라는 머릿기사가 사진과 함께 나와 다음과 같이 씌어 있었다.

한국 경상남도 고성군의 송학동 1호분은 현지를 조사한 모리 코오이치

오쿠노 마사오 씨가 촬영한 송학동 1호분

교수에 의해 전방후원분임이 확인되었으나 후쿠오카현 온가군(遠賀郡)에 거주하는 고대사 연구가 오쿠노 마사오(奧野正男) 씨가 현지에서 고분의 모습을 촬영해서 가지고 돌아왔다. 오쿠노 씨는 『고고학으로 본 야마타이코쿠의 동천(東遷)』(마이니치신문사) 등의 저서가 있는 재야연구가〔현재는 미야자키(宮崎)대학 교수〕로 이번에는 고대사 여행의 강사로서 방한했다. 그는 "자연 지형으로 생각하기 쉽기 때문에 원래의 지층 부분과 성토 부분을 자세히 살펴보았으나 지층부는 빨간 흙인 데 비해 성토한 부분은 검은 색을 띠는 흙이어서 분명히 전방후원형의 분구였다"고 말하고 있다.

지금까지 살펴본 대로 한국에서 발견된 것이 전방후원분인 것은 확실하다. 그러나 아직 일본의 학자들 사이에서는 여러 의문이 제기되고 있었다. 1984년 2월 10일자 마이니치신문에 모리 교수가 쓴 「한국의 전방후원분—강 교수의 방일에 즈음하여」라는 글이 "4세기의 특색을 띰/지할법(地割法 ; 일정한 기준에 의해 토지를 구획하는 법)으로 일본에도 공통 고분/상식에서 벗어나는 부정론"이라는 머릿기사와 함께 실린 내용을 보면 다음과 같은 의문이 제기되고 있었다.

주지하는 바와 같이 전방후원분은 일본 특유의 분구 형태이며 일본인의 대표적인 조형물로 오랜 세월 동안 인식되어 왔다. 그러나 나는 강 교수의 지적 이후로 사람들의 반응이 두 가지로 나누어진 것을 알았다. 첫째는 고대 동아시아적 상황으로 보아 그것이 사실이라 하더라도 전혀 이상할 것이 없다는 반응이었고 둘째 전방후원분은 일본 특유의 것이므로 절대로 그럴 수가 없다는 것이었다. 기묘하게도 이 새로운 사실을 있는 그대로 받아들인 쪽은 일반 시민이었다. 이른바 일부 전문가들의 "일본에 있다면 전방후원분이지만 한국에 있기 때문에 신중해야 한다"는 식의 알 듯하면서도 무의미한 발언도 직접 들은 적이 있다. 두 번째 반응식 사고를 가지고 한 말일 것이다. 그 밖에도 일본의 특색이 강한 것이기 때문에 한국에 있어서는 곤란하다는 식의 발언도 극히 일부에는 있었으나 연구 추진자인 강 교수가 "학문적 문제는 학문의 방법과 논리에 따라 해결합시다"라고 담담한 반응을 보인 점이 늠름해 보였다.

한국의 전방후원분에 관한 연구는 강 교수의 연구 이전에도 몇 번 있었다. 소문 정도의 이야기는 빼더라도 1938년에 고고학자이며 쿄오토대학 명예교수인 아리미쯔 코오이치(有光教一) 씨가 반남면(潘南面) 신촌리(新村里) 6호분을 발굴한 뒤 그 보고서에 "한국의 고분에 전방후원분의 외형이 보인다"라고 썼으며 역시 고고학자이며 쿄오토대학 교수였던 고(故) 우메하라 스에하루(梅原末治) 씨도 같은 생각이었다. 또한 서울대학교의 김원룡 씨도 『한국고고학개설』에 "그 봉토의 외형이 일본 고분에서 보는 것과 같은 전방후원분이다"라고 쓰고 있다. 나도 1970년에 신촌리고분을 찾았을 때 이 고분이 일본에 있다면 당연히 전방후원분에 포함되었을 것이라는 인상을 받았었다. 아주 최근에도 반남면고분군을 논한 한국의 젊은 연구가들의 논문을 몇 편 보았는데 일본의 고분과 어떠한 관계에 있는가는 차치하고 전방후원분일 것이라는 기술은 몇 곳에서 볼 수 있었다.

이와 같은 한국의 전방후원분의 존재에 관한 부정적인 반응은 일본뿐만이 아니고 한국에도 있었다. 강인구 교수의 「한국 전방후원분의 진위」를 보면 "일본에서 발생한 전방후원분은 한반도에 있을 리가 없다는 고정관념에 사로잡혀"라는 기술이 있다. 전방후원분이 과연 일본에서 발생한 것인가에 관해서는 차츰차츰 살펴가기로 한다.

위의 기사에서 보듯이 한국의 전방후원분에 대해서 가장 강한 관심과 이해를 나타낸 분은 바로 모리 코오이치 씨였다. 모리 씨는 강인구 교수를 일본에 초대해서 심포지엄까지 열었다. 이 심포지엄에는 두 분 외에도 우에다 히로노리(上田宏範) 씨 등 20여 명에 가까운 고고학자가 참여했으며 그 내용은 『한국의 전방후원분—송학동 1호분 문제에 관하여』라는 제목으로 사회사상사(社會思想社)가 출판했다.

전방부　　　　　　후원부

전라남도 해남의 장고산고분

이 심포지엄은 1984년 9월에 열렸으나 모리 씨의 "무언가 한 가지 발견되면 계속해서 그러한 예가 늘어나는 것이 고고학에서는 흔히 있는 일이다"라는 말처럼 이번에는 1985년 12월 29일자 아사히신문에 "역시 한국에도 있었다/전방후원분/나라 국립문화재연구소 실장이 확인"이라는 머릿기사가 사진과 함께 등장했다. 역시 강인구 교수가 발굴한 전라남도 해남군 방산리(方山里)에 있는 장고산(長鼓山)고분에 관한 것으로 다음과 같은 내용이 씌어 있었다.

한반도 남부에 전형적인 전방후원분이 있다는 것이 이번에 한국 고고학자의 조사로 밝혀졌다. 일본의 독자적인 것으로 알려져 왔던 전방후원분이 한국에도 있는 것 같다는 의견이 2년 전부터 양국의 학자들에 의해 주장되었으나 반대의견도 강해서 정설로 인정받지 못하고 있었다. 이번 고분을 시찰한 나라 국립문화재연구소 아스카자료관 학예실장 이노쿠마 카네카쯔(猪熊兼勝) 씨가 "무덤의 모양도 확실해서 일본의 코훈시대 중기 고분 그대로

이다"라고 의견을 말해서 전방후원분의 기원과 축조 연대 등을 둘러싸고 논쟁이 다시 일 듯하다.…… 이노쿠마 씨는 또한 "이번 달 초에 현지를 방문했으나 5세기 전반에 축조된 일본의 전방후원분을 보는 것과 똑같아서 정말로 놀랐다. 2년 전의 송학동고분은 그 형태가 불완전해서 다른 의견도 많았으나 이번 고분은 결정타로 생각된다. 상세한 조사가 기대된다"고 소감을 밝히고 있다.

나는 송학동고분은 직접 가서 보았으나 장고산고분은 가 보지 못했다. 그러나 송학동고분이 전방후원분인가에 부정적이었던 한국의 고고학자들도 장고산고분은 틀림없이 전방후원분이라고 내게 말했었다. 그래서인지 이 장고산고분에 대해서는 별로 논쟁의 기미가 보이지 않았고 양국의 학자 모두가 차분해진 느낌이었다.

그렇지만 한국의 전방후원분에 관한 논쟁은 이것으로 끝난 것이 아니었다. 지금까지 살펴본 고분은 한국의 남부 고대 가야국 중의 소국이었던 경상남도 고성군과 옛 백제국이었던 전라남도 해남군에 있는 고분이었다. 이번에는 전방후원분의 원류와 깊은 관계에 있는 한국의 북부 압록강 유역의 옛 고구려 지역을 살펴보지 않으면 안 된다. 이번에도 역시 모리 코오이치 씨가 등장한다.

전방후원분의 원류 고구려의 적석총

지금까지 고대 한국의 옛 가야와 백제 지역에 있는 전방후원분을 살펴보았으나 이번에는 한국 남부의 여러 나라보다 훨씬 먼저 국가로서 성립되었던 고구려에서는 어떠한지 살펴보기로 한다. 일본에만 존재한 다던 전방후원분이 한국의 남부지방에도 있다는 사실은 1983년부터 1985년에 걸쳐서 밝혀진 것으로 그후 1990년 3월 26일자 아사히신문에 이번에는 "전방후원분의 원류묘(源流墓)/북한에서 연이어 발견/축조 개시 일본보다 200, 300년 전/적석(積石), 약 10기"라는 큰 머릿기사로 다음과 같이 씌어 있었다.

1,700여 년 전에 만들어진 일본의 독특한 고분으로 알려진 전방후원분과 매우 흡사한 돌을 쌓아 만든 고분이 북한의 북부에서 연이어 발견되고 있다는 것이 현지를 방문한 재일 역사연구가에 의해 밝혀졌다. 북한의 전문가도 확인한 것으로 머지않아 「이것이 전방후원분의 원류이다」라는 구체적인 논문이 발표될 예정이라고 한다. 일본에서는 3세기 중엽부터 축조되기 시작한 데 비해 북한의 고분은 적어도 기원 전후로 200, 300년이나 빠르다고 한다. 전방후원분은 일본의 여명기(黎明期)를 푸는 열쇠의 하나로 알려진 것이어서 상호 조사와 연구가 활발해질 것 같다.

고분이 발견된 곳은 중국과의 국경지대인 압록강변 자강도(慈江道) 초산군(楚山郡) 운평리(雲坪里)에서 자성군(慈城郡) 송암리(松岩里)까지로 발견된 고분은 약 10여 기에 이른다. 『고대 조일(朝日)관계사 노트』 등의 저서로 알려진 전호부(全浩夫) 씨가 현지를 방문해서 사진을 촬영하고 북한 고고학연구소의 연구원들이 만든 도면도 입수했다고 한다. 전체 길이가 13~30m로 주먹보다 조금 큰 것부터 머리 크기 정도의 돌을 쌓아 만들었으며 후원부의 수혈식 매장 부분에서는 도검, 토기, 말갖춤 등이 출토되었다. 출토품으로 보아 기원 전후 또는 기원 전 2세기경에 축조된 것으로 추측된다.

고분의 대부분은 압록강변의 낮은 지대에 분포하며 그중에서 송암리 1지구 33호분은 전체 길이가 13.5m,

한국 예안리에서 출토된 4세기의 항아리와 통모양 그릇받침

후원부의 지름이 약 8m, 높이가 약 3m이다. 고분은 많이 손상되어 있었으나 평면도에서는 동그라미에 가까운 형태를 확인할 수 있었다. 당시 이 지역을 중심으로 나라를 통일하고 국가 성립의 단계에 이르러 있었던 고구려의 고분으로 추정된다. 고구려에서는 훗날 유명한 원형과 사각추형(四角錐形)의 적석총(積石塚) 형식이 완성되나 이 고분들은 그 이전의 원시적 형태의 하나로 보인다. 2개 군(郡)에서는 이외에도 일본의 동쪽 해안에 분포하는 불가사리모양의 기묘한 형태로 유명한 사우돌출분(四隅突出墳)과 전방

북한에서 발견된 전방후원분 형태의 적석묘(2,000년 전 무렵의 고구려 고분이라고 한다.)

후원분을 많이 닮은 적석분묘(積石墳墓)도 발견되고 있다.

기사는 계속해서 칸사이 지방 연구자들의 모임인 일조(日朝)문화학술연구회가 현지를 방문해서 유적 등을 시찰한 내용을 담고 있고 현지 방문기사에서 '북방기마민족설'로 유명한 에가미 나미오 씨와 모리 코오이치 씨도 현지를 방문하고 있으나 뒤로 미루기로 하고 '흐름 추적에 중요한 실마리'라는 해설과 전방후원분에 관한 해설이 실려 있었는데 그것을 인용하기로 하자.

전방후원분 형태의 고분이 북한에서 발견된 것은 그 경로를 찾으려고 열심인 일본 고고학계에 근년에 없던 큰 사건이었다. 게다가 가장 오래된 형태의 고분이 발견되었으니 더 이상 말할 필요도 없었다. 한반도에서는 1983년에 송학동 1호분이라 불리는 전방후원분이 발견되었으나 그 축조시기는 일본보다 늦은 5세기경의 것이라는 견해가 유력했다. 앞으로의 연구 성과가 기대된다. 이번에 발견된 북한의 고분과 닮은 돌을 쌓아 만든 전방후원분은 니시니혼(西日本)에서는 이미 100기가 넘게 확인되고 있다. 4세기에 축조된 타카마쯔시(高松市) 이와세오야마고분군의 키타오오쯔카(北大塚, 전체 길이 40m) 등 약 30기를 비롯하여 토쿠시마현(德島縣) 요시노천(吉野川) 유역과 와카야마현(和歌山縣), 야마구치현(山口縣), 나가사키현(長崎縣) 등에 분포하고 있다. 이 분묘들의 형식은 오랜 세월 동안 원형을 유지하고 있으므로 민족과 문화 등을 연구하는 데 중요한 단서가 된다. 이것을 계기로 자칫하면 빠지기 쉬운 민족주의를 벗어나 동아시아 규모의 상호 연구가 가능하게 된다면 매우 특이한 존재인 전방후원분을 둘러싼 고대의 비밀도 해명해 갈 수 있을 것이다.……

전방후원분 : 원분에 방분이 붙어 있는 형태로 에도시대의 산릉(山陵) 연구가 가모오 쿤페이(蒲生君平)가 명명했다. 매장 시설은 보통 후원부에 있다. 전방부는 원분으로 축조되기도 한다는 설 등이 있다. 최근에는 전방부에서 왕위계승 등의 의례가 행해졌다는 견해가 유력시되고 있다. 현재 일본에는 3,000여 기가 있으며 전체 길이가 486m나 되는 오오사카부 사카이시(堺市)의 닌토쿠천황릉 고분을 정점으로 크고 작은 여러 형태의 무덤이 있다. 3세기 중엽부터 키나이를 중심으로 돌연히 축조되기 시작하였다. 야마타이코쿠의 여왕 히미코의 무덤도 중국의 사서(史書) 등의 기록으로 보아 전방후원분이었다고 추정된다. 규칙적인 축조 형식이나 키나이를 중심으로 한 분포 등으로 보아 그 형식이 강제력을 수반한 통일국가 체제의 상징으로도 알려져 있으나 그 기원은 고고학계의 가장 큰 수수께끼가 되고 있다.

이상의 내용은 앞서 적은 바와 같이 1990년 3월 26일자 아사히신문의 기사로 그로부터 3년쯤 지난 1993년 2월 9일자 토오쿄오신문에는 "연구의 공백지대에 빛/11일 NHK/기마민족 도래설"이라는 머릿기사로 에가미 나미오 씨의 북방기마민족설 등을 인용하면서 다음과 같이 씌어 있었다.

3년 전 북한의 북부 중국과의 국경에 가까운 압록강변 지역에서 전방후원분 형태의 분묘가 발견되어 일본 전방후원분의 기원이 아니겠는가 하고 화제가 된 일이 있다. 이 자강도(慈江道) 지역은 외국인에게 공개된 일이 없으나 작년 10월 동양사학자 에가미 나미오 씨와 고고학자 모리 코오이치 씨가 현지 방문허가를 받아 동행했던 NHK 취재반이 촬영하였다. 그 기록이 11일 밤 "NHK스페셜"이라는 프로그램에 '기마민족의 길 저편' 이라는 제목으로 방영되었다.

　고대 야마토 조정은 '대륙에서 도래한 기마민족이 세운 정복왕조' 라는 기마민족설을 주장해 온 에가미 씨에게 한반도 북부는 커다란 의미를 갖는다. 동북아시아에 기원을 둔 기마민족은 기원 전후부터 남하하기 시작해서 최종적으로는 일본으로 건너와 4세기 말부터 5세기 무렵에 야마토 조정을 세웠다는 것이 에가미 씨의 주장이다. 5세기 무렵 평양을 수도로 하고 번영했던 고구려 역시 기마민족 국가로 특히 고구려의 고분벽화에 관해서는 일본

'기마민족의 길 저편' 의 한 장면.

과 관련지어 연구가 진행되고 있다.

　그러나 이동 경로에 해당하는 한반도 북부는 이른바 공백지대로 남아 있었다. 과연 자강도에서 발견된 전방후원분 형태의 적석총은 일본의 전방후원분과 같은 계통의 것일까? 만일 그 관계가 실증된다면 에가미 씨의 설은 새로운 증거를 얻게 되는 것이다. 방송된 내용은 에가미 씨와 모리 씨의 토론, 고구려 고분벽화의 영상 등을 보여주면서 고대사의 수수께끼를 풀어가고 있었다.

　나는 '기마민족의 길 저편'은 물론이고 같은 해 3월 3일에 모리 씨와 NHK 아나운서와의 대담형식으로 꾸며진 '현대저널·변하는 일본고대사 상(像)'이라는 프로그램도 보았다. 그렇지만 일과성인 텔레비전 방송을 인용하는 것은 어려울 뿐만 아니라 이 글의 내용이 거의 모두 일본의 신문기사나 일본학자들의 문장을 인용하는 것으로 이루어지고 있기 때문에 방송의 내용을 인용하는 것은 설득력이 부족하므로 그저 본 것으로만 그치려고 하였다.

　그런데 다행히도 야마나시현(山梨縣) 코오후시(甲府市)에서 발간하는 『신야마나시(新山梨)』라는 책에 사학 연구회원인 오카 하루요시(岡治良) 씨의 「카이(甲斐, 야마나시현의 옛이름) 고대사를 해부하다」가 연재되고 있었다. 그리고 1993년 3월호에 제36회 「새롭게 공개된 고분」이, 4월호에는 제37회 「상식 일본고대사 상(像)에 충격」이라는 제목으로 실려 있었다. 연재 내용이 모두 에가미 씨와 모리 씨의 대담기록을 인용한 것으로 먼저 제36회는 다음과 같이 씌어 있었다.

　올해 2월 11일 건국기념일에 NHK에서는 '기마민족의 길 저편'이라는 제목으로 공개된 북한의 고대 유적, 특히 압록강 유역에 있는 고분군을 취재한 특집을 방영했다. 그곳은 자강도 운평리라는 촌이다. 방송에서의 해설처럼 이 지역은 다른 나라에는 거의 알려지지 않은 공백지대로 이번 특집방송에 의해 처음으로 그 실태가 알려지게 되었다. 물론 공개된 고분 이외에 '안악(安岳) 3호분'이나 '덕광리(德光里)고분'의 벽화 등은 이미 고구려의 벽화로서 잘 알려진 부분으로 그와 관련된 설명은 설득력이 있었다. 이번 취재에 동행한 분은 에가미 나미오 씨와 모리 코오이치 씨로 이 방송의 취지에 가장 적합한 분들이다.……

이곳을 탐방하게 된 경위에 대하여 방송에서는 다음과 같이 설명하고 있다. "지금으로부터 2년 전에 북조선으로부터 생각지도 않던 보고가 들어왔습니다. 이제까지 일본의 독자적인 것으로 생각되어 왔던 전방후원분이 북조선에 있다고 하는 내용입니다. 게다가 시대는 기원전으로 고구려가 성립되기 이전의 것이라고 합니다. 만일 북조선에 전방후원분의 존재가 확인된다면 일본고대사를 다시 써야 한다는 생각조차 듭니다."

한 가지 더 중요한 사실은 이 고분군에는 10기의 고분이 있으나 "모두 돌을 쌓아 만든 적석총이라 불리는 고분입니다. 고구려 세력이 나타나기 이전인 기원전 2세기에 이 땅의 적석총은 만들어졌습니다"라고 한 내용이다. 이렇게 해서 공교롭게도 전방후원분과 적석총이 거명된 것이지만 이때 등장하는 것이 이 두 개를 합한 '전방후원분 형태의 적석총'이다. 모리 교수는 "그렇지만 압록강변에서 그러한 것이 나올 줄은 정말 몰랐습니다"라고 감상을 말하고 있다.

자강도에는 이러한 '전방후원분 형태의 적석총'이 4기 확인되고 있다고 한다. 그리고 중요한 것은 이 고분이 만들어진 시기가 일본의 가장 오래된 전방후원분보다 적어도 300년은 거슬러 올라간다는 점일 것이다. 일찍이 한반도 최남단인 고성군의 송학동 1호분이 전방후원분인가 하는 문제에 호의적인 모리 교수의 태도에 대해 암암리에 반대도 있었다고 들었다. 그러나 이번에는 그러한 비학문적인 행동은 허용되지 않을 것이다.

그리고 제37회는 3월 3일에 방영된 '현대저널 · 변하는 일본고대사상'의 대담 내용으로 그 일부를 인용하면 다음과 같다.

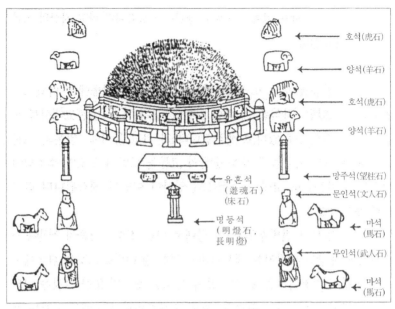

신라 왕족의 분묘 배치도

전방후원분의 원류와 경로에 관해서 우선 최근에 고고학 발굴 소식이 계속해서 보도되는 등 그 움직임이 커지게 된 것에 관해 모리 교수는 "일본의 경우에는 작은 섬에 이르기까지 그 나름의 훌륭한 유적이 있습니다. 때문에 『고사기』나 『일본서기』로는 풀 수 없는…… 각각의 역사적인 역할을 알 수 있었습니다"라고 설명하고 있다. 한편 전방후원분에 관해서도 운평리의 전방후원분 형태의 고분이 그 오래된 시기로 보아 그러한 고분의 원형이라고 한다면 고분의 전파경로가 당연히 문제시되겠지만 이 경우에 중간에 위치한 한반도 남부로부터 전방후원분 형태의 고분이 발견된다면 그 전래경로는 훌륭히 완성될 가능성이 있는 게 아닌가 하는 물음에 대해 모리 씨는 "나는 가능성이 있다고 생각한다"라고 힘주어 단언하고 있다. 모리 씨는 또 "일본의 오래된 전방후원분은 갑자기 상당히 완성된 형태로 나타납니다. 따라서 어디엔가는 보다 소박한 형태의 고분이 있어야 합니다. 그렇기 때문에 아시아의 어딘가에는 있을 것이라고 생각하고 있습니다"라고 자신의 지론을 전개하고 있다.

나도 이 방송을 보고 또 하나 인상에 남은 것은 방송에는 나왔으나 인용하지 않았던 '적석총'에 관한 것이다. 모리 씨가 "일본고대사를 푸는 열쇠가 적석총에 있다고 생각합니다"라 하고 동시에 "일본의 고분에 흔히 보이는 이음돌의 경우 중국의 고분을 보면 흙으로만 축조되어 있으므로 이음돌도 고구려 적석총의 영향이 아닌가 생각됩니다"라고 말한 부분이었다.

앞서의 「일본의 전방후원분」의 장에서 나는 전방후원분의 전방부가 후원부에 매장된 피장자를 제사지내기 위한 장소이고 그것은 한국에서의 전방부의 변천과정을 보아도 알 수 있다고 했으며 또한 그것은 나의 체험에 근거한 것이라고 했었다. 물론 그 체험이란 한국에도 이른바 전방후원분이란 것이 있었고 또한 지금도 있다는 것을 전제로 한 것이며 동시에 전방후원분의 전방부가 제사를 위한 장소로 쓰였다는 것을 전제로 한 것이었다.

무릇 한국의 분묘는 한국에 오래 전부터 있었던 '천원지방(天圓地方 : 天은 圓形이며 地는 方形)' 이라는 우주관에 근거해서 만들어진 것이라고 나는 생각한다. 그러므로 한국에서 고분은 이른바 전방후원분이 시작이며 그것이 서서히 혹은 급히 변형되어서 오늘날에 이른 것이라고 생각한다. 한국에서는 후원부에 매장된 피장자의 영혼은 신이 되어 하늘[天·圓]로 돌아가는 것이라고 믿고 있었기 때문에 전방부(方形地)는 바로 그 신을 제사지내는 장소였다. 일반 서민의 경우에도 같았을 것이다.

원래 한국은 제사에 관해서는 매우 엄격한 나라로 오늘날에도 대개 4대(부·조·증조·고조)까지는 본가의 가묘(家廟)에서 모시고 있으며 해마다 한두 번은 산소라는 분묘에 가서 제사를 지내고 있다. 산소(山

所)라는 말은 대개 한국에서는 사람이 죽으면 토장을 하고 산 중턱이 나 산 끝자락에 흙으로 봉분을 둥글게 쌓으므로 거기서 유래한 말로 생각되나 5대조 이상의 제사는 시제(時祭)라고 해서 산소를 찾는 것으로 끝낸다. 나도 어렸을 때 어른들과 몇 번인가 산소에 간 일이 있었으나 산 중턱에 있던 원분에는 방형 또는 장방형의 유혼석(遊魂石) 또는 상석(床石)이라 부르는 돌이 놓여 있어서 그곳에 공물로 가지고 간 음식을 늘어놓고 절을 한 기억이 있다.

　제사를 마치면 가묘에서와 마찬가지로 모두가 둘러앉아 함께 음복을 했다. 다시 말하면 신과 함께 식사를 한다는 것이다. 요컨대 산소에 놓인 유혼석과 석상이 바로 전방후원분의 전방부가 변형된 것이다. 나는 일본의 경우에는 전방부가 신궁이나 신사로 바뀐 것으로 생각하고 있다. 5세기 신라에서는 조신묘(祖神廟)가 '신궁(神宮)'이 되었던 것이다.

오오야마토고분군에 밀집된 전방후원분

지금까지 전방후원분이 많은 텐리시 지역의 고분을 돌아보면서 역시 전방후원분으로 생각되는 한국의 고분들도 살펴보았으나 텐리시에 남아 있는 고분에 관해서는 아직 더 살펴볼 필요가 있다. 특히 일본에 고분이 출현하기 시작한 무렵과 가장 오래된 시기의 고분이 많이 남아 있는 야나기모토(柳本)고분군의 북쪽에 있는 오오야마토(大和)고분을 살펴보아야 한다. 우선 타케타니 토시오 씨가 쓴 「미와 왕조와 야요이 유적」의 '오오야마토고분군' 부터 보기로 하자.

　오오야마토고분군에는 23기의 고분이 있습니다. 북쪽의 히에즈카(神塚)고분은 전체 길이가 125m의 전방후원분입니다. 히에즈카고분의 서쪽에 있는 노무기고분도 전방후원분이었습니다만 전방부가 잘려나가 버렸습니다.…… 니시야마즈카(西山塚)고분은 전체 길이 114m의 전방후원분으로 케이타이(繼體)천황의 부인인 타시라카노히메미코(手白香皇女)[3]의 무덤인 후스마다릉(衾田陵)으로 추정되고 있습니다. 하타고즈카(波多子塚)고분은 전체 길이 140m의 전방후방분(前方後方墳)이지만 일반적인 전방후방분과 달리 전방부가 대단히 가늘고 긴 특이한 형태를 하고 있습니다. 분구의 주변은 장방형의 구획을 이루고 있습니다. 야마우치 노리히데(山內紀嗣) 씨는 이 고분에서 특수 그릇받침모양[特殊器臺形] 하니와를 발견했습니다. 매장부에 관해서는 잘 알 수 없으나 후방부의 꼭대기에는 판석(板石)이 흩어져 있으므로 수혈식 석실이 내장되어 있었던 것으로 추정됩니다.

만일 그렇다면 이 경우에는 전방부와 후방부 모두가 매장 시설로 사용되었으며 제사를 지내는 장소는 분구 주변에 있는 장방형 구획이었는지도 모르겠다. 어찌 되었든 전방부가 훗날에 매장 시설이 된 곳도 있는 것이다. 타케타니 씨의 글은 계속해서 다음으로 이어지고 있다.

시모이케야마(下池山)고분도 전체 길이가 120m의 전방후방분입니다. 분구로부터 철 칼의 파편이 출토되었습니다. 홋쿠리즈카고분은 지름이 약 25m의 작은 원분입니다. 니시노즈카(西之塚)고분은 현재는 지름 35m의 원분이지만 조사에 따르면 전방후원분일 가능성이 큽니다. 마바카고분은 전체 길이가 74m, 쿠리즈카(栗塚)고분은 120m의 전방

특수 항아리모양 토기와 특수 그릇받침모양 토기(3세기 후반)

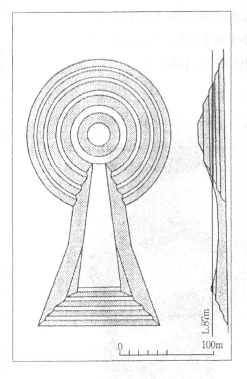

니시도노즈카고분에서 출토된 것과 같은
것으로 보이는 원통 하니와(위)

하시바카고분 예상복원도(왼쪽)

후원분입니다. 후사기즈카고분은 전체 길이가 110m가 넘는 전방후방분으로
철제 도검(刀劍)이 출토되고 있습니다. 우마구치야마(馬口山)고분은 전체 길
이 110m의 전방후원분입니다. 이 고분은 줄곧 코훈시대 중기 무렵에 축조된
것으로 생각되어 왔습니다만 1985년에 타나카 신지(田中新史) 씨가 채집한
토기편 속에 특수 그릇받침모양 하니와와 항아리 파편이 포함되었다고 보고
되었습니다. 이런 종류의 토기는 고분이 출현하기 시작한 무렵의 고분에서만
사용되었다는 것이 밝혀져 있기 때문에 우마구치야마고분도 출현기(出現期)
의 고분으로 판명되었습니다. 토기 파편은 오카야마현 빗츄우(備中) 남부에
있는 흙과 비슷하고 문양도 아주 오래된 양식을 띠고 있기 때문에 타나카 씨
는 『고대(古代)』 제88호에 "하시바카고분 축조 이전에 만들어진 것으로 추정

할 수 있는 긍정적인 자료의 하나이다'라는 결론을 내리고 있습니다.

여기서 또 하나 알 수 있는 것은 '특수 그릇받침모양 하니와'가 출현기 혹은 가장 오래된 시기에 축조된 전방후원분의 지표(指標)가 되고 있다는 사실이다. 그리고 이곳의 고분에서 출토된 토기가 빗츄우에서도 만들고 있었다는 것이 무엇을 알려주고 있는지 흥미롭다. 이와 같은 고분은 더 있으므로 타케타니 씨의 글을 조금 더 인용하도록 하자.

오오야마토고분의 동쪽에 있는 호시즈카고분(앞의 「대량의 한국제 토기 출토」 참조)은 전체 길이 60m의 전방후방분(前方後方墳)으로 생각됩니다. 전방후방분은 전방후원분(前方後圓墳)에 비해서 일본 전국에서 아주 드물고 야마토에는 10기 정도밖에 없는데 그 가운데 4기가 오오야마토고분군에 있습니다. 참고로 전방후원분은 약 230기에 달합니다. 야하구즈카(矢矧塚)고분은 102m, 벤텐쯔카(弁天塚)고분은 70m의 전방후원분입니다. 히라쯔카(平塚)고분은 지름이 54m의 원분입니다.

니시도노즈카(西殿塚)고분은 전체 길이가 219m나 되는 전방후원분으로 오오야마토고분군에서는 가장 큰 고분입니다. 이 고분의 분구에서는 특수 그릇받침모양 하니와가 채집되었으며 우마구치야마고분군처럼 고분의 출현기에 만들어진 가장 오래된 고분으로 추정되기 때문에 케이타이천황의 부인 타시라카노히메미코의 무덤으로 생각하기에는 무리가 있습니다.

히가시도노즈카(東殿塚)고분은 전체 길이 139m의 전방후원분으로 수혈식 석실을 갖고 있습니다. 이 고분에서도 특수 그릇받침모양 하니와의 파편이 출토되고 있습니다. 히야즈카(火矢塚)고분은 49m, 토오로오야마(燈籠山)고분은 110m의 전방후원분입니다.

나카야마오오쯔카(中山大塚)고분은 니시도노즈카고분과 히가시도노즈카고분에 이어 전체 길이가 120m에 이르는 전방후원분으로 수혈식 석실을 갖고 있습니다. 분구에서 특수 그릇받침모양 하니와가 채집되고 있어서 이

니시도노즈카고분

고분도 출현기의 고분으로 여겨집니다. 이 고분의 전방부에는 오오야마토 신사에서 매년 4월에 거행되는 '챵챵마쯔리'라고 불리는 제례(祭禮)의 순례 장소가 있어서 고분과 신사의 관계를 생각하는 데 흥미로운 한 가지 예라고 생각됩니다.

어째서 고분과 신사의 관계를 생각하는 데 흥미로운 한 가지 예가 되는지 그에 관한 설명은 없었으나 앞에서 나는 고분의 전방부에서 지내던 제사가 일본에서는 훗날 신궁이나 신사의 의식으로 바뀌었다고 했으므로 이것이 그 흥미로운 한 가지 예라고 생각한다. 지금까지 살펴본 오오야마토고분군에 관해서 타케타니 씨는 마지막에 다음과 같은 결론을 내리고 있다.

이상이 오오야마토고분의 개략적인 설명이지만 중요한 것은 출현기의 고분이 적어도 5기 확인되었다는 점입니다. 또한 '오오야마토(大和)'라는 말의 발상지가 이곳 오오야마토신사 부근이라는 것과 연관시키면 이 지역이 얼마나 중요한 곳인지 자연스럽게 알 수 있습니다. 현재로서는 오오야

오오야마토신사

오오야마토신사의
경내사(境內社)

마토고분군 주변에 마키무쿠(纒向) 유적만한 규모의 큰 유적은 발견되고 있지 않지만 장래에 지하에 매몰된 유적이 발견될 가능성은 충분히 남아 있습니다.

타케타니 씨의 의견을 종합하면 흔히 야마토 왕권의 발상지로서 나라현 사쿠라이시 지역에 있는 마키무쿠 유적이 사람들의 입에 오르고 있으나 그것은 마키무쿠 유적만이 아니고 북쪽의 오오야마토고분군을 포함하는 넓은 지역을 합쳐서 생각해야 한다는 것으로 나도 같은 생각을 갖고 있다. 그렇다면 오오야마토고분군 중에서도 중요한 고분은 후스마다릉으로 알려진 니시도노즈카고분과 오오야마토신사의 제례와 관련이 있는 나카야마오오쯔카(中山大塚)고분이라고 생각된다.

나카야마오오쯔카고분은 1985년에 제1차 조사가 시작되어 1994년부터 제4차 조사가 진행되고 있다. 그 사이에 니시도노즈카고분에서도 하니와의 원류로 생각되는 항아리(壺)가 담긴 특수 그릇받침모양 토기가 발견된 이후로 1993년 또다시 새롭게 원통 하니와 파편이 많이 발견되었다. 1993년 3월 4일자 마이니치신문을 보면 "4세기 전반의 왕묘/전방후원분에서 원통 하니와/텐리"라는 머릿기사로 다음과 같이 씌어 있었다.

나라현 텐리시 오오야마토고분군에 있으며 케이타이천황(?~531년)의 부인 타시라카노히메미코의 무덤으로 알려진 전방후원분 니시도노즈카분의 분구 끝자락 부분에서 초기 하니와에 속하는 원통 하니와의 파편이 대량으로 발견되었다. 텐리시 교육위원회의 발표에 따르면 이 고분은 분구 주변에 하니와를 놓은 가장 오래된 고분으로 히미코의 무덤이라는 설이 있는 하시바카고분에 이어 4세기 전반 무렵의 왕묘로 확인되었다. 궁내청이 능묘로 지정한 연대와 축조 연대와의 사이에 약 200년이나 차이가 있어 피장자에 관한 문제가 새롭게 주목받게 될 듯하다(사회면에 관련기사).

계속해서 사회면에 실린 관련기사는 "능묘 지정에 일석(一石)/피장자/궁내청 견해와 200년의 차이/텐리 니시도노즈카고분"이라는 머릿기사로 다음과 같이 씌어 있었다.

매장된 사람은 과연 누구인가? 궁내청이 타시라카노히메미코의 후스마다릉으로 지정했던 텐리시 나카야마정(中山町) 니시도노즈카고분에서 3일 텐리시 교육위원회가 발표한 조사결과는 이 고분의 피장자가 200년이나 거슬러 올라가는 전혀 다른 사람이라는 것이 선명하게 밝혀졌다. 새로운 수수께끼가 생기는 한편 1876년 이후 한 번도 바뀌지 않은 궁내청의 능묘 지정방법에 재검토를 촉구하는 목소리가 높다.

이번 조사로 고분의 축조시기가 4세기 전반으로 밝혀져 6세기에 생존했던 타시라카노히메미코가 피장자라는 궁내청의 견해와 큰 모순이 생겼다. 학계에서는 이제까지 타시라카노히메미코의 무덤은 니시도노즈카에서 북서쪽으로 300m 떨어진 니시야마즈카고분이라는 설이 유력했으므로 이번 조사로 학계의 통설이 확인되었다.······ 모리 코오이치 교수는 "200년이나 연대 차이가 있으므로 궁내청의 지정은 잘못된 것이 확실해졌다. 능묘 지정 그 자체를 재검토해야만 한다"고 지적하고 있다.

그렇다면 진짜 피장자는 누구라는 것인가? 나는 이 기사를 인용하면서 문득 앞에서 다루었던 이소노카미신궁에서 출토된 칠지도의 명문에 새겨진 '왜왕'이 머리에 떠올랐다. 그렇다고 니시도노즈카고분의 피장자가 바로 그 '왜왕'일 것이라고 주장하려는 것은 아니다. 단지 그런 생각이 들었을 뿐이다. 그것에 관해서는 다른 기회에 다루기로 하고 지금부터는 서둘러 텐리시와 나라시의 경계 지역으로 가 보겠다.

도래계 대호족 와니씨와 왕인 박사

JR 사쿠라이선은 야마토 동부의 간선로 야마노베노미치를 따라 놓여 있다. 이 사쿠라이선 텐리의 다음 역이 이치노모토(櫟本)이고 그 다음 역인 오비토케(帶解)부터는 나라시 지역에 속한다. 나는 12월의 어느 맑은 날 아직 나라현 텐리시에 속하는 이치노모토역에서 기차를 내렸다. 이곳은 매우 작은 역으로 앞에 길게 뻗어 있는 대로도 그다지 넓지 않았으나 대로의 왼편 시가지에는 오사사(長寺)라고도 불리는 코오라(高良)신사와 나라(楢)신사 등이 있었다. 그리고 대로를 따라 현도와 만나는 지점의 오른쪽에 와니시모(和爾下)신사의 토리이가 보였다. 그 토리이를 지나 산길을 조금 걷자 왼쪽에 치도오산(治道山) 시혼사(柿本寺)터가 나오고 그 절터 안에는 『만엽집』의 가인(歌人) 카키노모토노히토마로의 무덤이라는 '우타즈카(歌塚)'가 있었다. 이 우타즈카에 관해서는 야마모토 켄키치(山本健吉) 씨의 『야먀토산하초(大和山河抄)』에 자세히 나와 있으므로 그것을 인용하기로 하겠다.

먼저 카키노모토노히토마로의 우타즈카로 향하자. 이치노모토의 와니가와노모토(和爾川之本)에서 차를 내려 '와니시모신사'라고 새긴 돌표지가 있는 길을 따라 왼쪽으로 들어간다. 이 참배길을 걸어가면 길가의 버드나무

거목이 마치 출입을 막으려는 막대기처럼 기울어 있는 곳이 나타난다. 이 버드나무의 왼쪽에 어린이 유원지로(1993년 겨울에 찾았을 때는 노인들의 게이트볼장으로 바뀌어 있었다) 되어 있는 곳 뒤편에 '우타즈카(歌塚)'라고 쓴 비석이 서 있었다. 언제부터인가 히토마로의 무덤이라고 전해지는 곳이다.

옛날에는 이곳에 치도오산 시혼사가 세워져 있었다고 한다. 『후지와라노키요스케집(藤原淸輔集)』[4]을 보면 시혼사에 히토마로의 무덤이 있다고 씌어 있으므로 오래된 전승이 틀림없고 카모노쵸오메이(鴨長明)[5]도 "하쯔세(泊瀨)에 참배하러 가는 길에 우타즈카가 있다"고 하였다. 그렇지만 지금 세워져 있는 비석은 쿄오호오(亨保) 17년(1733)에 세운 것으로 비석의 '우타즈카'라는 글자는 토쿠간(德嚴)공주가 직접 쓴 것이라고 전한다. 공주가 쓴 글자치고는 굵고 강한 체이다. 이곳은 흙을 쌓아 만든 아주 작은 숲으로 고분 같은 모양을 하고 있으나 이 고분이 처음으로 문헌에 나타나는 때는

와니시모신사

헤이안시대 말기, 즉 키요스케(淸輔)가 살았던 시대이다. 그 이전까지는 그 지방의 사람들에 의해 구전되고 있었던 것 같다.

키요스케가 일찍이 이 지역을 지나갈 때 어떤 노인으로부터 "이소노카미사(石上寺) 부근에 숲이 있고 그 안에 하루미치사(春道社)와 시혼사가 있으며 절 앞에 있는 밭 안의 작은 무덤이 히토마로의 무덤으로 그의 영(靈)이 항상 울며 움직인다"는 이야기를 전해 들었다고 한다. 그곳을 가 보니 하루미치사에는 토리이가 있고 시혼사에는 초석만 남아 있었다. 히토마로의 무덤은 4척(약 1.2m) 정도 되는 작은 무덤으로 나무는 없고 억새풀만 무성했다.

하루미치사는 지금의 하루미치궁(治道宮) 와니시모신사로 우타즈카 바로 위 언덕에 있다. 와니씨(和爾氏)[6]의 취락은 이곳에서 서북쪽으로 더 가야 하나 고대에 와니씨족이 널리 퍼지며 번성했던 '와니씨의 땅'은 이곳보다 남쪽에 있는 이소노카미에 인접한 상당히 넓은 지역이었을 것이다. 와니씨

시혼사터의 우타즈카

는 자주 황실의 외척이 된 탓으로 와니씨에 관한 이야기와 노래가 『고사기』
와 『일본서기』 등에 많이 등장하고 있다. 그리고 카키노모토노히토마로의
카키노모토씨(柿本氏) 또한 와니씨에서 갈라져 나온 성이다.

나라현 역사학회 편 『나라현의 역사 산보』(상)에는 "카키노모토노히
토마로는 만년에 이와미국(石見國)으로 내려가 죽었으나 그의 아내 요
사노이라쯔메(依羅娘女)가 남편의 유골을 이곳에 묻었다"고 씌어 있
다. 어찌 되었든 와니씨의 땅이 현재는 텐리시의 중심부로 되어 있는
이소노카미신궁과 접하고 있었다는 것은 매우 중요한 사실이다.
　또한 와니시모신사가 우타즈카의 바로 뒤편 언덕에 있다고 했으나
지금의 와니시모신사도 우타즈카로부터 언덕 쪽으로 숲 속에 놓여 있
는 길고 급한 돌계단을 올라간 대지 위에 있었다. 특히 삼간사(三間
社)[7] 방식으로 만들어진 본존은 일본의 중요문화재로 지정된 훌륭한

와니시모신사고분의 안내판

건물이었다.

그런데 아주 흥미로운 점은 이 와니시모신사가 토오다이지야마(東大寺山)고분 위에 세워져 있다는 사실이다. 이에 관해서 경내에 있는 텐리시 교육위원회가 세운 '와니시모신사고분(和爾下神社古墳)'이라고 쓴 안내판에는 다음과 같이 씌어 있었다.

와니시모신사고분은 토오다이지산(東大寺山) 구릉의 서쪽 산기슭에 축조된 전방후원분이다. 전체 길이는 120m, 후원부의 지름은 약 70m, 높이 5m, 전방부는 50m이다. 전방부가 짧고 가장자리 부분이 양쪽으로 발형(撥形)으로 열리는 특이한 형태를 갖고 있다. 이 고분과 토오다이지야마고분, 아카쯔치야마(赤土山)고분 및 샤프 종합개발센터 안에 위치하는 고분 등과 함께 토오다이지야마고분군을 구성하고 있다. 이 고분에서 동북쪽으로 약 800m 떨어진 곳에 와니씨의 취락이 있으나 이곳 주변 일대가 고대 야마토 조정에서 일익을 담당했던 와니씨의 근거지로 추정되며 토오다이지야마고분군은 와니씨의 '오쿠쯔성(奧津城)'으로 생각된다.

이 토오다이지야마고분군에서는 중요한 유물이 출토되고 있을 뿐만 아니라 4세기 후반에 축조되었다는 '와니씨의 오쿠쯔성(묘소)'과 최근에는 7세기 전반의 고분까지 새롭게 발견되고 있다. 먼저 새롭게 발견된 고분을 살펴보면 1992년 4월 2일자 니혼케이자이(日本經濟)신문 오오사카판에 "와니씨(和珥氏, 和爾氏와 같음) 호족의 무덤인가?/텐리시에서 아스카의 고분/카시하라 고고학연구소가 발굴조사"라는 머릿기사로 다음과 같이 씌어 있었다.

나라현 텐리시 와니정(和爾町) 와니 고쿠라타니(小倉谷) 2, 3호분이 횡혈식 석실 구조 등으로 보아 아스카시대의 7세기 전반에 축조되었다는 것이 나라현립 카시하라 고고학연구소의 2일까지의 발굴조사로 밝혀졌다. 고분의 구조가 작아지는 시대였으나 석실은 2기 모두 훌륭히 만들어져 있었다. 이 지역은 5~6세기를 중심으로 천황가에 많은 왕비를 보냈던 유력한 호족으로『일본서기』등에 자주 등장하는 와니씨의 세력권이었다. 피장자는 2기 모두 와니씨계 호족 중의 수장급(首長級)이라는 설이 유력하다. 소가노우마코(蘇我馬子, ?~626년)의 무덤으로 알려진 나라현 아스카촌의 이시부타이 고분과 거의 같은 시대에 축조된 것으로 고분 구조의 변천을 연구하는 데 귀중한 자료로 주목되고 있다.

동 연구소는 근처 연못의 둑 개수에 따라 약 13m 떨어져 동서로 나란히 축조되어 있는 고분을 발굴했다. 서쪽 2호분은 석실이 전체 길이 약 4m, 폭이 약 1.5m의 방분이었던 것 같다. 3호분은 2호분보다는 작았다. 2기 모두 직경 1m 정도의 석벽(石壁)으로 이루어진 1, 2단 구조로 2단째부터는 상석(上石)을 안쪽으로 뒤집었다는 점과 배후(背後)의 산을 깎아 분구를 만들었다는 특징 등으로 연대를 추정했다.

와니씨에게서는 6세기 무렵부터 카스가(春日) · 카키노모토(柿本) · 오노(小野)씨 등이 갈라져 나왔으며 이 씨족은 오노노이모코(小野妹子 ; 7세기 전반의 수견사)[8]와 카키노모토노히토마로 등을 배출한 명문 호족이다. 이즈미모리 키요시 조사연구부장은 "2기 모두 상면(床面)이 같은 높이로 상당히 계획적으로 만들어졌을 것이다. 7세기의 유력한 수장묘의 특징인 '쌍묘(雙墓)'라고 불리는 종류의 고분이다. 고분의 입지로 보아 와니씨계 호족의 수장과 그 주변의 가까운 인물들이 묻혔다고 생각해도 좋을 것이다"라고 한다.

앞서 보았던 '와니씨의 오쿠쯔성(묘소)'으로 추정되는 토오다이지야마고분과 코쿠라타니 2, 3호분의 경우는 고분의 피장자가 거의 밝혀져 있다는 점이 흥미롭다. 따라서 토오다이지야마고분에서 출토된 유물 등을 자세히 살펴보고 싶으나 그 전에 먼저 도대체 와니(和爾 또는 和珥라고 표기)씨는 어떠한 사람들이었는지에 관해 생각해 보기로 하겠다.

토오다이지야마고분

　와니씨는 和爾·和珥라는 한자 외에도 王仁(왕인)·和邇(화이)·丸邇
(환이)로도 쓰고 있으나 나는 한자 표기에 상관없이 '王仁'에서 갈라져
나온 사람들이라고 생각한다. 즉 백제에서 도래한 '왕인 박사(王仁博
士)'[9]와 같은 씨족인 것이다. 사실은 이 와니(王仁)라는 존재는 오오사
카부 카와치에서의 와니계 씨족과 이른바 '카와치 왕조'의 지표가 되
고 있는 후루이치(古市)고분군과의 관계는 물론이고 나아가서는 일본
고대사를 풀어가는 데 대단히 중요한 존재임에 틀림없다.
　'와니'는 우리가 흔히 알고 있는 대로 일본에 천자문과 논어 등의 문
자를 최초로 전한 백제의 왕인 박사를 가리키지만 일본에 처음으로 문
자를 전했다는 사실은 믿기 어렵다. 왜냐하면 왕인 박사가 일본에 건너
온 때는 4세기에서 5세기 초엽으로 그 시대에는 중국 양(梁)나라의 주
광사(周光嗣)가 만들었다는 천자문 등이 아직 존재하지 않았었다. 그리
고 중국 『수서(隋書)』의 「왜국전(倭國傳)」에 따르면 일본은 백제에서

불교를 들여와 그때부터 비로소 문자가 생겼다고 전하고 있다. 그렇지만 그와 같은 사실에도 불구하고 일본에서는 왕인 박사를 와니계(王仁系) 씨족의 조상으로 모시고 일본에 최초로 문자를 전한 '와니 박사(王仁博士)'로 칭송하며 그의 무덤으로 알려진 곳만 해도 오오사카부 안에 세 곳이나 있다.

첫번째 무덤은 나라시대의 고승 교오키(行基)[10]를 배출한 타카시(高志)씨족의 씨신을 모신 타카이시시(高石市)의 타카이시(高石)신사에 있고 두 번째 무덤은 사카이시(堺市) 미쿠니가오카(三國ケ丘)에 있는 카타타가이(方遠)신사의 합사(合祀) 무카이(向井)신사에 있다. 이 두 신사는 왕인을 조신(祖神) 또는 제신(祭神)으로 받들고 있기 때문에 무덤이 존재할 이유가 있을 법하다. 세 번째 무덤은 히라카타시(枚方市) 나가오(長尾)에 있으며 이곳의 무덤이 와니 박사의 무덤으로 가장 유력하다고 한다. 히라카타시 교육위원회가 펴낸 『히라카타시의 문화재』에는 다음과 같이 씌어 있다.

쿄오호오(享保) 16년(1731) 쿄오토의 유학자 나미카와 고이치로(並川五一郎)가 히라카타시 카도노정(禁野町)의 와다사(和田寺)에 남아 있는 옛 기록에서 와니(王仁)의 무덤이 '후지사카무덤 골짜기〔藤坂御墓谷〕'에 있다는 것을 알아내고 이 땅을 답사해서 자연석으로 된 입석(立石)을 발견한 뒤 이곳을 와니 박사의 무덤이라 했다. 이것이 와니즈카(王仁塚)라고 불린 최초의 일이다. 입석 옆에 이곳의 영주(領主)였던 히사가이이나바모리세이슌(久貝因幡守正順)이 '와니박사지묘(王仁博士之墓)'라는 비석을 세웠다. 또한 분세이(文政) 10년(1827) 옛 궁가(宮家)의 하나인 아리스가와노미야(有栖川宮) 가문의 신하 이에무라 마고우에몬(家村孫右衛門)이 경내에 아리스가와노미야가 직접 쓴 '박사왕인분(博士王仁墳)'이라는 비석을 세웠다.

이러한 까닭으로 1965년 12월에 뜻있는 사람들이 무덤의 양 옆에 홍

백의 매화를 심었으며 지금도 해마다 가을에 한·중·일 3국이 친선으로 합동위령제를 열고 있다. 하지만 그와 같은 행사가 열린다고 해서 이 무덤이 수많은 와니계 씨족의 조상 와니의 무덤이라고 할 수 있겠는가? 나미카와 고이치로 씨가 보았다는 옛 기록이 무엇인지는 모르겠으나 여러 정황으로 보아 나는 아무래도 사실과 다르다는 생각이 든다.

우선 '王仁'은 일본어로는 보통 '오오진' 또는 '오오닌'으로 발음해야 하므로 '와니'라고 읽는 것은 이상하다. 나는 '王仁'이란 어떤 사람이나 사물을 가리키는 것이 아니라 한국어의 '왕님(王任, 임금님)'에서 유래한 말로 생각하고 있으며 내 의견에 동의하는 학자도 있다. 꽤 오래 전에 나는 『일본고대사와 한국문화』라는 잡지에 「와니(王仁)와 후루이치고분군의 비밀」을 발표했을 때 그와 같은 견해를 밝힌 적이 있다. 그 뒤 1984년에 이시하라 스스무(石原進)와 마루야마 타쯔히라(丸山龍平) 씨가 공동 집필한 『고대 오우미(近江)의 조선』에서 고고학자인 마루야마 씨는 시가현(滋賀縣) 오우미의 비와호(琵琶湖) 서쪽 강변에 퍼져 있던 와니(和邇)씨족에 관해 다음과 같이 쓰고 있다.

'和邇'를 '와니'로 읽는다면 『일본서기』 오오진천황 16년조의 "王仁來り"의 '王仁'과도 통하고 있다. 이 '王仁'에 관해서 김달수 씨는 "王仁은 일본어로는 보통 '오오진' 또는 '오오닌'으로 발음해야 하는데 어째서 '와니'라고 읽는 것일까? 이것은 한국어의 '왕님(王任)', 즉 '임금님'이라는 것이다"라고 했다. '和邇'의 경우도 같다고 생각되나 다른 관점에서 다루어 보고 싶다.

요컨대 '王仁'은 '和邇'로도 쓸 수 있기 때문에 같다는 것이다. 아라이 하쿠세키(新井白石) 씨가 지적한 것처럼 상대(上代)의 것은 한자의 뜻[表意]에 집착해서는 안 되고 그 음[表音]만이 중요한 것이다. 그리고 고대에 분묘가 축조된 곳은 보통 그 피장자의 본관지였다. 그런데도 와니의 무덤만이 어째서 본관지인 미나미카와치(南河內)의 후루이치로부터 40km나 떨어진 키타카와치(北河內)의 변두리 히라카타에 있는 것일까?

카와치에 있어서 와니계 씨족인 후루이치의 후미씨(文氏)의 경우 당시로서는 일본에서 가장 큰 가람이었던 후루이치의 사이린사(西琳寺)가 그들의 씨사(氏寺)였다는 것이 밝혀져 있다. 그런데 그 대단했던 씨족의 조상인 와니의 무덤이 어디서나 흔히 볼 수 있는 자연석의 입석으로 비석을 삼았다는 것은 아무래도 이해할 수 없는 일이다. 그러므로 나는 와니의 무덤은 어떻든 간에 오오진천황릉으로 불리는 콘다야마(譽田山)고분을 포함하는 와니씨의 본관지 후루이치고분군 안에 있어야 한다고 생각한다. 이 일에 관해서는 나오키 코오지로오(直木孝次郎)씨와 나도 함께 참가했던 '와니계 씨족과 그 유적'을 주제로 한 좌담회에서 모리 코오이치 씨도 다음과 같이 말했다.

고고학에서 가장 중요한 문제는 아까부터 화제가 되고 있는 6개의 씨(후미씨 등의 카와치의 와니계 씨족)입니다. 이 6개 씨(氏)의 중심 거주지, 즉 본관을 복원해 보면 그 본관지는 일본에서도 유수한 규모라고 알려진 후루이치고분군의 한가운데 혹은 그 주변으로 집중되는 것입니다. 이것이 가장 큰 문제점이라고 생각합니다.

그리고 모리 씨는 거주지와 고분의 관계를 보면 대부분은 거주지에 가까운 곳에 고분을 만들었다고 전제하고 아스카의 수도 후지와라쿄오(藤原京)와 고대 한반도의 예를 들면서 계속해서 다음과 같이 말하고 있다.

앞서도 말했습니다만 후루이치고분군이 그야말로 넓은 의미의 와니계 씨족의 거주지와 너무나도 일치하고 있습니다. 이 점이 가장 큰 문제이고 또한 흥미롭다는 것입니다.

나라신사와 코오라신사

이번에는 야마토에서 고대의 대호족 와니씨족의 묘소였던 오쿠쯔성, 즉 토오다이지야마고분군과 그곳에서 나온 출토품에 관해서 살펴보기로 하자. 먼저 나라 국립박물관에서 펴낸 『야마노베노미치의 고고학』의 「토오다이지야마고분과 그 주변」을 보면 다음과 같이 씌어 있다.

이소노카미신궁을 뒤로 하고 조금 걸어가면 와니시모신사의 뒤쪽 낮은 구릉지대에 토오다이지야마고분이 있다. 대나무 숲으로 뒤덮인 전체 길이 140m의 전방후원분이다. 일부는 도굴을 당했으나 주체부의 점토곽으로부터 갖가지 석제품이 다량으로 출토되었으며 그밖에 칼등〔刀棟〕에 금상감으로 중국 후한(後漢)의 영제(靈帝)시대에 6년간(184~189) 지속되었던 '중평口년(中平口年)'이라는 연호가 새겨진 환두대도 등이 출토되고 있다.

『후한서(後漢書)』「동이전(東夷傳)」에 "환(桓)·영(靈)의 사이, 왜국이 대란(大亂)하다"라는 기록이 있어서 이 칼이 왜의 대란중에 중국에서 제작된 것임을 알 수 있다. 그러나 언제 일본으로 유입되었는지는 분명하지 않다. 칼자루에 구리로 주물하여 만든 꽃으로 장식한 환두(環頭)를 장착하고 있으나 이것은 훗날 일본에서 만들어 끼운 것으로 원래는 장식이 없었다고 생각된다. 석제품의 구성 등으로 보아 이 고분의 축조는 4세기 후반으로 추정된다. 만일 그렇다면 이 칼이 만들어진 후 약 200년이란 긴 세월이 지난 다음에야 일본에 전래된 것이 된다. 약 200년의 세월 동안 이른바 '왜국의 대란', '여왕 히미코의 야마타이코쿠', '전방후원분의 출현' 등이 있은 중요한 시기에 도대체 이 칼은 어떠한 경로를 거치며 일본에 전해진 것일까? 일본의 고대 국가 성립과정과 관련지어 여러 가지 추측이 일고 있다. 또한 산기슭 와니시모신사의 경내에도 110m나 되는 전방후원분이 있으며 이 일대가 와니(和珥)씨의 거점으로 알려져 있다.

토오다이지야마고분에서 출토된 꽃모양 환두대도의 자루

"환(桓)·영(靈)의 사이, 왜국이 대란(大亂)하다"라는 기록이 무엇을 의미하는지 여러 가지로 추측할 수 있으나 그것은 잠시 접어두기로 하고 일단 이곳 와니시모신사와 토오다이지야마고분군에서 벗어나려고 한다.

나는 현도로 다시 나와서 마침 길가에 있던 파출소에 들러 나라(楢)신사와 코오라(高良)신사로 가는 길을 물어 보았다. 20여 년 전에 나는 시혼사터와 와니시모신사를 방문한 적이 있었다. 그때도 나라신사와 코오라신사에 가 보았다. 그러나 주변의 풍경이 이미 많이 바뀌었고 너무도 오래 전의 일이라 잘 기억할 수 없었다. 파출소에서 나와 사람들에게 물어가면서 찾아가 보니 조금 전에 내가 걸어왔던 이치노모토역 앞길을 오른쪽으로 돌아 북쪽으로 조금 들어간 곳에 나라신사가 있었고 코오라신사는 그곳에서 역쪽으로 수백 미터 떨어진 곳에 있었다.

두 신사 모두 지금은 집들에 둘러싸인 작은 신사가 되어 있었다. 나

나라신사

는 먼저 나라신사를 찾았다. 그 이유는 앞서 인용했던 「토오다이지야마 고분과 그 주변」의 내용 중에 다음과 같이 씌어 있었기 때문이었다. 그 것은 나라시 지역에 속하는 오비토케(帶解)의 엔쇼오사(圓照寺) 부근 에 있는 어떤 고분에 관한 것이었다.

그런데 다시 토오다이지 구릉으로 돌아와 서쪽에 있는 니시야마(西山) 구 릉으로 올라가자 산등성이의 경사면에 도오야쿠(道藥) 스님의 화장묘(火葬 墓)가 있었다. 밑에 돌을 깔고 그 위에 뼈와 은제 묘지(墓誌)를 넣은 골장기 (骨藏器 ; 뼈 담는 그릇)를 놓고 다시 그 위를 큰 항아리(스에키)로 덮은 다음 에 흙과 자갈로 주위를 다져서 소규모의 봉토를 만들었다고 한다.

묘지명(墓誌銘)에는 피장자가 나라씨(楢氏)[11] 출신으로 사이사(佐井寺)의 승려였던 도오야쿠이며 와도오 17년(714)에 사망했다고 한다. 나라씨는 이 곳에서 가까운 이치노모토정에서부터 그 북쪽의 나라정(楢町)에 살고 있던

사이사의 승려 도오야쿠의 무덤에서 출토
된 골장기와 묘지

도래계 씨족 나라노오사(楢曰佐)로 추정되며 지금도 그곳에는 나라신사가
모셔져 있다.

요컨대 씨신(氏神)을 모신 나라신사에는 나라노오사씨족의 씨사(氏
寺)였던 사이사가 있었다는 것이다. 다른 문헌에는 '나라이케 폐사(楢
池廢寺)'로도 기록되어 있으나 수도 나라(奈良)에 가까운 이곳에 나라
노오사라는 씨족도 있었던 것이다. 또한『야마노베노미치의 고고학』에
실린 사진을 보아도 '족성대유군(簇姓大楢君) 소지나을손(素止奈乙
孫)'이었던 '사이사승(佐井寺僧) 도오야쿠사(道藥師)'의 묘지(墓誌)는
매우 귀중한 출토품이었다. 일본에서는 지금까지 16개의 묘지(墓誌)가

발견되었으나 이 묘지는 그중에서 유일한 은제품이다. 그리고 뼈를 담은 스에키 항아리도 매우 훌륭한 것으로 좌우에 입술모양의 손잡이가 달린 특징을 갖고 있다.

다음에는 '오사사(長寺)'라고도 불린다는 코오라신사를 살펴보자. 이 신사에 관해서는 나카가와 아키라(仲川明) 씨의 「와니(和爾)와 나라(楢)의 사·사(社·寺)에 대해서」에 다음과 같이 자세히 소개되어 있다.

나라현 텐리시에 와니(和爾)라는 곳이 있다. 현재는 와니정(和爾町)으로 되어 있으나 이곳은 아주 오래된 마을이다. 이곳 와니에 와니(王仁), 즉 왕

코오라신사

인 박사를 가리키는 와니키시(和邇吉師)의 자손이 있었던 곳이 아닐까 하는 의문은 누구라도 갖는 것이고 실제로 왕인 박사와 연결시키려는 학자도 있다. 지금 나라(楢)에 접한 남쪽에 현재 이치노모토정 가후(瓦釜)에 속하는 곳에 오사사라는 절이 있었다.…… 이 절은 나라이케 폐사와는 몇 백 미터 밖에 떨어져 있지 않지만 이곳에서도 나라이케 폐사에서 출토된 것과 거의 같은 시대의 옛 기와와 조금 시대가 내려가는 것까지 출토된다.

엔큐우(延久) 2년(1070) 코오후쿠사(興福寺) 『잡역면평부장(雜役免坪付張)』에 따르면 '오사사전육정구반이백팔보(長寺田六町九反二百八步)' 라는 기록이 있으므로 적어도 헤이안시대까지는 여전히 오사사가 존재하고 있었던 것이다. 그런데 중세 이후 오사사는 없어지고 코오라신사만이 남아 있다.

이치노모토라는 마을은 몇 개의 취락이 하나로 합쳐진 마을로 그중에서 타카시나(高品)를 중심으로 한 지역의 씨신은 와니시모신사이지만 이 가후라는 곳의 씨신은 코오라신사이다. 해마다 9월 14일에 와니시모신사에서는 신제(新祭)가 열리고 그 다음날에 코오라신사의 제사행사가 따로 열리고 있어 이것을 '오사데라 마쯔리(長寺祭)' 라고 부르고 있다.…… 가후란 기와를 굽는 가마라는 뜻에서 유래한 것으로 생각된다. 당시 기와를 지붕에 올린 곳은 사원뿐이었으며 그 필요상 기와를 굽는 가마(窯)가 있었다. 나라이케 폐사의 기와도 이 오사사의 기와와 모양이 거의 같아서 한 가마에서 구웠다고 생각될 정도이다.

또한 상상의 범위를 넓힌다면 이곳에서 남쪽으로 수백 미터 떨어진 곳에 있는 모노노베씨계(物部氏系)의 이소노카미씨(石上氏)의 씨사로 알려진 이소노카미사(石上寺)와 야마무라(山村)의 오사(曰佐)와 관련이 있다고 하는 야마무라 폐사(山村廢寺)의 옛 기와 등도 거의 같은 시대, 같은 모양의 기와이기 때문에 무언가 관계가 있을 듯하다.

코오라신사는 오사사가 이곳에 있던 때부터 모셔져 있었던 듯하고 지금의 사전(社殿)은 일간사(一間社) 회피즙(檜皮葺 ; 노송나무 껍질을 이어 만

듧) 방식으로 만들어진 무로마치시대의 양식이다. 제신은 타케시우치노스 쿠네(武內宿禰)[12]라고 하나 후쿠오카현의 코오라신사와 같이 코오라노타마타레노미코토(高良玉垂命)[13] 혹은 그 계보(系譜)로 생각되는 타케시우치노스쿠네를 받든 신사일 것이다.

쿄오토부(京都府)의 이와시미즈(石淸水) 하치만궁(八幡宮)에도 코오라사(高良社)가 있다. 이치노모토에도 코오라사에서 남쪽으로 300m 떨어진 곳에 하치만사(八幡社)가 있어서 앞에서 말한 오사사에서 해마다 열리는 '오사데라 마쯔리' 때에는 코오라사에서 하치만사로 가는 행사가 있다. '코오라' 라는 명칭이 붙은 곳은 쿄오토 시내에 있는 12사 외에도 많이 있을 것으로 생각되지만 '코오라' 는 '高麗', 즉 코오라이〔高麗(고려·고구려를 뜻함)의 일본음〕신이 아닐까 생각된다.

텐리시의 북쪽 끝이며 나라시와 경계를 이루고 있는 이치노모토에는 토오다이지야마고분군과 와니시모신사, 시혼사터 등이 있어서 일찍이 나라(奈良)의 수도와 함께 상당히 번성했던 곳이라고 생각된다. 이외에도 이치노모토정 북동쪽 와니정에는 중요문화재로 지정되어 있는 목조 아미타여래좌상을 소장한 젠후쿠사(善福寺)와 와니니이마스아카사카히코(和爾坐赤阪比古)신사가 있어서 JTB(일본교통공사)에서 펴낸 안내서 『나라(奈良)』에 따르면 이곳도 '고대 와니씨의 근거지' 라고 소개되어 있다.

‖ 역주 ‖

1) 바쿠후 : 쇼오군(將軍)이 정무(政務)를 처리하던 곳을 가리키는 말로 여기서는 에도바쿠후(江戶幕府 : 1603~1867년), 즉 토쿠가와(德川) 쇼오군이 지배하는 에도 시대의 중앙정치기관을 가리킨다.

2) 가모오 쿤페이(1768~1813년) : 에도시대 후기의 존왕가(尊王家, 勤王家). 수호학(水戶學)의 영향을 받아 대의명분을 중시해서 막말존왕론(幕末尊王論)의 선구가 된『山陵志』를 쓴 것으로 유명하다.

3) 타시라카노히메미코 : 507년 케이타이천황의 부인이 되어 훗날의 킨메이(欽明)천황을 낳았다. 자료에 의하면 그녀의 능은 야마토국 야마베군(山邊郡)에 있다고 한다.

4) 후지와라노키요스케(1104~1177년) : 헤이안시대 후기의 가인(歌人)으로 1156년 호오겐(保元)의 난(亂) 이후에 두각을 나타냈으며 저서에는『和歌初學抄』 등이 있다.

5) 카모노쵸오메이(1155?~1216년) : 카마쿠라시대 초기의 가인으로 어려서부터 비파(琵琶)와 와카(和歌)를 접하며 자랐으나 14세에 부모를 잃은 뒤부터는 불행한 삶을 살았다. 50세에 출가 후 은둔하면서 심경을 기록한 수필이 유명한『호오죠오기(方丈記)』이다.

6) 와니씨 : 종래 주목되지 않던 씨족이었으나 5~6세기 후반에 걸쳐 큰 세력을 가졌던 야마토의 대씨족임이 2차 세계대전 후 연구에 의해 밝혀졌다. 와니씨는 오오진천황 이후 7대에 걸쳐 9명의 후비(后妃)를 보낸 황실의 외척 씨족으로 카쯔라기씨(葛城氏)와 소가씨(蘇我氏)에 필적하는 대씨족이다.

7) 삼간사(三間社) : 신사 건축용어로 제신을 모시는 본전의 정면에 있는 기둥사이[柱間]의 수에 따라 일간사(一間社), 삼간사 등으로 부른다.

8) 오노노이모코 : 7세기 전반의 견수사(遣隋使)로 스이코천황 15년(607)에 수나라에 갔다가 다음해 귀국하나 수제(隋帝)의 서(書)를 백제인에게 빼앗겼다고 해서 유형에 처해질 뻔한 것을 스이코천황이 사면했다고 전함.

9) 왕인(와니) 박사 : 오오진천황 시대에 백제에서 도래했다고 전하는 카와치노후미씨(西文氏)의 조상.『고사기』에는 천자문을 일본에 전했다고 기록되어 있으나 천자문이 전해진 것은 6세기의 일로『고사기』의 기록은 잘못된 것이라고 한다.『일본서기』에 따르면 오오진천황 15년조에 백제로부터 도래한 아직기(阿直岐)가 백제에 훌륭한 박사가 있음을 천황에게 추천하여 왕인 박사는 오오진천황 16년조에 도

뒤 백제의 우수한 학문을 전했다고 한다.

10) 교오키(668~749년) : 8세기 전반 나라시대의 승려. 부계(父系)가 백제계인 왕인 박사의 후손에 해당하는 타카시씨(高志氏)로 도오쇼오(道昭)에게 사사한 뒤 키나이를 중심으로 여러 지방을 돌아다니며 민중의 교화 및 사원, 연못, 교량 등을 만드는 사업에도 관여해서 '교오키보살'로 추앙받음. 승니령(僧尼令) 위반으로 최초로 구금되었으나 대불조영의 권진(勸進)에 기용되어 대승정위(大僧正位)에 오름.

11) 나라씨 : 한반도에서 도래한 씨족으로 奈良 · 奈羅로도 쓴다. 야마토국 소오노카미국(添上國)을 본거지로 한 나라노코치씨(楢己智氏)와 통사(通事), 역어(譯語)를 담당했던 나라노오사씨(楢曰佐氏) 등이 있다.

12) 타케시우치노스쿠네(타케우치노스쿠네) : 야마토 정권 초기에 활약한 전설상의 인물. 코오겐(孝元)천황의 증손으로 다섯 왕을 섬겼으며 세이무(成務)천황 때에 대신이 됨. 츄우아이(仲哀)천황을 따라 쿠마소(熊襲)를 정벌하고 진구우(神功)천황을 도와 신라에 원정했다고 함.

13) 코오라노타마타레노미코토 : 큐우슈우의 후쿠오카현 쿠루메시(久留米市)에 있는 코오라산(高良山)에 임해서 기이한 은총을 만민에게 내린다는 쯔쿠시(筑紫)의 국혼신(國魂神). 타마타레(玉垂)는 '타마테루(靈照)'가 변한 말이라고 함.

제 **4** 부

나라시의
한국문화 유적

◆◆◆◆◆◆◆◆◆◆◆◆◆◆◆◆

나라시 주변

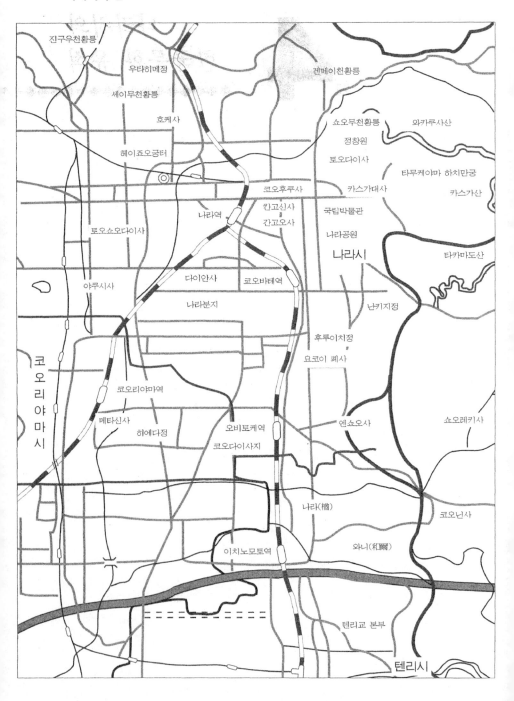

진구우천황릉

우타히메정

겐메이천황릉

세이무천황릉

쇼오무천황릉   와카루사산

호케사   정창원

토오다이사   타무케야마 하치만궁

헤이죠오궁터   카스가산

코오후쿠사   카스가대사

토오쇼오다이사   칸고신사   국립박물관

나라역   간고오사

다이안사   쿄오바테역   나라공원

야쿠시사   나라시

나라분지   타카마도산

난키지정

후루이치정

요코이 폐사

코오리야마역

메타신사   쇼오레키사

히에다정   오비토케역   엔쇼오사

코오다이사지

코오리야마시   나라(櫓)   코오닌사

이치노모토역   와니(和爾)

텐리교 본부

텐리시

엔쇼오사 · 야마무라 폐사

지금까지 나라현 텐리시 지역에 있는 유적을 살펴보았으나 이번에는 나라현 나라시 남부의 JR 사쿠라이선 오비토케(帶解)역을 중심으로 나라시에 있는 한국문화 유적을 살펴보기로 하자. 나라시 남부 오비토케라는 곳은 분토쿠(文德)천황의 황후가 이곳 사원에서 기원을 드린 후 세이와(靑和)천황을 순산했다고 해서 그 사원을 오비토케사(帶解寺)라 하고 이 지역을 오비토케라 부르게 되었다고 한다. 그러나 요시다 토오고(吉田東伍) 씨의 『대일본지명사서(大日本地名辭書)』에 따르면 이곳도 역시 고대에는 와니(和爾 · 和珥)의 땅에 속하는 곳이었다고 한다.

오비토케역의 동쪽 전방은 나라시에 속하는 야마무라정(山村町)으로 이곳은 야마노베(山邊)의 옛길〔古道〕이 끝나는 타카마도산(高圓山)과 카스가산(春日山) 등의 카사기(笠置) 산지와 연결되고 있었다. 내가 찾아가려고 하는 엔쇼오사(圓照寺)는 산 속에 있었다. 이 일대에는 사원이 많은 곳으로 쇼오레키사(正曆寺), 코오닌사(弘仁寺) 등이 있으나 그 중에서 내가 제일 먼저 엔쇼오사로 향한 것은 특별한 이유가 있었기 때문이었다.

1972년 초로 기억하는데 나는 히가시오오사카시(東大阪市)에 사는 친구 정귀문(鄭貴文) 씨와 함께 역시 그곳에 거주하는 시바 료오타로오

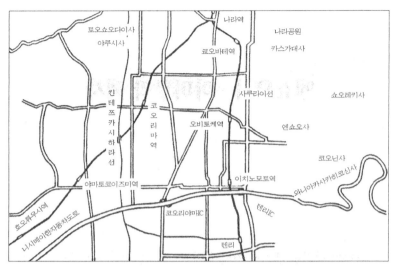

사쿠라이선 주변도

엔쇼오사로 가는 길

엔쇼오사

(司馬遼太郎)[1] 씨를 방문한 일이 있다. 시바 씨는 그 당시 『주간아사히 (週刊朝日)』에 「카이도오(街道)를 가다」를 연재하고 계셨고 다음 연재 예정인 「카라쿠니 기행(韓國紀行)」의 취재를 위해 한국의 이곳저곳을 돌아보고 막 귀국한 때였다. 당시 나는 여러 가지 사정으로 내 조국인 한국을 방문할 수 없었다. 그래서 시바 씨에게 한국에 관한 이야기를 전해 듣고 싶었다.

예전부터 알음이 있었던 시바 씨는 나와 마주하자마자 곧 "신라의 옛 수도 경주의 괘릉(掛陵)으로 가는 길이 야마토의 엔쇼오사로 가는 길과 똑같았습니다"라는 말을 건넸다. 너무도 갑작스런 이야기에 내가 머뭇 거리자 시바 씨는 바로 일어나서는 요시다 토오고 씨의 『대일본지명사서』 한 권을 들고 와서 「야마무라향(山村鄕)」이라는 부분을 펼쳐 보였다. 거기에는 다음과 같은 내용이 씌어 있었다.

와묘오쇼오(和名抄), 소오노카미군(添上郡) 야마무라향, 야마무라(也末無良)라고 읽음. 현재의 오비토케촌(帶解村)이 그곳이다. 옛 와니(和珥)의 땅에 속하고 옛날에는 풍요로운 땅으로 유명했다. 『일본서기』에 전하기를 킨메이(欽明)천황 원년에 백제사람 기지부투하(己知部投下)가 왜국에 야마무라를 두었다. 성씨록(姓氏錄)에 의하면 야마무라씨(山村氏)[2]는 본시 야마무라코치(山村許智)로 코레이공(古禮公)을 조상으로 한다.…… 엔쇼오사는 야마무라고쇼(山村御所)라고 부른다. 고미즈노오(後水尾)천황의 딸 우메노미야(梅宮)의 개창(開創)으로 훗날 4대에 걸쳐 계속해서 공주가 이곳으로 들어오게 되고 그 무덤도 있다. 옛 사령(寺領)은 300석(三百石)이었다.

와니지(和珥池)는 오비토케촌 오오아자(大字 ; 옛 행정구획명) 이케다(池田)에 있다. 진무(神武)천황기에 나오는 '와니사카(和珥坂)의 코세(居勢)'의 땅도 이곳이다. 고사기에 닌토쿠천황 때에 와니지(和邇池)를 만들었다고 하며 『일본서기』에도 스이코(推古) 11년에 와니지(和珥池)를 만들었다고 씌어있다. 서기통증(書紀通證)에는 소오노카미군 와니지는 이케다촌(池田村)에 있고 일명 코오다이사지(廣大寺池)라고 한다. 야마토정촌지(大和町村誌)에 따르면 이케다촌에 텐무(天武)왕자의 저택이 있었다고 한다.

시바 료오타로오 씨가 「가이도오를 가다」를 연재하기 시작했을 무렵에 나도 『사상의 과학』에 「일본 속의 한국문화」를 쓰기 시작했기 때문에 시바 씨는 야마토의 '야마무라향'에 대해서 고맙게도 내게 가르쳐주려고 했던 것이다. 역시 와니씨에 관한 내용이 이어지고 있으나 위에 나온 '和邇池 · 和珥池 · 光大寺池'는 『야마토명소도회(大和名所圖繪)』에도 "와니지(和珥池)는 오비토케촌을 지나 서쪽에 있으며 그곳 사람들이 코오다이사지(廣大寺池)라고 부른다"고 씌어 있고 지금도 코오다이사지로 되어 있다. 시바 씨가 한국의 신라 천년의 고도(古都) 경주에 있는 패릉으로 가는 길과 이곳 오비토케 근처의 나라시 야마무라정에 속한 엔쇼오사로 가는 비탈길이 닮았다고 하였는데 이에 관해서 사바 씨는 훗날 「카라쿠니 기행」에 다음과 같이 적고 있다.

지금 가려고 하는 패릉은 신라의 어느 왕의 무덤인지 알 수 없다. 안내를 맡은 미세스 임은 신라 36대 왕 혹은 38대 왕일 것이라고 한다. 한국의 『동경잡기(東京雜記)』에 "패릉은 부(府)에서 동쪽으로 35리에 있고 어느 왕의 무덤인지 모른다"고 씌어 있으므로 나도 그 책의 태도를 따르려고 한다. 옛 왕릉의 경우 어느 왕의 무덤인지 모른 채 참배하는 편이 오히려 신운(神韻)이 느껴져서 더욱 운치가 있어 보인다. 들판의 샛길을 잠시 걸어가자 조금 오르막길이 나오고 노송에 햇빛이 가려 붉은 흙의 샛길이 그늘로 인해 얼룩얼룩한 형상이 마치 인상파의 그림처럼 자색을 띠고 있었다.

나는 문득 전에 한번 왔던 곳이 아닌가 하는 느낌이 들었다. 생각해 보니 이 주변의 언덕과 들과 숲의 풍경은 마치 야마토 오비토케의 야마무라 마을의 숲에서 엔쇼오사로 가는 비탈길 주변의 경치와 아주 닮아 있었다. 『만엽집』에 "산을 가는 산사람[山人], 마음도 알 수 없는 그 사람은 누구일까"라는 야마무라에 관한 평범한 노래가 있으나 노래 속의 산사람은 백제사람임에 틀림없다. 왜냐하면 이곳은 킨메이천황 시대에 건너온 백제인이 개척했다고 『일본서기』에 기록되어 있기 때문이다. 카라히토(韓人 ; 한국에서 온 도래인)는 자신들의 능묘나 마을을 만들 때에 지상(地相 ; 풍수지리)을 택했기 때문에 패릉으로 가는 길이 엔쇼오사로 가는 길과 닮은 것은 어쩌면 당연한 일일지도 모르겠다.

벌써 20여 년 전에 시바 씨로부터 이 이야기를 들었으나 직접 찾아가 보지는 못하고 있었다. 또한 그후 한국에도 몇 번 가서 경주를 찾은 일은 있었으나 그때에도 패릉에는 가질 못했었다. 그렇기 때문에 이번에 처음으로 야마무라향의 그곳을 걸어 보기로 한 것이다. 현재의 엔쇼오사에 관해서는 최근에 나온 관광 안내서 『나라야마토로(奈良大和路)』
에 다음과 같이 씌어 있었다.

　야마노베노미치 도로변에 위치한 아름다운 비구니 사찰로 야마토 삼대문[3]
터(大和三大門跡) 비구니 사찰(尼寺)의 하나이다. 길가에 소나무가 늘어선
참배길과 마름(菱)모양의 포석(鋪石 ; 간돌)과 휜즙(萱葺 ; 새 이엉으로 지붕
을 덮은 집)의 본당 등 절의 구석구석까지 잘 정돈되어 있는 청결하고 운치
있는 절이다. 에도시대에 고미즈노오천황의 장녀 우메노미야, 즉 분치나이
신노오(文智內親王)[4]가 창립해서 대대로 황족이 주지(住持 · 住職)를 지냈기
때문에 야마무라고덴(山村御殿)으로 불린다. 비공개.

　산 속의 야마노베(山邊)의 고도(古道, 지금은 폐지)를 따라서 산 끝자
락을 달리는 현도에 '엔쇼오지 앞(圓照寺前)'이라는 버스정류장이 있
다. 그곳에서 내려 엔쇼오사로 가는 참배길 입구에는 '참배할 수 없습

엔쇼오사 하카야마 1호분에서 출토된 화문대방규격구경(왼쪽)과 충각부주(오른쪽)

다. 그곳에서 내려 엔쇼오사로 가는 참배길 입구에는 '참배할 수 없습니다. 엔쇼오사'라는 안내판이 서 있었고 산 속으로 잘 정돈된 깨끗한 자갈길이 조금 비탈지게 한 줄로 뻗어 있었다. 지금은 시바 씨가 말한 노송은 보이지 않고 대신에 삼나무가 많이 눈에 띄었으나 마침 그 나무들이 양측에서 덮어씌우듯이 기울어져 조금 어두운 산길로 이어지고 있었다. '얼마나 들어가야 하나' 하고 생각하며 걷고 있노라니 산길이 끝난 곳에 엔쇼오사의 산문(山門 : 사원의 정문 혹은 사원 전체)이 있었다. 절 앞에서 바라보니 깨끗하고 아름다운 기와 지붕이 석양에 물들어 있었으나 그곳에도 '참배할 수 없습니다'라고 쓴 표찰이 세워져 있었고 곁들여서 '맹견주의'라는 표찰도 눈에 들어왔다. 무심코 한 발짝 들여놓았다가 개가 짖기라도 하면 귀찮을 것 같아 그냥 돌아올 수밖에 없었다.

그런데 내가 이곳에 온 이유는 사찰을 보기 위한 것은 아니었다. 물론 시바 씨가 말한 경주의 패릉으로 가는 길과 닮았다는 참배길도 걸어

야마무라 폐사에서 출토된 석제 구륜(왼쪽)과 기와(오른쪽)

보고 싶었으나 나라 국립박물관에서 펴낸 『야마노베노미치의 고고학』에 따르면 이곳에는 백제것으로 추정되는 막새기와〔軒丸瓦〕 등이 출토된 야마무라 폐사(山村廢寺)와 충각부주(衝角付胄) 등이 출토된 하카야마(墓山) 1호분 등의 고분이 있었기 때문이었다. 엔쇼오사에 오면 쉽게 그 고분들을 살펴볼 수 있을 것으로 생각했으나 고분에는 접근도 할 수 없었다. 그래서 앞서의 『야마노베노미치의 고고학』을 인용하면 다음과 같다.

　　나라 시가지에서 남동쪽,…… 토오다이지야마고분을 둘러보고 나서 이것과 거의 같은 시대에 세워진 2개의 고분에 관해서도 언급해 두겠다. 하나는 야마토 삼대문터의 하나인 엔쇼오사 뒷산에 있는 하카야마 1호분이다. 지름이 약 15m 정도인 작은 원분이지만 분구 남반부의 봉토(封土)에 점토를 깔고 그 속에 거울 3면과 투구와 갑옷〔甲胄〕, 무기, 말갖춤 등을 넣었으며 서반부에도 3개의 작은 수혈식 석실이 있어서 투구와 갑옷 등이 부장되어 있었다. 정확한 출토지는 모르지만 엔쇼오사 뒷산에서는 박재경(舶載鏡 : 배편으로 건너온 거울)도 출토되었다. 이 거울은 전형적인 삼각연신수경으로 전국 각지의 고분에서 출토된 거울과 많은 분포관계를 맺고 있어서 주목받고 있는 쿄오토부 야마시로정(山城町) 쯔바이오오쯔카야마(椿井大塚山) 고분에서 출토된 거울 2면과 같은 거울로 알려져 있다.

백제에서 도래한 야마무라씨족이 개척했다고 하는 이곳 야마무라향에 어째서 투구와 갑옷, 무기, 말갖춤 등이 부장된 고분이 있는지 알 도리가 없다. 어찌 되었든 이 부근에는 이쯔쯔즈카(五塚), 나나쯔즈카(七塚) 등으로 불리는 작은 고분들이 밀집되어 있고 바로 이곳에 있었던 야마무라씨족의 씨사 야마무라사(山村寺)는 상당히 큰 사원이었던 것 같다. 『야마노베노미치의 고고학』에 따르면 이곳에서는 7세기 후반 하쿠호오(白鳳)시대의 다음과 같은 유물이 출토되고 있다.

(1) 석제상륜잔결(石製相輪殘缺)　일괄

(2) 금동풍탁(金銅風鐸)　2개

(3) 귀환와(鬼丸瓦)　1매(枚)

(4) 막새〔軒先瓦〕　1조(組)

(1), (2)는 엔쇼오사가 (3)은 나라시에 사는 개인이, (4)는 나라 국립박물관이 소장하고 있다. 나는 출토품을 보고 에도시대에 고미즈노오천황의 공주가 세웠다는 엔쇼오사가 원래는 야마무라사였거나 혹은 한 사찰에 두 절이 같이 있었던 것이 아닐까 하는 느낌이 들었다. 실은 엔쇼오사를 찾았을 때 그것도 확인해 보고 싶었으나 절 근처에는 갈 수도 없어서 확인해 볼 길이 없었다.

하쿠호오시대의 야마무라 폐사를 살펴보고 나서 그 길로 이번에는 엔쇼오사 북쪽에 있는 요코이 폐사(横井廢寺)로 가려고 한다. 요코이 폐사는 백제 양식의 흐름을 띠고 있어서 창건 연대가 아스카시대까지 거슬러 올라간다고 한다. 이곳은 나라역 바로 앞 역인 쿄오바테역(京終驛)에 가깝고 다음과 같은 유물이 출토되었다.

(1) 금동보살입상　1구(驅)

(2) 산운쌍란경(山雲雙鸞鏡)　1면

(3) 옛 동전〔古錢〕　8매

(4) 도장구잔결(刀裝具殘缺)　일괄

(5) 동원잔결(銅鋺殘缺)　일괄

(6) 수막새〔軒丸瓦〕　1매

(1)에서 (5)까지는 오오사카 시립미술관, (6)은 나라 국립박물관에 소장된 것으로 『야마노베노미치의 고고학』의 해설을 보면 다음과 같이 씌어 있다.

(1)~(5)는 메이지(明治) 28년(1895)에 금당터로 추정되는 토단(土壇) 부근을 개간하던 중에 우연히 발견한 것이다. (1)은 높이가 19.7cm의 작은 금동불상으로 큰 반화연화좌(反花蓮華座)에 산뜻하게 서 계신 불상이다. 가슴 앞으로 올린 손에는 보주(寶珠)를 들고 목걸이와 좌우로 늘어뜨린 천의(天衣)는 좌우대칭의 지느러미모양을 하고 있으며 천의가 정면에서 교차하는 아스카시대의 양식을 띠고 있다.……

(6)은 창건할 당시의 막새기와로 소판팔엽연화문(素瓣八葉蓮華文)을 그려넣고 작고 낮은 볼록(凸)모양의 중방(中房)에 7개의 연꽃을 넣었다. 꽃잎이 조금 두텁고 잎의 중앙에 각[稜]을 세워 가장자리가 직립소문연(直立素文緣)을 이룬다. 백제 양식의 흐름을 띠고 있어 요코이 폐사의 창건 연대가 아스카시대로 거슬러 올라가는 것을 나타내고 있다.

거관터와 사키타테나미고분

나라시대의 중심지 나라시에서는 하쿠호오시대와 아스카시대의 사원을 쉽게 볼 수 있다. 그러나 나라시 남부의 유적에 관해서는 그다지 알려져 있지 않으므로 지금부터 조금 자세히 살펴보기로 하자.

야마토·나라의 경우 그 주변 지역에도 사원이 많다. 요코이 폐사 근처에도 나라~헤이안시대(8~9세기)의 사원이라는 후루이치 폐사(古市廢寺)가 있고 그곳에서도 막새기와, 주발[綠釉椀], 그릇[綠釉皿]이 출토되고 있다.

『야마노베노미치의 고고학』의 설명에 따르면 "후루이치 폐사는 1960년에 나카무라 하루토시(中村春壽) 씨의 조사에 의해서 그 개요가 밝혀졌다. 발굴 결과 남북 일직선상에 탑터와 금당터의 기반이 확인되고 남대문(南大門)터, 중문(中門)터와 강당(講堂)터도 추정할 수 있어서 시텐노오사(四天王寺)식 가람배치가 확인되었다" 하고, 마지막에 "또한 후루이치 폐사에서 출토된 암키와[平瓦]에는 주걱으로 '野'라고 쓴 명문이 있는 기와도 있어서 와니씨(和珥氏)의 후예 씨족의 하나인 오노씨(小野氏)의 절일 가능성이 높다고 한다"고 씌어 있다.

또 와니씨에 관한 내용이 나왔으나 앞서 보았듯이 와니씨족에서 카키노모토씨를 비롯하여 오노씨와 카스가씨 등이 갈라져 나왔다. 이 와니씨족은 텐리시 지역에서 나라시의 코쿠조오정(虛空藏町), 후루이치정(古市町)으로 퍼져 나갔던 것이다. 그것 뿐만이 아니다. 와니씨의 중심은 JR 나라역의 바로 앞 역인 쿄오바테역의 동남쪽에 위치한 나라시 난키지정(南紀寺町)으로부터 훨씬 서북쪽에 있는 유명한 사키타테나미(佐紀盾列)고분군에까지 이르고 있었던 것이다.

먼저 난키지정을 살펴보자. 이곳에 있는 난키지(南紀寺) 유적은 최근에 이르러 발굴되었다. 1991년 7월 12일자 나라신문에는 "나라의 난키지 유적/호족 와니씨의 대저택인가?/수문·돌담이 있는 도랑 출토/기대를 모으는 주변 조사"라는 큰 머릿기사로 다음과 같이 씌어 있었다.

나라시 난키지정 난키지 유적(야요이시대~코훈시대)에서 11일까지의 조사로 돌담(石垣)이나 수문(水門)을 갖춘 5세기, 즉 코훈시대(古墳時代) 중기 무렵의 대규모 도랑(堀)터가 출토되었다. 유구(遺構)의 성격에 관해서는 주위에 도랑을 판 거대한 호족이 거주했던 거관(居館)의 일부라는 견해가 있다. 이 땅에서 큰 세력을 갖고 야마토 조정을 지탱하고 있던 유력한 호족으로 와니씨와의 관계도 지적되고 있어서 연구자들 사이에서 장차 큰 논의가 일어날 듯하다.

나라시 교육위원회가 맨션 건립에 따라 수천 평방미터를 발굴했다. 현장의 동쪽편에서는 주위를 도랑과 돌담으로 두른 조금 높은 기단(基壇)모양의 유구(최대폭 약 22m)가 출토되었으며 서쪽편에는 동서로 50m, 남북으로 30m의 범위 안에 북동에서 남서로 뻗은 돌담의 열(列)이 남아 있었고 그 남쪽에서 도랑 부분이 발견되었다.……

유물은 5세기 중반 무렵의 굽다리접시와 그릇받침의 파편, 고기잡이에 쓰였다고 생각되는 관(管)모양의 토추(土錘 : 흙으로 만든 낚싯봉)도 발견되었다. 난키지 유적은 남북이 2개의 강으로 둘러싸인 선상지에 있고 코훈시대의 토기 등이 채취되고 있으나 본격적인 발굴조사는 이번이 처음이다.

유구는 입지조건이나 도랑에 돌담을 쌓은 점 등에서 코훈시대의 대표적

요코이 폐사에서 출토된 막새(왼쪽 위)와 옛 동전(왼쪽 아
래), 금동보살입상(오른쪽)

인 환호(環濠)가 있는 호족의 거관터로 알려진 군마현(群馬縣) 미쯔테라(三
ッ寺) 유적(6세기 전반, 도랑은 한 변이 약 86m 사방)과 흡사하다. 만일 이
유구가 거관터일 경우, 발굴 현장의 남동쪽 높은 대지에 건물군이 늘어서서
강을 이용하여 취수와 배수를 했을 도랑을 추측할 수 있기 때문에 주변에
대한 조사가 기대되고 있다.

 난키지 유적이 위치한 이곳 나라분지 동북부는 5, 6세기 당시에 이른바
천황가(天皇家)에 많은 후비(后妃)를 보냈던 와니씨(和爾氏)의 근거지로 알
려져 있다. 와니씨는 앞에서도 언급했듯이 6세기 무렵부터 카스가·카키노
모토·오노씨 등으로 갈라져 나와 견수사(遣隋使)로 유명한 오노노이모코

금주형 석제품

후루이치 폐사에서 출토된 반룡경   경옥제 곱은옥

(小野妹子)와 카키노모토노히토마로 등 일본사를 장식한 인물을 많이 배출한 명문 호족이다. 현장에서 북서쪽으로 약 4km 떨어진 곳에 와니씨의 수장의 무덤을 포함하고 있다고 생각되는 사키타테나미고분군이 있다.

야마토의 대호족 실태를 알 수 있는 자료 : 호족의 거관에 정통한 고고학자 타쯔미 카즈히로(辰巳和弘) 도오시샤대학 교수는 "돌담의 축조법이 고분의 이음돌과 다르고 도랑의 형상으로 보아 호족의 환호 거관터〔環濠居館跡〕일 가능성이 높다. 특히 도랑의 폭이 넓어서 일본 전국에서도 최대 규모일지도 모르겠다. 기단모양의 유구는 다리〔橋〕를 거는 장소로서 미쯔테라 유적에서도 검출된 거관, 즉 돌출 부분으로 추정된다. 키나이에서는 5세기의 거관터와 궁전터가 거의 발견되지 않고 있어서 야마토 대호족의 실태를 탐구하는 데 대단히 중요한 유구이다"라고 말하고 있다.

키나이 즉 야마토, 카와치, 야마시로(山城)에서는 5세기의 거관터 및 궁전터가 발견되지 않았는데도 난키지 유적에서 대호족의 거관터가 발견된 것은 여러 의미에서 중요한 것임에 틀림없다. 또한 이 유적이 고대에 야마토 조정을 지탱하고 있었다는 유력한 호족 와니씨족의 것으로 추정되고 있으며 야마토 북방의 대고분군 사키타테나미고분군과도 연결되어 있었다는 것이다. 그렇다면 사키타테나미고분군은 어떠한 성격을 띠고 있는지 살펴보기로 하자. 우선 『일본사사전』에는 다음과 같은 해설이 씌어 있다.

나라시 중앙에 위치한 헤이죠오궁(平城宮)터의 북쪽에 분포하는 고분군이다. 동쪽의 사키(佐紀)고분군은 우와나베고분(전체 길이 280m), 이치니와(市庭)고분(복원 250m), 이와노히메(磐之媛)고분(219m) 등 5세기의 거

사키타테나미고분군

대한 전방후원분이 중심을 이루고 있고 고대의 대호족 와니씨의 묘역으로 알려져 있다. 또한 서쪽의 타테나미(盾列)고분군은 진구우(神功)황후의 무덤으로 알려진 고분(278m)과 세이무(成務)천황릉이라는 고분(219m) 등 4세기의 거대한 전방후원분을 주체(主體)로 하고 있다. 왜(倭 · 야마토) 왕권의 성립과 발전을 다룰 때 주목해야 할 고분군이다.

이외에도 많은 고분이 있으나 과연 이곳에서는 어떠한 유물이 출토되었을까? 물론 궁내청에서 관리하는 능묘라서 발굴조사가 불가능하나 스에나가 마사오(末永雅雄) 씨가 감수한 『일본고대유적편람』에 보면 이 고분의 조사결과의 일부가 다음과 같이 씌어 있다.

시오즈카(鹽塚) : 전체 길이 108m. 전방부가 남쪽에 위치한 전방후원분으로 분구 위에는 이음돌 및 하니와를 놓은 듯한 자리가 일부 남아 있었다. 내부는 점토곽(粘土槨)을 주체로 하고 분구의 주축에 평행하게 3.35m, 폭 64cm의 목관이 매장되어 있었던 것으로 추정된다. 내부는 크게 파괴되어 있었으나 점토곽의 북쪽 끝부분에서 궐수도자(厥手刀子) 40개, 철제 도끼(鐵斧) 15개, 철제 낫 9개와 서쪽 부분에서 철검(鐵劍) 3개가 검출되었다.

아카이타니(赤井谷) 횡혈 : 대나무숲 속에서 3기의 횡혈(橫穴)이 발견되었다. 동쪽의 제1횡혈은 주축을 동남에서 서북 방향으로 안쪽 길이(奧行) 5.5m, 구석 벽부(奧壁部)의 폭이 1.8m, 높이 1.85m의 규모를 갖고 있다. 횡혈 내부에는 밑부분에 하니와 파편이 깔려 있고 그 위에 질그릇관(陶棺) 2개가 안치되어 있었다. 구석 벽쪽에서 출토한 거북등모양 뚜껑있는 질그릇관(龜甲形有蓋陶棺) 안에서 금반지 2벌과 관 밑에서 금반지 1개가 검출되었다. 또한 널문(羨門) 쪽에 있는 뚜껑없는 관(無蓋棺)의 남쪽 부분에서 큰 항아리(스에키) 1개가 출토되었고 다시 남쪽에서 굽다리접시(하지키)와 스에키 파편, 철제 손칼(鐵刀子) 등이 검출되었다.

네코즈카(猫塚) : 무덤의 모양이 확실하지 않은 고분으로 전방후원분이라면 장축(長軸)이 55m, 원분으로 본다면 직경 30m의 규모를 갖는 분구로 특이한 주체를 가지고 있었다. 마루[床] 전면에 자갈을 깔고 그 위 중앙에 점토로 U자 모양의 관받침[棺臺]을 만들어 목관을 안치하고 그 주위에 약 20cm 간격을 두고 편평한 할석(割石)을 30cm 높이로 쌓아 올려 그 위를 점토로 덮고 다시 그 위에 할석을 덮었다. 검출된 유물은 돌팔찌 21개, 곧날[直刀] 8개, 단검(短劍) 22개로 예전에는 이신이수경(二神二獸鏡)과 동화살촉[銅鏃] 등도 출토되었다고 한다. 우와나베고분도 조사되었으나 특히 특색 있는 고분은 6호분 타카즈카(高塚)고분이다. 직경 30m의 대형 원분으로 분구 중앙의 표토 밑 60cm 정도에서 철제로 생각되는 곧은쇠[鐵鋌]류 여러 점과 석제품이 몇 개 나왔으나 사람을 매장했다고는 인정되지 않았기 때문에 유물만을 매장한 배총(陪塚)으로 생각된다.

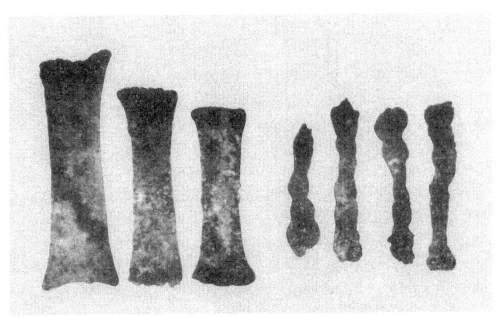

우와나베고분 배총에서 출토된 철

발굴된 것만 보아도 대단한 출토품이다. 금반지 2벌과 관 밑에서 나온 금반지 1개는 말할 것도 없고 우와나베 6호분에서 나온 여러 종류의 많은 곧은쇠 등은 모두 고대 한국의 백제·가야로부터 건너온 유물이다. 현재까지 조사된 것만 해도 대단한 출토품이 발견되었는데 사키타테나미고분군 전체를 발굴조사한다면 도대체 얼마나 많은 유물이 출토될지 자못 흥미롭기만 하다. 그런데 이와 같은 곳에 그들의 묘역이 있다고 알려진 와니씨족은 도대체 고대에 얼마나 큰 호족이었을까. 아마도 대단한 호족이었음에는 틀림이 없는 듯하다.

헤이죠오궁터 주변의 출토 유물

사카타테나미고분군이 있는 나라시 헤이죠오궁터의 북쪽 지역은 현재는 나라시 우타히메정(歌姬町)으로 되어 있으나 원래 소오노카미군이었던 곳으로 이곳에서는 먹으로 '소오노카미군 우타히메(添上郡歌姬)'라고 쓴 신라계 도질토기에 속하는 뚜껑있는 굽다리접시[有蓋高杯]가 출토되었다.

이것 역시 텐리대학 텐리참고관에 소장되어 있는 것으로 참고관 학예원 타케타니 토시오 씨가 쓴 「전(傳) 야마토 출토의 신라계 뚜껑있는 굽다리접시에 관해서」의 '2. 유물에 관하여'에 "텐리참고관에는 한반도에서 출토한 도기와 함께 일본에서 출토한 스에키가 다수 소장되어 있고 그중에 '添上郡歌姬'라고 묵서(墨書)된 신라계 굽다리접시가 포함되어 있다"고 하면서 그 형태 등에 관해서 자세히 기술하고 있다. 전문가가 쓴 구체적인 내용은 생략하고 타케타니 씨가 쓴 글의 결론 부분만을 보면 "굽다리접시의 태토(胎土)는 1mm 이하의 가는모래를 포함하고 있지만 대체로 양호하다. 딱딱하나 치밀하게 구웠으며 색조는 회색에서 암회색을 띤다. 전체적으로 정중하게 잘 마무리된 우수한 물건으로 접시의 바깥면에 '添上郡歌姬'라고 묵서되어 있어서 출토지를 알리고 있다"라 하고 사진도 함께 실려 있었다.

또한 '3. 고찰'에는 신라계 도질토기가 어째서 야마토 지방에서 출토되었는가에 관해 자세하게 씌어 있다. 조금 길지만 고대 한국의 유물을 통해 일본 고대 국가의 형성과정을 알 수 있는 내용이므로 전부 인용하기로 하겠다.

한편 일본에서 출토되는 한식 도기 및 한식계 도기의 소속 연대는 한반도의 시대 구분에 따르면 원삼국시대(原三國時代), 삼국시대, 통일신라시대와 그 이후의 시대로 크게 넷으로 분류할 수 있다. 그중에서 한반도에서 배로 건너온 토기와 도기가 유독 많이 출토되는 시기는 5세기 전반에서 중반 무렵의 것으로 그것들은 삼국시대의 제품이다. 단 고구려, 신라, 백제에서 건너온 것은 극히 일부분에 지나지 않고 그 대부분은 가야 지방에서 건너온 물건이라는 사실에 주목하고 싶다.

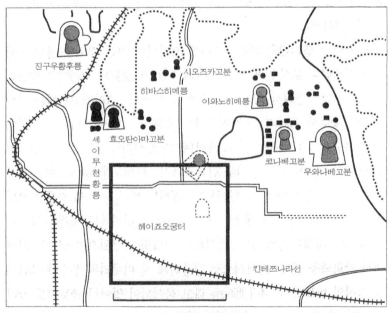

헤이죠오궁터와 사키고분군

이것은 일본에서 스에키가 생산되기 시작한 시점, 즉 스에무라(陶邑) 옛 가마터군(古窯址群)에서 스에키를 굽기 시작한 것이 한반도 어느 지역과의 교섭을 통해 성립되었는가를 생각하는 데 있어서 매우 흥미로운 사실이다. 야마토에서 출토된 한식 도기, 한식계 도기의 출토시기에도 같은 경향이 있음을 짐작할 수 있다. 즉 가야계 한식 도기와 한식계 도기는 스에키가 나타나기 시작한 때를 전후해서 유입되기 시작했고 5세기 중엽에 이르러 절정을 이루고 있다. 최근의 조사를 통해 취락 유적으로부터 같은 종류의 유물이 출토되는 경향이 있다. 코훈시대 후기가 되면 배를 이용한(舶載) 토기의 유입은 감소하고 5세기 후반에서 끝 무렵에 걸쳐 백제의 한식 도기가 출토된다. 그리고 7세기 후반에서 8세기에 이르면 통일신라시대의 인화문토기(印花文土器)가 출토된다. 이상의 여러 가지 관점에서 앞서 언급한 신라계 굽다리접시의 제작시기를 추정해 보려고 한다.

야마토에서의 한식 도기, 한식계 도기의 증감에 관해서는 앞서 언급한 그대로이나 박재도기(舶載陶器)가 한창 유입되던 시기에는 신라계 도기가 출토되지 않고 있다는 점을 강조하고 싶다. 한반도의 가야 지방에서도 뚜껑이 없고 굽구멍(透孔)이 없는 굽다리접시가 소멸되고 신라토기(新羅土器) 일색으로 바뀌는 시기는 5세기 전반으로 생각되고 있다. 가야 지방에서는 낙동강을 경계로 해서 동안양식(東岸樣式, 신라토기)과 서안양식(西岸樣式, 가야토기)이 성립되기까지의 도질토기를 특히 '고식도질토기(古式陶質土器)'라 불러 구별하고 있다. 고식도질토기는 가야의 지역색을 띤 특징 있는 토기 양식으로 4세기 전후에 만들어졌던 것이다. 가야 지방이 신라계의 도질토기 일색으로 되는 현상은 그야말로 신라 왕조가 팽창, 확대되는 결과에 따른 것이다. 실제로 이 시기에 이르러 경주분지에 장대한 분구를 갖는 왕릉이 줄을 이어 만들어지기 시작했다.

이와 같이 보면 야마토 지역에 신라계 굽다리접시가 건너온 것은 한반도 정세와 결코 무관한 것이 아니고 신라 왕권의 움직임과 밀접하게 연관된 결과라고도 볼 수 있다. 또 그 시기는 5세기 전반기의 끝 무렵부터 5세기 후

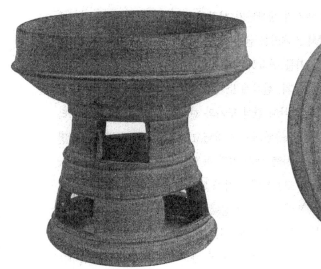
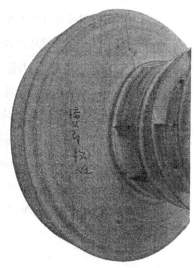

굽다리접시와 굽다리접시 몸체 밖에 쓰여진 묵서명

반기라고 추정할 수 있다. 신라계 굽다리접시가 출토되었다고 전하는 우타히메정 주변에는 전체 길이가 100m를 넘는 7기의 대형 전방후원분과 중소 고분이 밀집해서 사키(佐紀)고분군을 이루고 있다. 굽다리접시가 완전한 형태로 남아 있다는 것은 취락 유적보다는 고분에서 출토되었을 가능성이 높다고 하겠다. 사키고분군 중에서 굳이 범위를 한정한다면 우와나베고분군과 코나베고분군을 포함한 동군(東群)쪽이 연대적으로 더 가깝다고 생각된다. 물론 우타히메정에 소재하는 다른 유적에서 나왔을 가능성도 있다.

매우 중요한 부분이기 때문에 길게 인용했으나 여기서 말하는 '박재도기의 유입'이란 그와 같은 도기를 갖고 있던 사람들이 바다를 건너서 일본으로 도래했다는 의미이다. 나는 일본 전국 각지를 돌아다니면서 곳곳의 유적에서 고구려계, 백제계, 신라계의 유물이 구석구석에 이르기까지 출토되고 있지만 그 기층을 이루고 있는 것은 가야계라는 사실을 진작부터 인식하고 기회가 있을 때마다 말했었다. '박재도기의 유입'을 생각할 때도 그와 같은 점을 강조할 수 있을 듯하다.

지금까지 헤이죠오궁터 북쪽에 있는 나라시 우타히메정 사키고분군을 살펴보았으니 이번에는 헤이죠오궁터를 살펴보자. 헤이죠오궁 또는 헤이죠오쿄오(平城京 ; 나라시대 일본의 수도)라고 하면 더 말할 필요도 없이 고대 일본에서 가장 중요한 곳으로 알려져 있다. 우선 앞서 인용한 『일본사사전』의 「헤이죠오궁터」에는 다음과 같이 씌어 있다.

겐메이(元明)천황 때(710~787년)에 만들어진 헤이죠오궁의 큰 대궐 뒤편에 해당하는 곳으로 동서로 1.3㎞, 남북으로 1㎞에 이르며 수도〔京〕의 북단 중앙부에 있었다. 현재 나라시 사키정(佐紀町)에 속한다. 태극전(太極殿) 및 조당십이당(朝堂十二堂)의 토단(土壇)은 현재 그대로 남아 있다. 헤이죠오궁은 천황이 생활하는 대궐과 의식을 거행하는 조당원(朝堂院) 및 관청아(官廳衙)로 이루어져 있었고 매일 6,000명에 가까운 사람들이 출근했다고 한다.

1959년부터 발굴조사가 시작되어 기와, 토기와 함께 젓가락, 빗 등과 3만 점에 가까운 목간(木簡 ; 옛날 종이가 발명되기 이전에 문자를 써넣은 나뭇조각)이 출토되었고 대선직(大膳職 ; 요리를 담당한 기관), 조주사(造酒司 ; 술을 만드는 기관), 마요(馬寮 ; 말을 담당한 기관) 등의 위치가 계속해서 밝혀지고 있다. 또한 애초의 추정과는 달리 궁이 동쪽으로 0.3㎞ 정도 더 넓은 범위에 있었다는 것과 그곳에 동원(東院)이 있었다는 사실이 확인되었다.

와도오 3년(710) 야마토 조정이 아스카의 수도 후지와라쿄오(藤原京)로부터 이곳으로 수도를 옮겨 이른바 나라시대가 열리기 시작했다. 나라시대의 수도 헤이죠오쿄오에 있던 헤이죠오궁에 관해서는 너무나 잘 알려져 있어서 새삼스레 살펴볼 필요는 없으나 다만 그곳에서 출토된 유물 중에 고대 한국과 관계되는 출토 유물만을 살펴보기로 하자.

그리고 1959년부터 행해진 발굴조사로 출토한 유물 중에서도 젓가락과 목간에 관해서만 살펴보기로 하겠다. 고대에서 뿐만이 아니고 인간 생활에서 중요한 것이 토기와 젓가락이다. 젓가락에 관해서는 이 책의 첫 부분 「하시바카고분과 하지씨족」에 쯔보이 키요타리 씨의 "7세기 무렵에 대륙에서 식기 세트가 젓가락과 함께 일본으로 전해진 것으로 생각된다"는 등의 내용이 씌어 있으므로 독자 여러분은 그것을 참고하기 바란다.

또한 나는 『일본 속의 한국문화 유적을 찾아서 1』에서 나라 국립문화재연구소 아스카자료관에서 열렸던 '만요오(万葉 ; 『만엽집』의 노래가 읊어진 시대, 8세기)의 의식주전'을 다룬 적이 있는데 그때 입수했던 '만요오의 식사'라는 제목의 예쁜 그림엽서를 한 장 가지고 있다. 한국풍의 투피스를 입고 한쪽 무릎을 세운 귀부인 두 사람이 식사를 하는 모습으로 그중의 한 여인은 맨손으로 음식을 먹고 있는 사진이었다. 당시의 귀부인들이 그런 식으로 식사를 했었다면 젓가락이 서민에까지 일반화된 것은 상당히 먼 훗날의 일이었음에 틀림없다.

목간에 관해서는 우에다 마사아키(上田正昭) 씨의 「고대사의 초점」에 다음과 같은 내용이 있다.

최근의 고대사 연구에서 중요한 의미를 갖는 자료로써 주목되는 것은 목찰(木札)에 문자를 쓴 목간(木簡)이다. 710년 헤이죠오쿄오로 천도할 때까지 지토오(持統)·몬무(文武)·겐메이(元明) 세 천황의 수도였던 후지와라쿄오의 궁터에서 출토된 목간 그리고 코오교쿠(皇極)·사이메이(齊明)천황이 살았던 아스카의 이타부키궁(板蓋宮)으로 추정되는 유적에서 출토된 목간과 나라시대의 정치·경제·문화의 중심지였던 헤이죠오궁터에서 출토된 약 3만 점에 이르는 목간 등은 문헌자료로 확인할 수 없었던 수많은 새로운 사실을 검증했다.

예를 들어 「개신(改新·大化改新)의 조(詔)」에는 군(郡)·군사(郡司)[5]라

는 표기가 있다. '郡' 자를 언제부터 쓰기 시작했는가에 관해서 그동안 갑론을박이 있었다. 그런데 이타부키궁터와 후지와라쿄오터에서 출토된 목간에 의해서 타이호오율령(大寶律令 ; 701년 몬무천황 원년에 편집된 법령) 이전에는 '郡' 자는 사용되지 않았고 오로지 '평(評)' 자가 쓰이고 있었다는 것이 판명되었다. 평제(評制)에서 군제(郡制)로 가는 추이가 목간에 의해서 더욱 명확해진 것이다. 더욱이 이 '評'의 제도는 고대 한국의 삼국에서도 채용되었던 것으로 신라는 6세기, 고구려는 7세기 초엽, 백제도 6세기 무렵에는 각각 '평(評)'이라고 하는 행정구획이 있었다는 것이 밝혀져 있다.

아스카문화(飛鳥文化)는 한국에서 도래한 사람들과 한반도 문화에서 큰 영향을 받았다는 것은 말할 필요도 없으나 코마척(高麗尺)에 의한 전적법(田積法)이나 도성(都城)계획 등이 시행되었고 또한 고대 한반도의 관료제나 지방행정제도를 본보기로 한 체제만들기가 진행되었다는 것이 계속해서 확인되고 있다.

고대 한반도에서도 훗날 '평'은 폐지되고 '군'으로 바뀌고 있다. 일본에서도 한국에서와 같이 바뀐 것이다. 헤이죠오궁과 헤이죠오쿄오터에 관해서 한 가지 더 살펴보기로 하자. 1993년 7월 8일자 요미우리신문(오오사카판)에 "헤이죠오쿄오터에서 화분(花粉) 출토/만요오(万葉) 사람들은 무궁화를 좋아했다"라는 머릿기사로 다음과 같이 씌어 있었다.

나라 헤이죠오쿄오에서 귀족들이 여름부터 가을에 걸쳐서 피는 꽃인 '무궁화'를 관상용으로 재배했었다는 사실이 텐리대학 부속참고관 학예원 카네하라 마사아키(金原正明) 씨의 화분 분석조사로 밝혀졌다. 그 당시 무궁화는 일본에서는 자생하지 않았고 도래시기도 확실하지 않았으나 나라시대에 이미 대륙으로부터 묘목을 '수입'해서 귀족들이 정원에 재배하고 이국의 정서를 즐긴 듯하다.

무궁화(왼쪽)·헤이죠오궁 귀족 저택터 도랑에서 검출된 무궁화 화분(오른쪽)

일본어로는 무쿠게(木槿)라고 부르는 무궁화는 지금도 한국에서는 흔히 볼 수 있는 꽃으로 한국의 국화(國花)이기도 하다. 참고로 후카쯔 타다시(深津正) 씨가 쓴 『식물화명어원신고(植物和名語源新考)』의 「2. 조선어와 식물명」에 접시꽃〔葵〕, 피〔稗〕, 들깨〔荏胡麻〕 등 16종의 식물이 한국에서 수입된 것으로 나와 있다.

토오다이사와 신라 · 백제승의 활약

8세기 이후 고대 나라(奈良)에서 중심이 되는 곳은 물론 헤이죠오궁일 것이다. 그러나 오늘날 나라를 방문하려는 일본인이라면 먼저 '나라의 대불(大佛)'로 유명한 토오다이사(東大寺)를 떠올릴 것이다. 또한 토오다이사 근처 나라공원에는 나라 국립박물관과 코오후쿠사(興福寺) 등도 있어서 사람들의 발길이 모두 그쪽으로 쏠리고 있다. 나도 그런 식으로 몇 번 나라를 방문한 적이 있으나 이 글을 쓰기 위해 새롭게 찾았을 때는 토오다이사 오른쪽 뒤편을 가로막고 서 있는 와카쿠사산(若草山) 정상에 오르는 것으로 시작했다.

미카사산(三笠山)이라고도 불리는 와카쿠사산은 해발 342m로 그다지 높지 않지만 걸어서 간단히 오를 수는 없는 곳이어서 JR 나라역에서 택시를 타고 산 정상으로 향했다. 도중에 온천 등이 있어 눈에 거슬렸으나 정상에 오르자 멋진 경관이 나타났다.

아래로 나라 시가지는 물론 그 주변 지역까지 한눈에 들어왔다. 산 뒤를 돌아보니 다시 언덕이 있고 '사적(史蹟) 우구이스즈카(鶯塚)고분'이라고 새겨진 오래된 석주(石柱)가 서 있었다. 근처에 널린 사슴 똥을 밟으며 가까이 다가가 보니 나라현에서 세운 안내판에 다음과 같이 씌어 있었다.

우구이스즈카고분터

　사적 우구이스즈카고분 : 와카쿠사산 정상에 남서(南西)로 축조된 전방
후원분으로 전체 길이가 103m, 전방부의 폭이 50m, 후원부의 지름이
61m의 규모이다. 이단(二段)으로 축조된 분구에는 이음돌과 하니와가 있
다. 매장 시설은 확실하지 않으나 이전에 전방부 서남쪽 구석에서 돌도끼와
내행화문경 등이 출토되었다.

　고분의 주변에는 배총으로 생각되는 원분과 방분을 3기 확인할 수 있다.
4세기 말에 구릉의 꼭대기에 축조된 전형적인 전기 고분이다. 또한 세이 쇼
오나곤(淸少納言)[6]의 『마쿠라노소오시(枕草子)』에 기록되어 있는 '우구이스
의 무덤'이 이 고분이라 전하고 고분의 이름도 그 기록에서 따왔다고 한다.
1936년 9월 3일 사적으로 지정되었다.

우구이스고분에 관해서는 뒤에서 다시 다루기로 하고 이번에는 고분이 있는 와카쿠사산 정상에서 바로 밑 선상지에 해당하는 토오다이사쪽으로 내려가 택시를 타고 토오다이사 이월당(二月堂·니가쯔도오) 부근에서 내려 이월당, 삼월당(三月堂·산가쯔도오)을 향해 걸어갔다. 때마침 이 날은 매년 3월 12일에 거행되는 오미즈토리(御水取 ; 당옆 우물에서 물을 떠 당 안으로 옮기는 의식. 이 물을 마시면 온갖 병에 좋다고 함)로 유명한 법회 '슈니에(修二會)'의 이틀 전이라 행사에 쓰이는 타케야라이(竹矢來 ; 대나무로 만든 담)를 만드는 등 준비가 한창이었다. 나는 우선 이월당 옆에 위치한 오뉴(遠敷)신사를 살펴보고 삼월당으로 가기로 했다.

'오뉴'라는 신사 이름은 후쿠이현(福井縣) 와카사(若狹)에 있는 오뉴천(遠敷川)에서 따온 것으로 생각되었으나 이월당에서 치러지는 '오미즈토리' 행사와도 밀접한 관계가 있었다. 이에 관해서는 우에다 마사아키, 나

토오다이사 전도

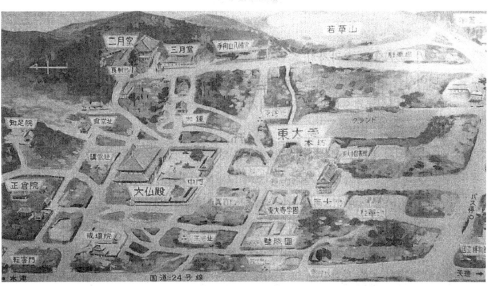

이월당과 오뉴신사

오키 코오지로, 오카자키 죠오지(岡崎讓治) 씨 등이 참가한 '나라·토오다이사를 둘러싸고'라는 좌담회에서 당시 나라시장(奈良市長)이었던 카기다 타다사부로오(鍵田忠三郎) 씨가 다음과 같이 말한 일이 있다.

이월당의 비로사나대불(毘盧舍那大佛)의 광배도 그것을 만든 사람은 짓츄우 화상(實忠和尙)으로 알려져 있는데 그와 연결지어서 우리들은 한국의 경주(慶州)에 대해서도 깊은 친근함을 느끼게 됩니다. 짓츄우 화상은 와카사국(若狹國)에서 왔으나 지금의 오바마시(小浜市) 진구우사(神宮寺)에서 수송(水送 ; 물보내기) 행사를 하고 나라(奈良)의 이월당에서 수취(水取 ; 물뜨기) 행사를 한 것입니다. 그 문화의 흐름을 해류를 따라 조금 더 먼 곳으로

가 보면 우리 나라시(奈良市)와 자매시 관계에 있는 한국 경주시(慶州市)의 불국사에 다다른다고 생각합니다.

당시 신라의 총국분사(總國分寺)인 불국사가 생기고 2년 뒤에 일본의 총국분사인 토오다이사가 만들어졌습니다. 신라의 불국사를 만든 사람들이 도우러 왔을 것이라는 추측도 가능합니다. 어떻게 불국사를 만들었던 승려나 기술자들이 오바마(小浜)를 통해 나라로 왔었는가 하는 추측을 할 수 있는가 하면 오바마시에는 지금도 '붓코쿠(佛國寺)'라는 절과 '시라키(白木, 신라의 일본음 표기)'라는 지명 등이 남아 있기 때문입니다.

다시 말하면 짓츄우 화상이 신라국을 떠나 먼저 와카사로 건너와서 나라로 들어와 이월당을 만들었으나 수행을 하기에는 이곳의 물이 좋지 않아 좋은 물이 있는 와카사의 오뉴천에서 물을 보내어 이월당 옆 와카사정(若狹井)이라는 우물에서 물을 취한 것이 오늘날까지 1,200년간 계속되고 있는 것입니다. 와카사의 진구우사에서는 지금도 3월 2일에 수송 행사를 하고 이곳 나라에서는 3월 12일에 수취 행사를 하고 있습니다.

요컨대 와카사의 진구우사에서 보내진 지하수가 꼭 10일 후에 와카사정에 다다른다는 것으로 그 물을 신라가 있는 동해에 인접한 와카사에서 보낸다는 사실이 흥미롭다. 카기다 씨도 언급했듯이, 나도 와카사에 몇 번인가 가 보았는데 오바마에는 일찍이 '시라기(新羅)신사' 등이 있어서 예부터 신라문화 일색이었다.

삼월당은 '법화당(法華堂)·견삭당(羂索堂)'으로도 불리는 곳으로 이곳은 토오다이사의 전신인 킨쇼오사(金鐘寺) 경내에 있던 불당의 하나였다. 토오다이사의 화엄경(華嚴經)은 이곳 킨쇼오사의 승려 신쇼오(審祥)[7]에 의해 시작된 것이다.

나는 삼월당이 마음에 들어서 나라에 올 때마다 반드시 들르고 있다. 건물의 당(堂)도 일본의 국보로 되어 있으나 밖에서 보면 대단할 것이 없지만 당 안에 안치되어 있는 불상은 모두 훌륭한 것으로 나라현 역사

삼월당

학회에서 펴낸 『나라현의 역사 산보』(상)에 다음과 같이 소개되어 있다.

　당 안의 불상은 거의 전부가 국보인 텐표오불(天平佛)로서 크게 나누면 건칠상(乾漆像)과 소상(塑像)으로 나눌 수 있다. 건칠상의 대표는 본존인 불공견삭관음상(不空羂索觀音像)이다. 이 불상은 광배(光背)와 보관(寶冠)에 이르기까지 만들 당시의 모습이 거의 보존되어 있다. 보관은 은으로 만든 것으로 수많은 보석이 박혀 있고 정면에는 은으로 된 아미타여래(阿彌陀如來)가 부착되어 있다. 불상은 3.62m 정도로 3개의 눈과 8개의 팔이 있고 대단한 구제능력을 갖고 있다는 불공견삭관음에 잘 어울리는 모습이다. 그 외의 건칠상은 범천(梵天)·제석천(帝釋天)·인왕(仁王)·사천왕(四天王)으로 모두 텐표오(729~749년)시대를 대표하는 불상이다.

　소상으로서 대표적인 불상에는 일광보살상(日光菩薩像)·월광보살상(月光菩薩像)·집금강신상(執金剛神像)이 있다. 일광·월광상은 화산재 성분인 점토로 만들어져 부드러운 흙과 무심(無心), 즉 마음을 비우고 두 손을 모은 모습이 잘 조화되어 있다. 집금강신상은 비불(秘佛；일반에 공개하지 않는

불상)로 매년 12월 16일 킨쇼오사 최초의 승려 9인 중의 한 사람인 로오벤
(良弁)의 기일(忌日)에만 공개되고 있다.

삼월당에 있는 불상 중에서 특히 내 마음에 든 불상은 본존의 우협시
(右脇侍)로 놓여 있는 월광상(月光像)이다. 그 모습을 보고 있노라면 나
도 모르게 무심(無心)으로 정화되어 참인간이 되는 듯하다. 그런데 토
오다이사의 전신이었던 킨쇼오사에 관해서 우에다 마사아키 씨는 앞서
의 좌담회에서 다음과 같이 말하고 있다.

삼월당의 본존인 불공견삭관음상

삼월당의 월광보살상

토오다이사 최초의 별당(別當 : 절의 총책임자)은 '백제의 학생(學生 : 학문승)'이라고 전해지는 로오벤입니다만 로오벤의 스승은 아시다시피 백제 승 의연(義淵)입니다. 의연은 백제 제6대 성명왕(聖明王)의 후예인 이치키씨(市往氏)입니다.…… 토오다이사는 화엄종(華嚴宗)입니다만 비로사나불은 화엄의 가르침의 본존(本尊), 교주(敎主)입니다. 이 화엄종이 일본에서 크게 전파되는 데 역할을 한 사람이 신라의 학문승으로 당(唐)나라로 들어간 신쇼오(審祥)입니다. 로오벤과도 친교가 깊었으며 당시 화엄경의 스승으로서는 제일인자입니다.……

토오다이사는 동쪽[東]의 큰절[大寺]이라는 뜻으로 원래는 쿄오(京·수도) 밖의 산방(山房)입니다. 토오다이사의 전신인 킨쇼오사에 로오벤을 비롯한 승려들이 살았던 것입니다만 로오벤이 화엄경을 배울 당시에 화엄경의 제일인자로 추정되는 사람은 신쇼오이고 실제로 신쇼오는 텐표오 8년(737)에 로오벤의 부탁으로 화엄경을 가르치고 있으며 텐표오 12년(741) 10월에는 킨쇼오사에서 화엄경을 강의하고 있습니다. 그리고 텐표오 16년(745)부터 3년 동안에 화엄경 60권을 강의하는 등 큰 역할을 하였습니다. 토오쇼오다이사(唐招堤寺)를 창건한 당나라 승 간진(鑑眞)[8] 화상이 중국으로부터 여러 가지를 전한 것으로 유명하지만 신쇼오가 가지고 온 경권(經卷) 역시 대단한 것으로 지금까지 알려진 것만 해도 571권이나 됩니다. 그리고 토오다이사의 전신은 조금 전에 말한 대로 킨쇼오사이기 때문에 예를 들어 신쇼오와 토오다이사라고 하는 문제를 규명해 가면 더욱 많은 다양한 문제가 나올 것으로 생각합니다.

신쇼오가 중국에서 가지고 왔다는 571권의 경권은 당시로서는 실로 놀라운 것임에 틀림없다. 앞서의 좌담회에서는 우에다 씨에 이어서 오오사카 시립미술관장 오카자키 죠오지(岡崎讓治) 씨도 신쇼오와 화엄경에 관해서 다음과 같이 말하고 있다.

신라승 신쇼오는 로오벤의 부탁으로 자주 화엄경을 가르쳤습니다만 그 화엄경은 새롭게 번역한 것이었다고 합니다. 즉 당시로서는 가장 진보적인 강의였던 것입니다. 그러나 이 경(經)은 석가가 보살에게 가르쳤다는 가장 어려운 경으로 좀처럼 그 이치를 이해한다는 것은 어려운 일인데 그것을 신쇼오가 가르쳤다는 사실이 우선 대단하고 그 가르침을 로오벤이 이해했다는 사실에도 토오다이사 건립의 저변을 흐르고 있는 크나큰 요소가 있었던 것으로 생각됩니다.……

　화엄경은 사법계(事法界)·이법계(理法界)·사리무애법계(事理無礙法界)·사사무애법계(事事無礙法界)의 4개의 법계를 세우는 것이라 합니다. 사법계는 유물론적인 것이고 이법계는 유심론(唯心論)적인 것이며 사리무애계는 물(物)과 심(心)이 서로 무관한 것이 아니라는 것이지만 화엄경에서는 독자적 사고방법인 무애계(無礙界)라는 것이 있습니다. 물(物)과 물(物)을 개별적인 것으로 생각하기 쉬우나 원래는 개별적인 것이 아니고 개별적인 것이 합쳐지면 그곳에 하나의 것이 영위되어 간다는 것입니다. 그러한 것이 중중무진(重重無盡)으로 연결된다고 합니다.

　화엄경은 너무나 어려운 내용으로 현대에서 말하는 '유물론'과 '유심론' 뿐만 아니라 '변증법(辨證法)'이라고 해야 좋을 법한 내용까지 담겨 있는 것 같다. 텐표오시대에 이같은 화엄경을 자유롭게 구사하고 있었다는 신라승 신쇼오와 백제승 의연 스님의 제자 로오벤이라는 분은 대단히 뛰어난 인물이었음에 틀림없다.

　여담으로 나는 전에 나라시대의 민중불교자(民衆佛敎者) 교오키의 생애를 기록풍으로 담은 장편 『쿄오키의 시대』(아사히신문사 출판)를 펴낸 적이 있다. 그때 처음으로 불교라는 것에 관해서 조금 공부하게 되었는데 우선 놀랐던 것은 불교가 가진 복잡하고 깊이 있는 철학체계였다. 그것은 기독교의 철학체계에 결코 뒤지지 않는 것이었다. 예를 들면 교오키가 같은 백제계 도래인 출신의 도오쇼오(道昭)[9]에게서 배운 법상종(法相宗)의 중심 교의(敎義)는 '유식론(唯識論)'으로 이것은 프랑스의 철학자 데카르트의 "우리는 생각하기 위해 존재한다"는 사상보다 훨씬 앞선 것이었다. 안도오 쯔구오(安東次男)·카미쯔카사 카이운(上司海雲) 씨가 쓴 『토오다이사』에는 법상종과 화엄경에 관해 다음과 같이 씌어 있다.

로오벤이 스승에게 배운 가르침이 신라의 법상종과 연결되고 있다는 점에 큰 비중이 있다. 법상종은 중국 본토에서는 초조(初祖) 현장(玄奘, 600~664년) 이래로 약 70년간 번창했으나 그 뒤는 오히려 신라와 일본에서 그 교학(敎學)이 발전한 종파이다. 이 법상종의 중요한 소의경전(所依經典)의 하나가 실은 화엄경이다. 특히 신라에서는 토지 고유의 산악신앙과 어우러져 법상·화엄 양종은 일체(一體)의 것으로 발달한 것을 알 수 있기 때문에 백제승 의연이 신라승 지봉(智鳳)에게서 배워 시작한 코오후쿠사(興福寺)의 법상종은 원래 화엄과 무관한 것이 아니었다.

위의 내용조차도 보통사람이 이해하기 어려운 것은 불교가 복잡하고 깊은 철학체계를 갖고 있기 때문인데 8세기 전반 당시 토오다이사의 전신인 킨쇼오사에서 이와 같이 어려운 철학체계가 강의되고 교육되었다는 사실은 나에게는 무척 감동적이었다.

카라쿠니신사

나는 토오다이사 경내에 있는 이월당, 삼월당을 뒤로 하고 서쪽의 선
상지로 내려와 대불전(大佛殿)으로 향했다. 가는 길에 종루(鐘樓) 등
볼 만한 것이 여러 가지 있었으나 나는 토오다이사 경내 지도에도 나와
있지 않는 카라쿠니(辛國)신사 앞에서 걸음을 멈추었다.

카라쿠니란 한자로 '韓國(일본음으로 카라쿠니)'이라고도 쓰는 토오
다이사의 지주신(地主神)이라고 한다. 이 신사는 신사라고는 하나 기념
품 가게 등과 마주하고 있는 작은 사당으로 나는 토오다이사에 올 때마
다 이곳에 들러서 지금도 독신가(篤信家)들이 달아놓은 가늘고 긴 제등
이 있고 아무도 살지 않는 이곳 사전까지 올라가 보고는 했다. 그곳에
서서 거의 직선으로 보이는 와카쿠사산(若草山) 정상에 있는 우구이스
즈카고분을 바라보는 것이 버릇처럼 되어 있었다.

카라쿠니신사는 토오다이사의 지주신이고 또한 주변에 카스가대사
(春日大社), 타무케야마 하치만궁(手向山八幡宮) 등의 큰 신사가 늘어
서 있는데도 지금은 조그만 사당처럼 되었으나 어쨌든 이곳은 고대의
나라(奈良)에서 대단히 중요한 존재였다.

왜냐하면 이곳이 나라가 수도로 되기 이전에 과연 어떠한 곳이었던
가를 알게 해주기 때문이다. 이른바 야마토 정권이 아스카의 수도 후지

원래 이름이 한국(韓國)이었던 카라쿠니신사

와라쿄오에서 헤이죠오쿄오로 천도한 때는 710년, 즉 8세기 초엽의 일로 그 이전에도 물론 사람이 살고는 있었다. 그렇다면 과연 그들은 어디에서 온 어떠한 사람들이었을까? 나카지마 리이치로(中島利一郎) 씨가 쓴 『일본지명학연구』의 「나라(奈良)」와 「카스가(春日)」에는 다음과 같이 씌어 있다.

　마쯔오카 시즈오(松岡靜雄) 씨는 『일본고어대사전』에 "나라(那良・那羅・奈良)는 야마토의 지명으로 옛 도시(舊都)로서 유명하다. 스진기(崇神紀)에 군병이 둔취(屯聚・집결)하여 초목을 밟아 다진 산을 나라산(那良山)이라고 불렀다는 기록은 믿기 어렵다. '나라'는 카라어(韓語・한국어)의 '나라'로 국가라는 뜻이기 때문에 상고(上古)에 이 땅을 점거했던 사람이 지은 이름일 것이다"라고 기술하여 나라가 한국어라는 설을 제공했다. 나 자신도 벌써부터 이 설을 취하고 있다.

한국어 '나라'는 국(國)·평야·궁전·왕의 4가지 뜻을 갖는다. 오늘날에는 궁전과 왕의 뜻은 한국인들에게조차 잊혀지고 있다. 나라(奈良)에 수도가 처음 세워진 때는 겐메이(元明)천황 때인 와도오년간(708~714년)이지만 그 이전의 헤이죠오(平城)의 땅에는 한국에서 건너온 도래인 부락이 있었다고 생각된다. 실제로 나라 시내에는 토오다이사의 지주신이라는 카라쿠니(韓國)신사가 있을 정도이다. 따라서 '나라'라는 지명은 처음부터 도래인에 의해 지어진 이름으로 생각된다.

그야말로 명쾌한 해설로 마쯔오카 씨는 계속해서 「카스가」에 다음과 같이 설명을 잇고 있다.

나라의 지명으로 가장 유명한 것은 카스가이다. 학생 여러분은 곧바로 견당사(遣唐使) 아베노오오미나카마로(阿倍朝臣仲麻呂)[10]의 노래인 "넓은 하늘을 멀리서 보니 그 옛날 카스가에 있는 미카사(三笠)의 산 위에 떠 있던 달과 똑같은 달이 나와 있네"를 연상할 것이다.……

나는 이 '카스가'를 '대부락(大部落)'의 뜻으로 해석하려고 한다. '카'는 '크다(大)'는 뜻으로 우랄·알타이어족에서는 '크다(大)'를 '카(可)'라고 했다. 징기스칸(成吉思汗)은 대제(大帝)라는 뜻이다. 일본어로 '연약하다'·'검다'를 나타내는 'か弱し(카요와시)'·'か黑し(카쿠로시)'의 접두어 '카(か)'는 '크다(大)'의 의미로 생각해도 좋다. '카스가'의 '카'도 그렇다고 생각한다. '스가'는 고대 한국어의 '스구리(村主)'·'스구리님(村主)'으로 다시 말하면 부락(部落·村)을 가리키는 말이다. 따라서 나는 이 '카스가'를 대부락, 즉 '대촌(大村)'·'대읍(大邑)'의 뜻으로 생각하고 싶다. 물론 나는 이미 카스가산 밑에 한국에서 건너온 도래인 부락이 존재했다는 것을 염두에 둔 것이다.

생각해 보면 지금까지 살펴보았던 야마토 각지에 도래인들의 흔적이 남아 있기 때문에 어쩌면 당연한 것일지 모른다. 요컨대 이곳 나라 지역에는 예부터 고대 한반도에서 건너온 도래인의 마을이 있었던 것이다. 그들이 마쯔오카 씨의 '상고에 이 땅을 점거했던 사람들'이다. 또한 마쯔모토 세이쵸오(松本淸張)[11] 씨가 「야마토의 조상」에 기술했던 "이른바 천손(天孫) 민족이 한국에서 대거 키나이로 건너오기 전까지는 소수의 도래인들이 여러 차례에 걸쳐 일본으로 건너와 각지에 집단을 이루고 살았다"는 것이다. 그러나 상고(上古)의 그 사람들은 나중에 새롭게 도래한 집단이 야마토분지를 점거했기 때문에 먼저 한국에서 도래한 그들은 쫓겨나게 된 것이다. 이 경우 '상고'가 어느 때인가는 확실하지 않으나 예를 들어 4세기에서 5세기 초엽에 축조되었다는 와카쿠사산 꼭대기에 있는 우구이스즈카고분은 당시 그 주변에 살고 있

카라쿠니신사에서 본 대불전 동면

던 사람들의 수장이 묻힌 것이라고 나는 생각하고 있다. 그리고 지금은 토오다이사의 지주신이 되어 있는 카라쿠니(辛國), 즉 카라쿠니(韓國)신사도 원래는 그들의 수장이 묻힌 고분의 배소(拜所), 조신묘(祖神廟)로서 만들어졌을 것이다.

고분과 신궁·신사가 어떠한 관계에 있었는가 하는 것은 뒤에서 다시 다루기로 하겠으나 와카쿠사산 바로 밑 토오다이사 경내에 있는 카라쿠니신사는 지금은 비록 작은 사당에 불과하지만 현재도 토오다이사의 지주신으로 되어 있다는 사실에서 알 수 있듯이 원래는 훗날 만들어진 카스가대사(春日大社)보다도 훨씬 대단한 존재였음에 틀림없다.

나는 카라쿠니신사 앞에 서면 언제나 많은 것이 머리에 떠올랐다. 제일 먼저 머리에 떠오른 것은 고대에서 신사와 신궁은 공동체에 의한 작은 독립국과 같은 존재였다는 사실이다. 타카야나기 미쯔토시(高柳光壽) 씨가 "중세(中世)의 신사는 독립국이었다"라고 어디엔가 기술한 것을 본 적이 있으나 고대에도 그와 같았음에 틀림없다. '제정일치(祭政一致)'라는 말이 있듯이 고대에는 신사와 신궁의 제사권을 가진 사람이 정권도 쥐고 있었다. 물론 독립국이라고 해도 지금과 같은 성격이 아니라 신궁과 신사를 중심으로 한 공동체를 의미하는 것이다. 그러므로 나카지마 리이치로 씨가 말하는 '한국에서 도래한 사람의 부락'이 모여 있다는 뜻의 '촌국(村國)'이라 부르는 편이 좋을 것 같다. 그 촌국을 만든 사람들이 이 땅을 '나라'라 부르고 조상신을 모셔 그곳을 카라쿠니신사(韓國神社, 神祉는 원래 神樣의 뜻으로 '신님'이라는 뜻)라고 부른 것이다.

그렇지만 8세기가 되면 야마토 남쪽 타케치군(高市郡)에 있던 수도 후지와라쿄오가 나라의 헤이죠오쿄오로 옮겨지게 된다. 그리고 이 땅에 토오다이사라는 거대한 가람이 만들어지게 되자 그들 대부분은 쫓겨나게 된다. 또한 카라쿠니신사도 오늘날과 같이 작은 사당이 되고 그이름마저도 '韓國'에서 '辛國'으로 바뀌게 되는 것이다.

칸고정의 칸고신사

토오다이사에서 조금 올라간 나라역 부근의 칸고정(漢國町)에도 카라쿠니신사와 밀접한 관계에 있다고 생각되는 칸고(漢國)신사가 있다. 『만엽집』 등에는 '漢(한)'을 '카라(韓)'로도 읽기 때문에 이곳도 처음에는 카라쿠니(漢國)신사였을 것으로 추정된다. 이마이 케이이치(今井啓一) 씨의 『귀화인과 사사(社寺)』에는 다음과 같이 씌어 있다.

924년의 『엔기식』에 기록된 궁중삼육좌(宮中三六座) 중에 궁내성좌신삼좌(宮內省坐神三座)의 카라카미2좌(韓神二座)와 나라시 칸고정에 있는 옛 현사(縣社) 칸고신사의 제신 중에 있는 '카라카미(韓神)'도 한국에서 유래한 것인지도 모르겠다. 더욱이 『고사기』에는 곡물을 수호하는 오오토시노카미(大年神)의 아들 중에 카라카미가 있다고 기록되어 있다. '카라카미'는 오오나무치(大己貴)·스쿠나히코(少名彦)의 두 신으로 역병(疫病)을 지키는 신으로도 알려져 있다.

이 칸고신사도 지금은 3면이 주택으로 둘러싸여 입구도 잘 알 수 없게 되고 말았으나 안으로 들어가면 생각보다 넓은 경내를 가지고 있다. 신사의 사무소에서 받은 『칸고신사약기(漢國神社略記)』에 따르면 이곳의 제신은 다음과 같다.

쿠니카미(國神)　오오모노누시노미코토(大物主命)
카라카미(韓神)　오오나무치노미코토(大己貴命)
　　　　　　　　스쿠나히코노미코토(少名彦命)[12]

오오모노누시노미코토가 오오나무치노미코토, 즉 오오쿠니누시노미코토(大國主命)의 다른 이름인데도 신을 둘로 나누어서 '쿠니카미'로 구별한 이유는 무엇일까? 제신이 모두 한국의 신[韓神]이 되는 것을 피하기 위해서인지는 모르겠으나 그러한 이유로 어떤 신사처럼 제신 그 자체를 바꾸지 않은 것만도 다행이다.

토오다이사 대불전

카라쿠니신사 바로. 앞에 토오다이사 대불전이 위치하고 있다. 지금도 세계 최대의 목조 건물로 알려진 이 장대한 불전을 향해서 정문으로 들어가 '나라의 대불(大佛)'로 유명한 토오다이사의 본존인 거대한 비로사나불상으로 향하면 제일 먼저 눈에 띄는 것이 대불전 앞에 있는 팔각석등〔八角燈籠〕이다. 나라현 역사학회에서 펴낸 『나라현의 역사 산보』(상)에는 석등과 대불전 및 불상에 관해서 다음과 같이 씌어 있다.

팔각석등의 불 피우는 부분에 새겨진 음성보살

팔각석등 : 대불전 앞에 금동으로 만든 팔각등롱(국보)이 있다. 이것은 대불상의 주조를 전후해서 만들어진 것으로 생각된다. 몇 곳에 보수한 흔적이 보이

나 대개 텐표오시대의 모습을 전하고 있다. 불을 피우는 부분의 4면에는 음성보살(音聲菩薩)이 부조되어 있고 특히 서남방향에 있는 선상(扇像)은 훌륭하다.

대불전 : 현재의 대불전은 지쇼오(治承) · 에이로쿠(永祿) 때의 병화(兵火) 후에 에도시대 화엄종의 승려 코오케이(公慶)[19]가 중신이 되어 대권진(大勸進 ; 사원 건립 등을 위해 재물을 기부시키는 일)을 일으켜서 바쿠후(幕府 · 武家政府), 다이묘오(大名 ; 넓은 영지를 소유한 무사)와 일반 서민의 기증을 받아 고심 끝에 1709년에 완성한 것으로 전체 높이가 47.5m, 도리방향 즉 정면이 5칸(間), 보방향 즉 측면이 5칸이고 우진각지붕인 세계 최대의 목조 건축이다. 텐표오시대 당시의 대불전은 폭이 동서로 각 2칸씩 넓어서 지금의 1.5배나 되었다. 『시기산연기회권(信貴山緣起繪卷)』에 그 일부가 그려져 있어서 당시의 모습을 짐작할 수 있다. 에도시대에 재건된 대불전이 현재와 같이 축소된 것은 자금 부족 때문인 것으로 생각된다. 아마도 기부금을 모으는 데 대단히 고생한 것을 미루어 짐작할 수 있다. 대불전도 일본의 국보이다.

비로사나불 : 토오다이사 대불전의 본존. 비로사나는 화엄경에 의해 석가가 법신불로 나타난 것인데 이 불상은 금동으로 747년에서 749년 사이에 주조된 것이다. 그러나 지쇼오 · 에이로쿠 때 전화(戰禍)를 입어서 그후로 자주 보수되었다. 특히 머리 부분은 에도시대에 새롭게 주조된 것이다. 옷의 주름이나 대좌(臺座)의 일부분에 조립 당시의 것이 남아 있다(국보).

토오다이사의 본존인 대불전은 지금도 현존하는 세계 최대의 건물로 알려져 있으나 창건 당시의 규모는 지금의 1.5배에 이르렀다고 하니 놀라운 일이다. 당초 이 불전을 만든 사람들은 신라계 도래인 이나베노 모모요(猪名部百代)[14] 집단이며 비로사나불을 만든 사람은 백제계 도

비로사나불

쿠니나카노키미마로(國中
公麻呂)[15]였다.

앞에서 살펴본 것과 같이
토오다이사의 교의(敎義)인
화엄경을 신라로부터 도입
한 사람은 신라의 학문승
신쇼오와 백제계 학문승인
로오벤이었다. 또한 원래
비로사나불은 황금빛으로
빛나던 것으로 그 금(金)을
발견해서 갖고 온 사람은
당시에 무쯔(陸奧 ; 지금의
아오모리현과 이와테현 북
부) 지방의 수령이었던 케
이후쿠(敬福), 즉 쿠다라노
코니키시 케이후쿠(百濟王
敬福)[16]였다. 이같은 사실에
서 알 수 있듯이 토오다이
사는 신라계와 백제계 도래
인의 합작에 의한 것이었다
는 점이 흥미롭다.

호리우치 하루미네(堀內春峰)의 『토오다이사약연표(東大寺略年表)』
를 보면 쿠니나카노키미마로는 비로사나불이 주조되기 2년 전(745)부
터 '조불장관(造佛長官)'에 임명되었다고 한다. 그는 660년 백제의 멸
망으로 일본으로 건너온 쿠니노코쯔후(國骨富)의 후손이었다. 그들은
야마토 카쯔라기(葛城)의 오시미군(忍海郡) 지역에 거주했다고 한다.
그곳에 있었던 지코오사(地光寺)터 부근에서는 철부스러기(鐵滓)와 풀

무의 파편 등이 출토되어 그들이 일찍부터 철기를 생산했던 집단이었다는 사실이 알려져 있다. 요시다 토오고의 『대일본지명사서』와 『속일본기』에는 쿠니나카노키미마로에 관하여 다음과 같이 씌어 있다.

『화명초』에 오시미군 나카무라향(中村鄕)이라고 기록되어 있다. 지금의 오시미촌(忍海村) 오오아자(大字) 오시미(忍海)이다. 『속일본기』에 카쯔게군(葛下郡) 쿠니나카촌(國中村)이라 기록된 것도 같다. 호오키(寶龜) 5년 (774)에 쿠니나카노키미마로는 죽었다. 원래 백제국 사람이다. 텐표오시대에 쇼오무(聖武)천황이 홍원〔弘願 ; 널리 중생을 제도해서 불과(佛果)를 얻게하는 일〕을 발(發)해서 로사나(盧舍那)의 동상(銅像)을 만들게 했다. 그 길이가 5장(丈)이나 되어 당시의 주공(鑄工)들이 감히 나서는 사람이 없었다. 키미마로는 매우 재주가 뛰어나 결국 불상을 완성했다. 그 공로로 4위(四位) 벼슬을 받게 되고 관조동대사차관(官造東大寺次官) 겸 타지마국(但馬國) 원외(員外)의 스케(介 · 차관)에까지 이르렀다. 호오지(寶字) 2년에 야마토국 (大和國) 카쯔게군(葛下郡) 쿠니나카촌에 살았으므로 지명을 따서 씨(氏)를 명받았다.

이 카쯔게군은 훗날 오시미군과 함께 키타카쯔라기군(北葛城郡), 즉 지금의 야마토타카다시(大和高田市)가 된 곳으로 쿠니나카(國中)는 문자 그대로 야마토국의 중심이었던 곳이다.

이곳에는 죠메이(舒明) · 코오교쿠천황 시대에 쿠다라대궁(百濟大宮)과 쿠다라대사(百濟大寺) 등이 있어서 '쿠다라노(百濟野)'라고도 불렸던 곳으로 『만엽집』의 야마베노아카히토(山部赤人)[17]의 노래 "백제벌〔百濟野〕싸리의 오래된 가지에 봄 기다리는 휘파람새 우는가"도 쿠니나카의 봄을 노래한 것이었다.

또한 "텐표오시대에 쇼오무천황이 홍원을 발해서"라고 했으나 어째서 쇼오무천황이 그러한 홍원을 발하게 되었는가 하면 천황이 카와치에 있던 카와치국 6개의 큰절 중의 하나이며 신라계 도래인의 절로 알려진 치시키사(知識寺)에 있던 비로사나불에 대해서 알게 되었기 때문이라고 전한다. 그곳은 현재 지명이 타이헤이지(太平寺)로 되어 있고 그곳에 있는 이와(石)신사의 경내에 옛 치시키사의 초석이 남아 있다.

1988년 3월 20일자 마이니치신문은 "나라 토오다이사/대불 주조 유물 출토/구리 7.6톤을 부었다는 목간(木簡)/용해로(溶解爐) 단편과 동괴(銅塊)도"라는 머릿기사로 거대한 비로사나불상을 주조했던 유물이 발견되었다고 1면 첫머리에 다음과 같이 보도했다.

나라시 조오시정(雜司町)에 있는 토오다이사 대불전의 서쪽 회랑(回廊) 근처를 조사하고 있던 나라현립 카시하라 고고학연구소는 19일, 나라시대에 대불상을 주조할 당시 구리를 녹였던 용해로의 단편과 용해 도중에 사고로 식어 딱딱해진 구리덩어리[銅塊] 및 조정에 청구한 구리의 양이 적힌 목

대불을 주조할 때의 모습을 전하는 목간과 동괴·용철로의 단편 등이 대량으로 발견된 발굴 현장. 왼쪽은 토오다이사 대불전

간 등이 대량으로 출토되었다고 발표했다. 고대 국가의 총력을 결집시켜서 세계 최대의 대불상을 주조해 낸 대역사가 당시의 유물에 의해 생생하게 밝혀지는 발견이다.

토오다이사 부근에는 코오후쿠사(興福寺)와 카스가대사, 타무케야마(手向山)신사 등 직접 가서 보고 쓰고 싶은 곳이 많이 있다. 예를 들어 유명한 정창원(正倉院 · 쇼오소오인)[18]에 소장되어 있는 보물 중에는 신라로부터 직접 전해진 귀한 물건도 있는데 이소노카미 에이이치(石上英一)의 「고대사와 사료(史料)」에는 다음과 같이 씌어 있다.

　게다가 정창원에는 조선의 문서도 있다. 그 하나는 노무라 타다오(野村忠夫)의 「정창원에서 발견된 신라의 민정(民政)문서」에 소개된 이른바 '신라촌락문서(新羅村落文書)'이다. 이것은 신라에서 전해진 화엄경론(華嚴經論)의 책갑(冊匣 ; 책을 넣는 상자)으로 사용되고 있었다. 두 번째 문서는 정창원 사무소에서 펴낸 『정창원의 금공(金工)』에 소개된 '사하리가반부속문서(佐波理加盤附屬文書)'〔사하리(佐波理)는 구리와 주석, 납의 합금〕이다. 스즈키 야스타미(鈴木靖民) 씨에 의하면 이 책은 신라의 조세와 봉록에 관한 공문서로 신라에서 오는 배에 실렸던 가반(加盤 ; 합금쇠로 만든 겹그릇)에 딸려 온 것으로 지적되고 있다.

이러한 문서 등을 포함한 정창원 소장 보물은 우리들이 그곳에 가서 직접 볼 수는 없다. 그러나 매년 가을에 나라 국립박물관에서 그 일부를 전시하는 '정창원전(正倉院展)'이 열리고 있다. 어느 해 가을인가 나는 그 전시회에 나와 있던 문서 중에 '텐표오 17년 4월 21일(天平十七年四月二十一日)/종7위행소록한국연대촌(從七位行少錄韓國連大村)'과 '무사시노모리코마노아손후쿠신(武藏守巨万朝臣福信)' 등의 서명이 있는 것을 보고 왠지 반갑다는 느낌이 들었다.

'카라쿠니노무라지(韓國連)'란 한국에서 도래한 씨족을 가리키는 것이고 '코마노아손(巨万朝臣)'의 '코마(巨万)'는 '코마(高麗의 일본음, 고구려를 가리킴)'를 일컫는 것으로 후쿠신(福信)이라는 사람은 지금의 사이타마현(埼玉縣)에 해당하는 아즈마국(東國) 무사시(武藏)의 수령〔守〕을 지낸 사람으로 고구려계 도래인 출신이었을 것이다. 이와 같은 사실을 알게 된 것은 나카지마 리이치로 씨의 『일본지명학연구』를 통해서인데 그 책에는 다음과 같은 내용이 씌어 있었다.

쇼오무천황이 총애하는 신하에…… 코마노아손후쿠신(巨万朝臣福信)[19]이 있었다. 오늘날의 정창원 보물은 쇼오무천황의 유품을 토오다이사의 대불에게 기증한 것이지만 『토오다이사헌물장(東大寺獻物帳)』의 책 끝에 대표자의 자필서명이 되어 있어서 거기에 코마노아손후쿠신이라는 이름이 남아 있다. 이같은 사실로 그가 당시 조정에서 얼마나 중요한 지위에 있었는가를 짐작할 수 있다.

위에 든 고문서 이외에도 역시 텐표오시대의 것으로 『정창원의 금공(金工)』에 소개된 금속제품도 최근에 새롭게 발견되고 있다. 1992년 8월 28일자 요미우리신문을 보면 "심지 자르는 가위 복원/칼끝이 발견되어 용도 판명/정창원"이라는 머릿기사로 사진과 함께 다음과 같은 기사가 실려 있었다.

나라 정창원에 있는 보물 중의 하나로 등(燈)심지를 자르는 데 사용되었다고 생각되는 금동제 가위의 소실되었던 칼 끝부분의 부품이 28일까지의 조사로 발견되었다. 정창원에 소장된 것과 똑같은 가위가 옛 신라의 수도 한국의 경주시에서도 출토되어 정창원 보물의 뿌리가 한반도에 있었다는 사실을 뒷받침하게 되었다.……
궁내청(宮內廳) 정창원 사무소가 정창원에 소장된 금속제품 중에서 그 용

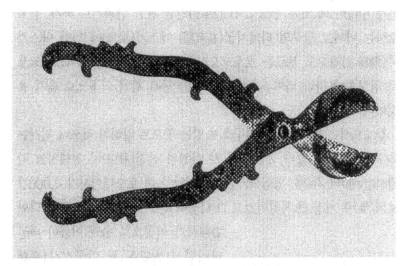

제작 당시의 모습으로 복원된 가위

도를 알 수 없는 반원형으로 굽은 직경 약 4cm, 높이 약 1.2cm의 동판 2개를 발견해서 가위와 맞추어 보니 납땜한 흔적이 일치해서 금동제 가위의 일부로 확인되었다. 이 가위는 전체적인 모양이 장식적이고 칼날도 날카롭지 않은 것으로 보아 의식용으로 생각되고 있었는데 최근 경주시에 있는 신라시대 궁원지(宮苑池) 유적 안압지에서 금동으로 만든 똑같은 가위가 출토되었다. 양쪽 칼에 반원형의 부품이 붙어 있어서 칼을 접으면 원통형이 되는 구조를 갖고 있었다. 심지는 등유를 적셔 불을 붙여서 조명으로 사용되었으나 불꽃을 유지하기 위해서 가끔 심지를 자를 필요가 있었다. 가위의 칼날 양면에 부착된 부품은 자른 심지가 떨어지지 않도록 하기 위한 것으로 판명되었다. 정창원의 가위도 같은 용도로 사용되었을 것이다.

위의 내용만으로도 당시의 야마토·나라 조정이 신라 혹은 한반도와 어떠한 관계에 있었는가를 잘 알 수 있다. 토오다이사를 살펴보는 것은 끝이 없으므로 마지막으로 토오다이사에서 가까운 나라시 나카

인정(中院町)에 있는 간고오사(元興寺)만을 잠깐 살피기로 하자. 간고오사는 야마토 남부의 타케치군(高市郡) 아스카(飛鳥)에 있던 아스카사(飛鳥寺)라고도 부르는 호오코오사(法興寺)가 수도를 헤이죠오쿄오로 천도함에 따라 다이칸대사(大官大寺) 등과 함께 이곳으로 옮겨 온 것이다.

간고오사는 현재 문화재연구소가 있는 곳으로 알려져 있으나 원래는 유수의 대가람이었다. 749년에 각 사원의 간전(墾田)이 정해지고 각 대사(大寺)의 격(格·등급)을 정하게 되었을 때 토오다이사가 4,000정보(町步)로 가장 큰 사원이었고 그 다음이 간고오사의 2,000정보, 다이칸대사가 이곳으로 옮겨 이름이 바뀐 다이안사(大安寺)와 야쿠시사(藥師寺)·코오후쿠사(興福寺)가 1,000정보, 호오류우사(法隆寺)와 시텐노오사(四天王寺)는 각각 500정보였다.

다시 말하면 당시의 간고오사는 호오류우사나 시텐노오사보다도 훨씬 높은 지위에 있었다는 것이다. 물론 지금은 다이안사를 제외한 다른 하위의 사원보다도 초라한 사원이 되고 말았으나 간고오사에도 국보인 오중소탑(五重小塔)과 일본의 중요문화재로 지정된 불상 등이 남아 있다. 그중에서도 압권은 역시 일본의 국보로 지정된 극락당(極樂堂·고쿠라쿠도오)의 기와지붕이다. 간고오사 사무소에서 받은 『간고오사―극락방(極樂坊)』에는 다음과 같이 씌어 있었다.

국보인 간고오사의 오중소탑

국보인 극락당(왼쪽)과 선실(오른쪽)

소가노우마코(蘇我馬子)는 그의 생질에 해당하는 스슌(崇峻)천황이 즉위
한 것을 기화로 588년 타케치군 아스카에 최초로 정식 불사(佛寺)의 건립
에 착수했습니다. 그 절이 간고오사의 전신인 호오코오사로 지명을 따서 아
스카사라고도 불리는 절입니다. 백제의 국왕은 일본 최초의 사원 건립을 돕
기 위해 불사리를 보낸 것을 시작으로 기술자 및 화공들을 보내왔습니다.
그 당시 기와기술자(瓦博士)가 만든 일본 최초의 기와는 그후 현재 위치로
이전될 때 같이 옮겨 와서 현재의 본당과 선실(禪室)의 지붕에도 수천 장이
사용되었습니다. 특히 수키와(丸瓦)를 덮는 방법은 교오키부키(行基葺)라
해서 유명합니다.

호오코오사가 착공된 때는 588년으로 지금으로부터 약 1,400년 전
의 일이다. 당시 백제에서 건너온 기술자가 만든 기와가 지금도 간고오
사의 지붕에 남아 있는 것이다. 나는 간고오사 지붕의 기와를 바라보며
감개무량에 젖고는 한다.

‖ 역주 ‖

1) 시바 료오타로오(1923~1996년) : 오오사카에서 태어나 신문기자를 거쳐 나오키상(直木賞) 등을 수상한 일본의 대표적인 지성이며 웅대한 구상과 해박한 역사 지식을 바탕으로『료오마(龍馬)가 간다』등의 많은 작품을 남긴 소설가.

2) 야마무라씨족 : 백제계 도래 씨족으로 씨명은 도래 후에 정착한 야마토국 소오노카미군(添上郡) 야마무라향(山村鄕, 현재의 나라시 오비토케모토정 부근)에서 온 말이다.

3) 야마토 삼대문(三大門) : 헤이안쿄오(平安京) 외곽에 있었던 3개의 대문. 라쇼오몬(羅生門), 스자쿠몬(朱雀門), 오오텐몬(應天門)의 총칭.

4) 분치나이신노오(1619~1697년) : 고미즈노오(後水尾)천황의 장녀로 1631년 남편과 헤어진 뒤 출가해서 1640년에 엔쇼오사를 세우게 되었다고 한다. 나이신노오(內親王)는 천황의 자매 또는 공주를 가리키며 신노오(親王)는 천황의 형제나 황태자를 가리키는 말.

5) 군과 군사 : 군(郡)은 고대에 있어서 국(國, 쿠니) 밑에 있었던 구획명이며 군사(郡司, 군지)는 율령제(律令制)에서 국사(國司, 코쿠시) 밑에 있었던 군(郡)을 다스리던 지방관을 가리킴.

6) 세이 쇼오나곤 : 헤이안시대 중기의 여류 문학가로 학자의 집안에서 태어나 아버지의 지도로 어려서부터 학문에 뛰어났다고 한다.『枕草子』등의 훌륭한 작품을 남겼으나 만년에는 비구니가 되었다고 함.

7) 신쇼오 : 나라시대의 승려로 신라 학생(新羅學生)이며 다이안사(大安寺)의 승려. 당나라에서 화엄(華嚴)을 배워 와서 로오벤 등에게 화엄경을 가르쳤다고 함.

8) 간진(688~763년) : 당나라의 승려로 753년 일본에 도래해서 일본 율종(律宗)의 시조가 됨. 또한 토오쇼오다이사(唐招提寺)의 전신인 쇼오다이사(招提寺)를 세우는 등 일본 불교계에 지대한 공헌을 하였으며 불상과 건축 등 일본 문화사상에도 주목할 만한 역할을 했다고 함.

9) 도오쇼오(629~700년) : 7세기 후반 법상종(法相宗)의 승려로 653년 당나라에 들어가 현장삼장(玄奘三藏)을 스승으로 모시고 학문을 배운 뒤 660년 귀국해서 많은 사람에게 불법을 가르쳤다고 함.

10) 아베노오오미나카마로(아베노아손나카마로, 698~770년) : 나라시대의 견당유학생으로 당나라에 들어가 관료가 된 인물. 753년 간진을 만나 일본으로 갈 것을 부탁하고 자신도 귀국하려 했으나 해상에서 조난을 당해 다시 당나라로 돌아와 이백·

왕유(王維) 등의 문인과 교류한 문인적 관료. 인용한 노래는 일본으로 귀국하려고 할 때 지은 것이라고 함.

11) 마쯔모토 세이쵸오(1909~1993년) : 소설가로 본명은 키요하루(清張). 고등학교 졸업 후 인쇄공장에 근무하면서 독학으로 아사히신문에 입사, 『어떤 小倉日記傳』으로 아쿠다가와상(芥川賞) 수상. 추리소설가로 대성해서 수많은 작품을 남김.

12) 스쿠나히코노미코토 : 일본신화에 나오는 신으로 오오쿠니누시노미코토를 도와 국토를 만들었다고 하며 곡령(穀靈)·주조(酒造)의 신으로도 알려져 있다.

13) 코오케이(1648~1705년) : 에도시대 중기 화엄종의 승려로 1660년 토오다이사에 들어와 1683년 대권진을 일으켜 사원을 재건하고자 힘썼으나 1705년에 완성을 앞에 두고 눈을 감았다고 한다.

14) 이나베노모모요 : 나라시대 토오다이사 대불을 만드는 데 참가한 신라계 도래인 기술자로 767년 외종오위하(外從五位下)의 서위(敍位)를 받았다.

15) 쿠니나카노키미마로(?~774년) : 663년 백제의 멸망으로 일본에 온 백제의 관등 제4위에 해당하는 덕솔(德率)의 벼슬을 지낸 도래인 쿠니노코쯔후(國骨富, 코쿠코쯔후라고도 함)의 자손. 나라시대의 불사(佛師)로 토오다이사 대불을 만드는 데 공이 커서 벼슬을 받아 767년 종사위하(從四位下)에 이르렀다.

16) 쿠다라노코니키시 케이후쿠(698~766년) : 흔히 쿠다라노케이후쿠(百濟敬福)라고 함. 나라시대의 관료로 일본 동북(東北) 지방의 경영에 활약. 비로사나불 건립에 무쯔(陸奧)의 수령으로서 황금을 헌상한 것으로 유명하다. 또한 유게사(弓削寺)에서 본국 백제춤을 춘 일도 유명하다.

17) 야마베노아카히토 : 나라시대의 가인(歌人)으로 724~741년 무렵의 노래 약 50수를 『만엽집』에 남겼다. 카키노모토노히토마로와 함께 와카(和歌)의 선(仙)으로 추앙되고 있음. 궁정가인으로 천황이 행차할 때 자연미를 찬양한 노래가 특히 훌륭하다.

18) 정창원(쇼오소오인) : 나라 토오다이사 경내에 있는 보물전으로 못을 사용하지 않고 아제쿠라(校倉)라고 불리는 삼각목재를 사용해서 쌓아 만든 8세기의 건축물. 원래는 토오다이사에 부속된 창고였으며, 세이무(成務)천황의 유품을 위주로 사가(嵯峨)천황까지의 유물이 수천 점 소장되어 있다. 모두 나라시대의 문화를 간직한 귀중한 미술 공예품으로 현재는 일본 국유재산으로 궁내청 서능부(書陵部)가 관리하고 있다. 한국계 유물이 많은 것으로도 유명하다.

19) 코마노아손후쿠신(709~789년) : 타카쿠라노후쿠신(高倉福信)이라고도 하는 나라시대 후기의 관료. 고구려계 도래인의 자손으로 무사시국(武藏國) 코마군(高麗郡) 사람.

제 **5** 부

나라현의
한국문화 유적 Ⅰ

◆◆◆◆◆◆◆◆◆◆◆◆◆◆◆◆

이코마군·야마토 코오리야마 주변

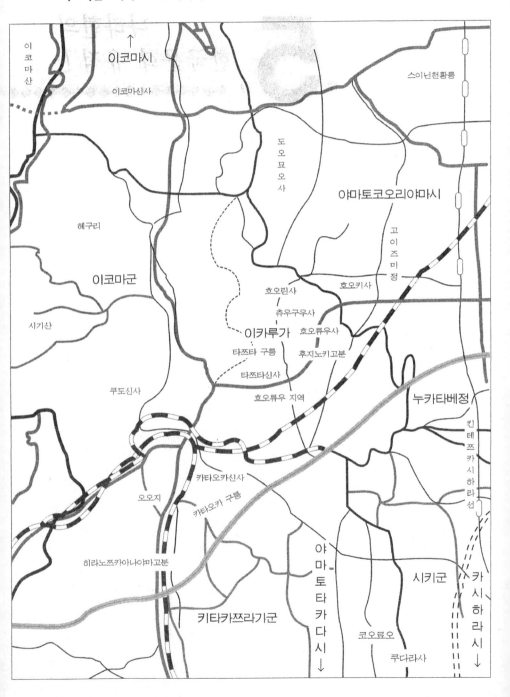

쿠마고리사의 옛 신라기와

일본의 옛 수도 나라시 지역을 살펴보고 있으나 이번에는 사쿠라이 시, 텐리시, 나라시를 제외한 나라현 내에 있는 한국문화 유적을 살펴 보기로 하자. 먼저 나라시 서쪽에 위치한 나라현 야마토코오리야마시 (大和郡山市)와 나라현 이코마시(生駒市)를 살펴보자. 오오사카시 텐 노오지(天王寺, 지명)에서 기차를 타고 나라현 북부의 야마토코오리야 마역에서 내렸다. 이곳은 처음 방문하는 곳이다. 나는 역을 빠져 나와 교육위원회가 있을 법한 시청의 위치를 확인하고는 약 2분 정도 떨어 진 시청을 향해 걷고 있었다. 그때 제일 먼저 내 눈에 들어온 것이 역 왼쪽에 보이는 메타(賣太)신사라고 쓴 큰 간판이었다. '메타'라고 읽 은 것은 내 추측일 정도로 내가 야마토코오리야마시에 관해서 알고 있 는 것이라고는 한두 개의 고대 자료와 마쯔모토 세이쵸오(松本淸張) 씨가 「야마토의 조상〔祖先〕」에 쓴 다음과 같은 내용뿐이었다.

코오리야마시(郡山市)는 야마토 평야 거의 중앙에 있다. 이곳은 "유채꽃 속에 성(城)이 있는 코오리야마"라는 바쇼오(芭蕉)의 구(句)와 금붕어의 산 지로 유명하나 코오리야마의 '코오리(郡)' 역시 한국어의 '코호리(評)'에 서 온 것이다. '評'은 타이카(大化) 이전에 '郡'을 호칭하는 말이었다. 고대 한국어에서 '코'는 '크다(大)'는 뜻이고 '호리'는 '후레'와 같은 음인 '무라 (村·촌)'라는 뜻이다. '후레'가 '무레(牟禮)'가 되고 다시 '村'의 일본음 '무라'로 되었다는 것이 정설인 듯하다.

앞서 언급한 내가 알고 있는 한두 개의 고대 자료의 하나는 나라현립 카시하라 고고학연구소 설립 50주년 기념 『발굴·야마토의 고분전』 (도록)의 「야마토의 후기 고분」에 나오는 드리개딸린 귀걸이[垂飾付耳 飾]가 출토된 나라현 코오리야마시 센니치정(千日町)에 위치한 와리즈 카(割塚)고분이다. 그리고 두 번째 자료는 1991년 10월 26일자 나라 신문에 나온 "가까이에 환상 속의 하쿠호오사원(白鳳寺院)/고신라계 (古新羅系) 기와와 주혈(柱穴) 등이 출토"라는 머릿기사였다. 두 번째 신문기사를 먼저 보면 코오리야마에만 한정된 내용은 아니었으나 다음 과 같이 씌어 있었다. 조금 길지만 '고신라계'라는 것이 흥미롭기 때문 에 전문을 인용하겠다.

도래계 씨족이 관련 된 하쿠호오사원의 존재를 엿보게 하는 막새

뵤오도오보오(平等坊)·이와무로(岩室) 유적의 발굴조사에서는 고대 한국의 신라와 같은 문양을 갖는 아스카시대(7세기 중엽~후기)의 막새(軒丸瓦) 2개와 대량의 암키와(平瓦)가 발견되었다. 또한 사원의 전면에 깔았던 벽돌(煉瓦)의 일종인 전(塼)의 파편과 여러 기둥구멍 유적이 확인되었기 때문에 이 근처에 도래계 씨족이 관여했던 '환상 속의 하쿠호오사원'이 존재했을 가능성이 높아졌다.

유물은 발굴 현장의 동남쪽 구석에 집중적으로 묻혀 있었다. 특히 기와한 개는 수키와(丸瓦)의 와당(瓦當) 부분이 거의 완전한 형태로 남아 있었다. 지름은 약 18cm, 두께는 약 3cm로 흑색이다. 문양은 6장의 연꽃잎을 두르고 중앙에 5개의 연밥이 있다. 한국의 경주시 황룡사터에서 출토된 것과 매우 흡사해서 신라가 한반도를 통일하기(668년) 전인 '고신라(古新羅)' 계 양식을 그대로 전하고 있다. 전(塼)의 파편은 2개 발견되었다. 또한 방형의 판모양으로 조립된 우물의 틀과 땅을 파서 세운 건물의 기둥구멍도 다수 확인되었다. 조사에 임한 아오키(青木) 기사는 "고신라 계통의 기와와 전이

한국 경주 황룡사의 발굴 당시 모습

발견되고 다수의 기둥구멍이 확인되어 아스카 · 하쿠호오시대부터 나라시대
에 걸쳐 부근에 진출해 온 도래계 씨족이 관련된 사원이 가까이에 존재했을
가능성이 높다"고 말하고 있다.……

쿄오토 국립박물관의 모리 이쿠오(森郁夫) 고고실장의 담화 : 고신라계의
기와와 비슷한 것이 코오리야마시의 가쿠안사(額安寺)와 후쿠오카현 다자이
후(太宰府)터 등에서 발견되고 있으나 이처럼 똑같이 닮은 예는 처음이라 매
우 놀랍다. 도래인 혹은 현지에서 건너온 스님이 당시의 문양을 전했을 것이
다. 당시 문화의 유입은 대단히 복잡했으나 일본과 신라의 직접 교류를 나타
내는 가장 오래된 유물이라고 할 수 있겠다. 그와 같은 사원을 세울 수 있었
던 국제성을 띠는 대호족의 거관터(居館跡)도 나란히 있었을 것이다.

앞의 「토오다이사 대불전」에서 588년 호오코오사 건립을 전후하여
백제에서 도래한 기와기술자들이 만들었다고 전하는 간고오사의 지붕
에 지금도 남아 있는 기와에 관해 언급했으나, 이번에는 이른바 '고신
라계' 계통의 기와와 관련이 있는 코오리야마의 가쿠안사에 관해서 살
펴보기로 하겠다.

나라현 야마토코오리야마시 시청에 도착한 나는 그곳 교육위원회를
방문해서 사회교육과장 한다 요시쯔구(半田義次) 씨를 만났다. 내가 가
쿠안사와 와리즈카고분 등의 코오리야마시 문화재에 관한 책이 있느냐
고 묻자 그는 곧 일어나더니 이곳 문화재심의회에서 펴낸 『고향 야마토
코오리야마 역사사전』이란 책을 갖고 왔다. 그 책 속에는 내가 알고 싶
어하는 내용이 모두 실려 있으므로 복사를 부탁하자 고맙게도 한다
씨는 내게 그 책을 주었다. 나는 일에 방해가 될까 염려되어 서둘러 사
무실을 빠져 나와 1층 대합실에서 바로 책을 펼쳐 보았다.

『고향 야마토코오리야마 역사사전』은 아주 잘 만들어진 향토사전으
로 시 지역의 모든 역사적 유물에 관해서 상세히 적혀 있었다. 예를 들
면 내가 알고자 하는 가쿠안사에 관해서도 다음과 같이 씌어 있었다.

누카다베지정(額田部寺町)에 있다. 진언율종(眞言律宗), 쿠마고리산(熊凝山)의 산호(山號)를 갖는다. 쇼오토쿠타이시(聖德太子)[1]가 스이코(推古)천황을 위해서 큰 사원을 건립하려고 몸소 나가 있었다는 쿠마고리사의 옛 땅으로 누카다베씨(額田部氏) 출신인 도오지(道慈)[2] 율사(律師)가 사원을 건립해서 가쿠안사라고 불렀다고 전한다. 도오지는 헤이조오쿄오로 수도를 옮김에 따라 다이안사로 옮겨와 그곳에 은거하면서 당나라에서 배운 구문지법(求聞持法)의 주존(主尊) 허공장보살을 안치하고 종법(宗法)을 일으켜 세우기 위해 노력했을 것으로 생각된다. 『가람병조리도(伽藍竝條里圖)』에 '額寺(액사)', '額田寺揚原(액전사양원)' 이라는 기록이 남아 있어서 현재의 위치와 합치되므로 가쿠안사는 텐표오·호오지 무렵(757~765년)에 이미 존재해서 절의 넓이는 동서로 3정(町), 남북으로 2정에 이르렀을 것으로 생각되고 있다.

가쿠안사는 텐표오·호오지 무렵에 이미 존재했었다고 하나 가쿠안사의 전신인 옛 사원은 그보다 훨씬 전부터 있었을 것으로 생각된다. 왜냐하면 앞서 가쿠안사에서 고신라계 계통의 기와가 출토되었다는 그 '고신라' 는 668년 이전, 즉 통일신라 이전을 가리키는 것이기 때문이다. 그래야만 가쿠안사가 "쿠마고리산의 산호를 갖고 쇼오토쿠타이시가 스이코천황을 위해서 큰 사원을 건립하려고 몸소 나가 있었다고 하는 쿠마고리사의 옛 땅"이라는 해설과 일치하게 된다.
　쿠마고리사가 어떠한 절이었는지는 잘 알 수 없다. 그러나 야마토 쿠니나카(國中)의 코오료오정(廣陵町) 쿠다라(百濟·백제)의 쿠다라대사(百濟大寺) 유적 앞에 세워져 있는 안내문에는 "『일본서기』죠메이천황 11년(639) 12월조에 '이 달에 쿠다라천(百濟川) 근처에 9중탑(九重塔)을 세우다' 라는 기록이 있어서 쇼오토쿠타이시가 헤구리군(平群郡) 쿠마고리(熊凝)에 세웠던 쿠마고리정사(熊凝精舍)를 이곳으로 옮겨 와 쿠다라대사로 이름지었다고 전한다"고 씌어 있다. 그렇다면 시기적으로 일치하기 때문에 가쿠안사에서 출토한 '고신라계' 기와는 쿠마고리 정사의 것이 된다. 뿐만 아니라 도오지가 헤이죠오쿄오로 수도를 옮김에 따라 다이안사로 옮겨와 은거했다는 것도 다이안사의 전신이라고 하는 쿠다라대사와 무언가 관련이 있었기 때문인지도 모르겠다.

가쿠안사에 관한『고향 야마토코오리야마 역사사전』의 해설 끝부분에는 '사원 소장의 지정문화재에 관해서는 다음 항을 참조' 하라고 씌어 있으나 다음 항이란 다름아닌 가쿠안사에 소장된「오륜탑(五輪塔)」,「오륜탑납치품(五輪塔納置品)」,「보광인탑(寶筐印塔)」,「목조문수보살기사상(木造文殊菩薩騎獅像)」 등의 다섯 항을 가리키는 것이다. 그중에서「건칠허공장보살반가상(乾漆虛空藏菩薩半跏像)」에 관한 내용을 보면 다음과 같이 씌어 있다.

가쿠안사의 허공장보살

메이지 43년(1910) 4월 20일 중요문화재(조각)로 지정된 높이 51.5cm, 목심건칠(木心乾漆)의 반가상이다. 도오지 율사가 창건한 이 절의 본존으로 텐표오시대 말기의 수법을 전해서 장식과 영락(瓔珞 ; 불상에 두른 보석 등의 장식) 등에서도 옛 기법을 찾아볼 수 있다. 제작방법이나 전하는 기록 등으로 보아 텐표오시대

조각의 한 형식으로 인정하지 않을 수 없다. 나라시대 말기의 작품으로 생각된다. 『가람병조리도』에는 금당의 왼쪽 밑에 허공장(虛空藏)으로 추정되는 당(堂)이 보이나 아마도 이 당에 안치되었던 것이 아니겠는가 생각된다.…… 허공장보살상으로서는 가장 오래된 것이다.

이쯤에서 야마토코오리야마역에서 내리면 곧바로 눈에 보이는 메타신사에 관해서 살펴보자. 역시 『고향 야마토코오리야마 역사사전』에는 다음과 같이 씌어 있다.

히에다정(稗田町)에 있으며 제신은 히에다노아레노미코토(稗田阿禮命), 아메노우즈메노미코토(天鈿女命), 사루타히코노미코토(猿田彦命)로 삼사명신(三社明神)이라고도 불리고 있다. 『엔기식』「신명장(神名帳)」에 기록된 '소오노시모군(添下郡) 메타신사(賣太神社)'가 이 신사로 생각된다〔소오노시모군은 헤구리군(平群郡)과 합쳐 이코마군(生駒郡)으로 바뀌고 지금은 야마토코오리야마시 이코마시(生駒市)로 되었다〕. 『야마토지』에는 "메타신사, 히에다촌(稗田村)에 있고 지금은 삼사명신이라 부른다"고 씌어 있고 '賣太'는 '히메타(ヒメタ)'로 가나(假名 · 일본문자)를 달고 있다. 히에다는 아메노우즈메노미코토의 자손인 히에다노아레(稗田阿禮)의 출신지로 고대 카구라마이(神樂舞 ; 고대 신에게 제사지낼 때 연주하는 무악) 등에서 춤을 추던 여관(女官)이었다는 사루메노키미(猿女君)가 거주했던 곳이라고 전한다. 사루메노키미가 하사받았던 밭을 사루메타(猿女田)라 부르고 그 밭의 소유주를 사루메타누시(猿女田主)라 하였으나 나중에 메타누시(賣太主)로 부르게 되고 그 조상신을 모신 신사를 '메타신사'로 부르게 되었다는 이야기가 전해 내려오고 있다.

'메타(女田)'의 '田'이 어떻게 해서 '메타(賣太)'의 '太'로 전와(轉訛)되었는지 알 수는 없으나 어쨌든 한자의 변화가 흥미롭다. 여기서

히에다 환호 취락

말하는 아메노우즈메노미코토는 아마이와토(天岩戶)신화에서 신들을 웃긴 유명한 배우로 '우즈메'란 한국어의 '웃음'에서 온 말이라는 설을 들은 일이 있다. 또한 메타신사 제신의 하나인 사루타히코노미코토는 반드시 그렇다 해도 좋을 만큼 '시라기묘오진(新羅明神)'이라고 하는 일본 각지에 산재한 시라히게(白鬚)신사의 제신으로 받들어지고 있었다.

아메노우즈메노미코토의 자손 히에다노아레의 출신지인 탓인지 야마토코오리야마(大和郡山)에는 히에다쇼오(稗田庄)와 히에다촌(稗田村) 등의 지명이 있었을 뿐만 아니라 사적으로 지정된 히에다 환호 취락(稗田環豪聚落)도 있다. 취락의 방어를 위한 고대 혹은 중세의 유적이 지금도 남아 있는 것이다.

와리즈카고분과 이코마신사

나라현 북부에 위치한 야마토코오리야마를 방문한 목적은 와리즈카
고분을 살펴보려고 생각했기 때문이다. 와리즈카고분을 다루기 전에
먼저 주변의 고분을 한두 곳 돌아보기로 하자. 앞에서 나온 『고향 야마
토코오리야마 역사사전』의 「고이즈미오오쯔카(小泉大塚)」에는 다음과
같이 씌어 있다.

고이즈미오오쯔카 : 야마토코오리야마시 고이즈미정(小泉町) 오오쯔카
(大塚, 지명)에 있다. 야다(矢田) 구릉의 동남쪽 끝에 있는 4세기 무렵의 고
분으로 시 안에서는 가장 오래된 고분이다. 전체 길이가 약 80m, 전방부의
폭이 약 40m, 높이가 약 2m이고 후원부의 지름이 약 50m, 높이가 약 7m
에 이르는 전방후원분이었으나 택지 조성을 위해서 전방부와 후원부 주변
이 개간되어 현재는 원분과 같은 상태로 남아 있다. 조사 당시에 하지키와
거울 3면, 검 1개와 칼 1개 등이 출토되었다.

4세기 무렵은 이른바 전기 고분에 해당되는 시기이다. 코오리야마에
도 전기 고분에 해당하는 옛 고분이 있어서 고이즈미오오쯔카고분을
소개하였으나 다음에는 후기 고분을 살펴보기로 하자. 그 전에 전기 고

분 역시 그렇지만 6세기의 후기 고분이 과연 고대 한반도와 어떠한 관계에 있었는가에 관해서 생각해 보아야만 한다. 앞에서 인용했던 『발굴·야마토의 고분전』(도록)의 「야마토의 후기 고분」에는 다음과 같이 씌어 있다.

후기 고분의 특색으로는 먼저 분구의 가로 방향으로 입구가 붙어 있는 횡혈석실이 일반화된 것을 들 수 있습니다. 동시에 석실 안과 관의 주변에 스에키를 중심으로 하는 대량의 토기가 부장되기 시작하고 말갖춤과 금 또는 금동제 장신구 및 장식딸린 큰칼〔大刀〕이 부장품에 더해집니다. 이것들은 모두 한반도로부터 영향을 받은 것으로 매장 시설의 구조만이 아니라 그에 따른 의례와 사상도 동시에 전해졌습니다. 유명한 이자나기(伊邪那岐)·이자나미(伊邪那美)신화[3]도 이와 같은 배경에서 생겨난 것입니다.

'이와 같은 배경'이란 한국에서 전해진 횡혈식 고분을 가리키는 것으로 한반도의 영향을 받았다는 것도 영향 정도가 아니라 부장품의 거의 전부가 고대 한반도에서 건너온 것들이다. 몇 번이고 강조하지만 고분의 경우는 고분의 형태가 문제가 아니고 그 고분에서 어떠한 부장품이 출토되었는가 혹은 출토되고 있는가 하는 것이 중요하다. 출토된 부장품에 의해서 고고학자 등이 고분의 축조시기와 피장자가 어디서 온 어떠한 사람이었는가를 추정할 수 있기 때문이다. 이와 관련지어 『고향 야마토코오리야마 역사사전』의 「고이즈미키쯔네즈카(小泉狐塚)」에는 다음과 같이 씌어 있다.

고이즈미정(小泉町) 키쯔네즈카(狐塚, 지명)에 있다. 야다 구릉의 끝자락에 있던 원분이다. 조사에 따르면 지름 약 22m, 높이 약 3.5m로 고분 꼭대기 중앙 부분에 이미 도굴되어 함몰된 곳이 있었다. 중앙의 횡혈석실은 서쪽을 향해 입구가 열려 있고 천정석의 대부분이 도굴되어 고분 내부도 교란

되어 있었으나 부수신보〔富壽神寶 ; 황조(皇朝) 십이전(十二錢)의 하나)〕 6개
와 토기 파편, 금반지 4개, 거울과 뼈의 일부 및 이빨 등이 출토되었다. 코
훈시대 후기에 축조된 것으로 생각된다.

이미 도굴되어 교란되어 있었는데도 용케도 유물이 남아 있었다. 특
히 장신구인 금반지 4개는 호화스러운 것으로 이 반지는 아마도 다음
에 살펴볼 고이즈미히가시키쯔네즈카(小泉東狐塚)고분과 함께 이 지역
에 살았던 수장급의 무덤이었음을 밝히는 자료가 됨에 틀림없다. 고이
즈미정에는 이와 같은 고분이 집중적으로 남아 있다. 역시『고향 야마
토코오리야마 역사사전』에는 「히가시키쯔네즈카(東狐塚)고분」에 대해
서 다음과 같이 씌어 있다.

고이즈미정에 있다. 현영(縣營) 고이즈미아파트단지(小泉團地)에 인접해
있다. 키쯔네(狐塚)고분의 동쪽에 있는 전방후원분으로 전체 길이는 약
38m, 전방부의 폭은 약 13m이다. 후세에 교란되었으나 원래는 규모가 더
컸을 것으로 추정된다. 발굴조사 때에는 후원부에서 아무런 유구도 발견되
지 않았으나 그 이유는 주체부가 잘려나간 때문이라고 한다. 후원부의 동남
쪽 끝부분에서 스에키의 일군(一群)이 검출되고 있다. 이곳에서 출토된 스
에키는 그릇받침 2개, 목이 긴 항아리〔長頸壺〕 2개, 뚜껑있는 굽다리접시 6
개, 굽다리접시 뚜껑 6개, 뚜껑없는 굽다리접시 2개, 받침딸린 항아리 2개,
넙적한 병〔平瓶〕 1개, 구멍있는 작은 항아리〔有口小壺〕 1개, 손잡이달린 항
아리뚜껑〔把手付壺蓋〕 1개 등으로 이것들은 무덤에서 제사지낼 때 사용된
유물로 주목받고 있다. 6세기 코훈시대 후기 축조.

이 고분에서도 훌륭한 스에키가 대량으로 출토되었다. 또 다른 고분
을 하나 더 살펴보면 앞서 보았던 가쿠안사와 같은 누카타베(額田部)
에 있는 누카타키쯔네즈카(額田狐塚)고분에 관해서 역시『고향 야마토

코오리야마 역사사전』을 인용하면 다음과 같다.

　누카타베 미나미정(南町)에 있는 전방후원분이다. 평탄한 곳에 만들어져 주호(周濠 ; 고분을 둘러 판 도랑)가 있었다고 생각된다. 분구는 주축의 길이가 약 50m, 전방부의 폭이 약 36m, 높이 약 5m이다. 원통 하니와를 놓았던 흔적이 보이고 하니와 파편이 흩어져 있는 곳도 있다.

　1966년 1월의 발굴조사로 후원부에 2개의 목관이 있었으며 목관 한 곳에는 관모(冠帽)로 추정되는 금동 파편과 역시 관모에 부착한 유리옥과 호박옥, 은으로 만든 공옥(空玉 · 빈구슬) 등이 서로 연결된 머리장식과 은으로 만든 공옥으로만 만들어진 머리장식, 거울, 곧날(直刀), 환두검(環頭劍), 계갑(挂甲), 말갖춤 등이 들어 있었으며 또 다른 목관에도 대롱옥과 은반지 및 50개 정도의 목이 긴(長頸式) 철화살촉이 일괄로 들어 있다는 것이 밝혀졌다.…… 이 고분은 대표적인 후기 고분으로 6세기 전반의 것으로 보인다.

　그야말로 누카타키쯔네즈카고분은 야마토코오리야마에서 대표적인 후기 고분에 걸맞는 고분이다. 이곳에서 나온 부장품 중에 '환두검'이란 『토오다이사헌물장(東大寺獻物帳)』에 나오는 '고려양대도(高麗樣大刀 ; 고구려식 큰칼)'와 『만엽집』에 나오는 '환두대도(環頭大刀)'를 가리키는 것으로 생각된다. 또한 출토 유물 중에서 호박옥 등이 달린 관모로 추정되는 금동 파편이나 계갑, 말갖춤 등은 당시의 왕이 쓰던 것이었음에 틀림없다. 그렇다면 같은 지역 안에 있었던 쿠마고리사, 즉 가쿠안사도 이 고분의 피장자로 추정되는 인물의 씨사(氏寺)였을 가능성도 있다.

　이쯤에서 여기서 주로 다루려 했던 와리즈카고분에 대해서 살펴보기로 하자. 와리즈카고분에서는 한반도에서 도래한 사람들이 형성한 문화 유적의 일반적 지표가 되고 있는 드리개딸린 귀걸이가 출토되고 있다. 『고향 야마토코오리야마 역사사전』에는 「와리즈카고분」과 「와리즈카전설」에 관하여 다음과 같이 씌어 있다.

　와리즈카고분은 1975년 4월 20일 문화재(사적)로 지정되었고 센니치정에 있다. 야다 구릉 한쪽 자락의 앞부분에 축조된 고분이다. 지름이 약 19m, 높이 4.2m의 원분으로 고분의 꼭대기 부분에 이미 도굴되었다고 생각되는 함몰 부분이 있어서 그 모양 때문에 '와리즈카(割塚)'라고 불렸다. 1968년부터 발굴조사가 실시되어 이 고분이 남쪽으로 입구가 난 횡혈석실을 주체로 하고 있다는 것이 판명되었다. 현실(玄室·널방)에서는 집모양 석관(家形石棺)이 발견되었다. 또한 부장품에는 거울 1면과 드리개딸린 귀걸이 2쌍, 수정으로 만든 여러면 구슬(切子玉), 벽옥(碧玉)으로 만든 대롱옥(管玉) 등이 출토되었으며 관의 주변에서 말갖춤과 계갑, 철화살촉, 스에키 등이 출토되었다. 6세기 전반에 축조된 것으로 추정된다.…… 센니치정에 있는 와리즈카고분에서는 정월 아침이 되면 황금으로 된 닭이 운다고 구전

와리즈카고분

와리즈카고분에서 출토된 드리개
딸린 귀걸이

되어 왔다. 이 무덤을 도굴하면 심한 열병에 걸린다고도 전하고 무덤의 소
나무를 자르면 화를 당해 죽고 만다는 이야기도 전해져 왔다.

  와리즈카고분에 얽힌 닭에 관한 구전은 이른바 '금계전설(金鷄傳
說)'의 하나로 이와 같은 전설은 신라의 '계명전설(鷄鳴傳說)'[4]과 관련
이 있고 미애현(三重縣) 이세(伊勢)를 비롯하여 일본 각지에 전하는 전
설이기도 하다. 그중에서도 유명한 것이 시마네현(島根縣) 이즈모(出
雲)의 마쯔에시(松江市) 오오바(大庭)에 전하는 니와토리즈카(鷄塚)고
분에 얽힌 전설이다.
  이 금계전설에 관해서는 전편 『일본 속의 한국문화 유적을 찾아서
1』의 「금조전설과 신라의 계명전설」이란 장에서 자세히 다루었으나 지
금 또 하나 생각나는 것이 있다. 이곳 야마토코오리야마는 신라와 밀접
한 관계에 있었던 이즈모 지방과도 깊은 관련이 있었던 것으로 생각된
다. 왜냐하면 이즈모대사(出雲大社)의 별명인 키쯔키(杵築)신사가 일

이코마신사로 올라가는 돌계단

본 각지에 7사나 있기 때문이다. 즉 코오리야마에 남아 있는 신라계 문화는 이즈모를 통해서 들어온 것도 있었던 것 같다.

다음으로 코오리야마시의 서북쪽 인근에 있고 나라시 서쪽 옆에 있다고 하면 알기 쉬운 나라현 이코마시를 살펴보기로 하자. 나는 먼저 이코마시 생애학습진흥과 과장인 스기다 아키노리(杉田昭德) 씨와 문예진흥계 직원인 니시키 요시미(錦好見) 씨를 만나서 환담을 나눈 뒤 『이코마시지(生駒市誌)』「통사(通史)·지지편(地誌編)」의 일부를 복사해서 받을 수 있었다.

이코마시는 야마토의 서쪽을 가르는 이코마산지(生駒山地)의 동쪽 산기슭에 이루어진 마을로 지금은 인근의 오오사카시와 나라시의 베드타운에 해당하는 지역이다. 그러나 고대에는 산지와 산기슭으로 이루어진 때문인지는 모르겠으나 오늘날의 우리들이 상상하지도 못할 대단한 곳이었다. 『이코마시지』에는 「이코마의 시작과 신이 있는 이코마

이코마신사 본전

산」이라는 제목으로 다음과 같이 소개되어 있다.

　이코마의 상징인 이코마산(生駒山)은 야마토 · 야마시로 · 카와치 · 이즈
미 · 셋쯔의 5개국, 즉 키나이 전부를 바라볼 수 있는 위치에 있는 642m의
산으로 "신과 같이 고고한 이코마산 높은 봉우리에 구름이 넓게 퍼져 있네"
라고 칭송되어 온 명산이다. 지금 이코마산에는 성천상(聖天像)을 모시는
호오잔사(寶山寺)가 있어서 여름이 되면 산 정상으로 시원함을 찾아오는 사
람들의 발길이 끊이지 않으나 고대인들은 산의 모양이 신성한 신이 계신 산
으로 믿고 산 자체를 신앙시하여 왔다. 동쪽에서 올라오는 산기슭에는 우부
스나카미(産土神 ; 그 사람이 태어난 토지를 수호하는 신)로서 창립된 이코마
신사가 자리잡고 있다.

　그러면 우부스나카미로 창립되었으며 이코마 골짜기(生駒谷) 17향

(鄕)의 씨신이라는 이코마신사를 잠시 살펴기로 하자. 나는 이코마시 교육위원회를 나와 바로 이코마대사(往馬大社)라고도 불리는 이코마신 사로 향했다. 비탈길이었으나 신사 아래쪽에는 조금 넓은 광장도 있고 그 왼편에는 센소다이죠오사이(踐祚大嘗祭 ; 역대 천황의 즉위식)에 사용된 화수목(火燧木)을 헌상해 왔다고 전하는 히키리기(火燧木) 유적 도 있었다. 이와 같은 연유로 이코마신사에서는 해마다 '히마쯔리(火祭 · 鎭火祭)'가 열리고 있었다. 광장에서 산 속으로 경사가 심한 돌층계가 솟아나듯 이어지고 그 위에 이코마신사가 자리하고 있다. 내가 힘들게 층계를 올라가 보니 장대한 배전(拜殿)과 본전이 나타났다. 사무소에서 받은 『이코마대사약유서(往馬大社略由緒)』에는 신사의 정식 명칭을 "이코마니이마스(往馬坐) 이코마쯔히코(伊古麻都比古)신사 또는 이코마대사(往馬大社)라고 한다" 하고 다음과 같이 씌어 있었다.

당시의 제신은 본래 이코마쯔히코(伊古麻都比古), 이코마쯔히메(伊古麻都比賣)의 두 신이었으나 카마쿠라(鎌倉)시대에 들어와 하치만(八幡 ; 오오 진천황을 주신으로 하는 활과 화살의 수호신)신앙이 융성함에 따라 5주신(五柱神)을 합사(合祀)해서 본전의 제신은 현재의 7신으로 되었습니다.

합사된 5주신은 오키나가타라시히메(氣長足比賣, 神功皇后), 타라시 나카쯔히코노미코토(足仲津比古尊, 仲哀天皇) 등으로 일본에서는 신사의 제신도 시대에 따라 변한다는 것을 시사하고 있다. 그리고 같은 책의 「신사의 역사」에는 계속해서 다음과 같이 씌어 있다.

이 신사의 정확한 창립 연대는 확실하지 않으나 오오미와(大神)신사와 이소노카미신궁 등과 같이 이코마산을 신체산(神體山)으로 받드는 일본에서 가장 오래된 형태의 신사이기 때문에 아마도 이곳 이코마 골짜기에 사람들이 살기 시작한 태고(太古) 때부터 이코마 지방을 지키는 수호신으로서 이 땅에 존재하고 있었을 것입니다. 역사책 중에 이 신사에 관한 가장 오래된 기술은 『총국 풍토기(總國風土記)』속에 나오는 "이코마쯔히코신사, 유우랴쿠(雄略) 3년(458)"이라는 내용입니다.

그렇다면 오오미와신사가 미와산을 신체산으로 하는 것처럼 이코마신사에 있어서 이코마산은 커다란 존재인 것이다. 그런데 『이코마시지(生駒市誌)』에는 이코마산에 관하여 다음과 같이 씌어 있다.

이코마산은 완만한 고원(高原)을 뜻하는 '코마(ㄱㅜ)'에 접두어 '이(イ)'가 붙은 지명으로 한국의 문화를 갖고 있던 이즈모계(出雲系) 사람들이 이곳으로 건너왔다고 전하며 '射駒 · 伊駒 · 行馬 · 生馬' 등으로 기록되어 시대에 따라 많은 전승을 만들어 왔다.

이코마산(生駒山)의 '코마(生駒)'는 역시 고대의 일본에서 고구려를 '코마(高麗)'라고 부른 데서 유래한다고 생각한다. 또한 마쯔모토 세이쵸오 씨가 『야마토의 조상』에서 언급한 다음과 같은 내용이 옳다고 생각한다.

카즈라키씨(葛城氏)[5]의 근거지 이코마산의 '코마(駒)'도 '코마(高麗, 고구려)'에서 온 말이다. 일본에서는 후대에 와서 '고구려'도 '고려'도 모두 '코마'로 불리게 되고 '韓 · 加羅 · 唐'도 구분없이 '카라(カラ)'가 되고 말았다.

마쯔모토 씨는 예로 든 카즈라키씨의 '葛城'도 '카라쯔키(韓津城)'에서 전와된 것으로 보고 있다. 덧붙여서 하나 더 지적한다면 카즈라키씨의 딸 중에 '카라히메(韓媛)'가 있으며 카라히메는 '야마토 다섯 왕(倭五王)'의 한 사람으로 알려진 유우랴쿠(雄略)천황의 부인이라고 전한다.

호오류우사와 쇼오토쿠타이시

이번에는 최근에 세계문화재로 지정되어 더욱 유명해진 호오류우사 (法隆寺)가 있는 나라현 북부 이코마군 이카루가정(斑鳩町)을 살펴보기로 하자. 이카루가에 관해서는 고대사에도 높은 식견을 가지고 있던 마쯔모토 세이쵸오 씨가 쓴 『야마토의 조상』을 보면 '카루(輕)의 땅'의 '카루'에 관한 해설과 함께 다음과 같이 씌어 있다.

『고사기』와 『일본서기』에 따르면 코오겐(孝元)천황은 '카루의 사카이하라궁(境原宮)'에 있었다고 한다. 카루는 타케치군으로 지금은 카시하라시 (橿原市)에 속한 곳이다. 이 '카루'라는 지명으로부터 카루노미코(輕皇子, 孝德天皇)와 카루노타이시(輕太子, 文武天皇), 카루노오오이라쯔메미코(輕太郎皇女, 允恭天皇의 공주)라는 이름이 나온다. 카루는 '카라(韓)'이다. 이 부근의 야요이 유적으로 유명한 '카라코(唐古)' 유적도 '唐'이 아니고 '韓'에서 유래한 이름으로 생각된다. 호오류우사 일대를 이카루가(斑鳩)라고 부른다. '카루(カル)'에 접두어 '이(イ)'가 붙은 것일까.

다시 말하자면 이카루가의 '카루' 역시 『엔기식』에 "쿠다라노카미 (百濟神)를 카라카미 2좌(韓神二座)"라고 기록했던 바로 그 '카라(韓)'

에서 왔다는 것이다. 그래서인지는
모르겠으나 지금부터 살펴볼 호오
류우사는 기본적으로 백제 양식으
로 이루어져 있다. 불교 고고학자
이며 나라 국립박물관장을 역임한
이시다 시게사쿠(石田茂作) 씨의
『호오류우사잡기장(法隆寺雜記帳)』
을 보면, "나라시대의 사원을 살펴
보려면 한국의 백제사원과 비교하
지 않을 수가 없다"고 하며 백제 군
수리(軍守里) 폐사(廢寺) 유적을
발굴하던 때의 일을 다음과 같이
기술하고 있다.

　군수리 유적이 발굴되기 전까지
아스카시대부터의 사원은 '法隆寺式
→ 法起寺式 → 四天王寺式 → 藥師寺
式 → 東大寺式'이라는 순서로 생각
되고 있었습니다. 그런데 백제 유적
의 발굴에 의해서 백제사지(百濟寺址)는 호오류우사식이 아니라 시텐노오
사식으로 판명되었습니다. 따라서 현재의 호오류우사가 그렇게 오래된 것
인지 재검토를 해야만 하는 입장에 놓이고 말았습니다. 지금까지 대체로 호
오류우사에 관해서 문헌학자들은 재건설(再建說)을 주장하고 유물학자들은
재건설에 반대했는데 이 주장(非再建設)이 우세했었으나 백제사지의 발굴
로 인해 유물학자들이 반성해야 하는 것이 아닌가 하는 자각이 일고 있습니
다. 그 시점에서 1939년 12월 와카쿠사(若草) 가람의 발굴이 진행된 것입
니다.

호오류우사 서원 가람 전경

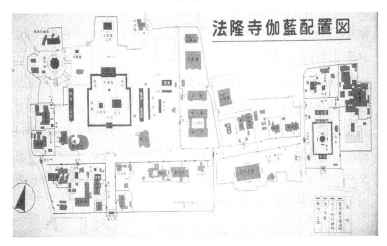

法隆寺伽藍配置図

호오류우사 가람 배치도

그 발굴조사 결과 지금의 호오류우사의 전신일 것으로 생각되고 있던 와카쿠사 가람은 백제사원과 여러 면에서 유사하다는 사실이 밝혀지고 가람의 배치 역시 백제사원과 와카쿠사 가람이 둘 다 시텐노오사식이라고 판명되었다는 내용이다. 요컨대 현재의 호오류우사는 쇼오토쿠타이시(聖德太子)에 의해 건립되었다고 하나 역시 쇼오토쿠타이시가 건립했다는 시텐노오사보다는 나중에 세워졌다는 것이다. 또한 호오류우사는 601년부터 약 6년 후인 607년에 완성되었다고 한다.

백제로부터 일본에 불교가 전해진 때가 538년경이라고 알려져 있으므로 불교가 전래된 뒤 약 670년 후의 일이다. 그리고 그로부터 줄곧 법상종 대본산의 하나로 되어 있었으나 현재는 쇼오토쿠타이시가 건립한 사원이라고 해서 성덕종(聖德宗)으로 되어 있다. 그렇다면 이 호오류우사가 어떠한 사원이었는가를 이시다 씨의 「호오류우사에 대하여」를 통해 살펴보기로 하자.

△ 쇼오토쿠타이시와 당시의 상황

우마야도노미코(厩戸皇子), 즉 쇼오토쿠타이시는 비타쯔천황 3년(574)에 태어나 사상 최초로 여자 제왕이 된 나이 어린 스이코천황을 위해서 열아홉 살에 섭정(攝政)을 하게 되었다. 그러나 당시는 황실의 주도권이 아직 확립되어 있지 못해서 정치는 항상 불안정했다. 그 이유는 야마토 조정 내부의 호족간 세력 다툼이 주된 원인으로 특히 소가씨와 모노노베씨와의 대립이 크게 표면화되고 있었다.

타이시(太子)가 소가노우마코(蘇我馬子)와 연맹해서 수구파인 모노노베씨를 멸하고부터는 개명파(開明派)인 소가씨의 세력이 황실에 대항할 정도로 강해졌다. 그러나 타이시는 소가씨와 힘을 합쳐서 대륙의 문화를 받아들이려고 노력했고 특히 불교문화를 많이 흡수하려고 했다. 소가씨가 호오코오사(法興寺·飛鳥寺)를 건립하자 타이시가 호오류우사를 건립한 것은 황실이 정식으로 불교를 인정한 것이 된다.

또한 당시 최신의 대륙문화를 쇼오토쿠타이시가 나서서 받아들였다는 것은 요즘 말로 '근대화'를 의미하는 것이었다. 17조의 헌법을 만들고 관위12계(冠位十二階)를 제정한 것은 근대화의 좋은 예일 것이다. 또한 천황기(天皇記)와 국기(國記)를 알려서 황실 중심의 통일국가의 형성을 위해 노력한 것은 대륙의 새로운 대제국 수(隋)나라와 국교를 맺음으로 해서 숙적 신라와의 대결을 유리하게 이끌 체제를 만들려는 것이기도 했다.

여기서 잠깐 주석을 단다면 '대륙문화'라 할 때 일본인이라면 곧 중국의 것으로 생각할 것이다. 그러나 과연 중국의 문화라고 할 수 있는지 『문예춘추(文藝春秋)』1966년 7월호에 실린 '일본이 세계사와 만났을 때'라는 좌담회에서 토오쿄오대학 교수를 역임한 이노우에 미쯔사다(井上光貞) 씨와 코니시 시로오(小西四郎) 씨의 대담을 다음에 인용하기로 하자.

이노우에 : 구체적으로 말씀드린다면 스이코천황 시대에 쇼오토쿠타이시가 관위를 정하는데 그것은 한국에서 받아들인 것입니다. 고구려, 신라, 백제에도 관위가 있었습니다만 그 명칭을 보면 일본의 관위가 가장 잘 짜여져 있습니다. 그 다음이 백제의 것입니다.

코니시 : 흔히 일본의 교과서에는 쇼오토쿠타이시가 수나라로부터 배워서 관위제도를 정했다고 쓰어 있는데 그것을 고쳐야겠군요.

이노우에 : 그렇게 쓰어 있다면 잘못된 것입니다. 한국과 일본제도와 수나라와 당나라의 관위제도는 전혀 계통이 다릅니다. 그것만을 봐도 수나라에서 배웠을 리가 없습니다.

또한 쇼오토쿠타이시에 관한 것 중에 원래는 호오류우사에 있었으나 현재는 궁중에 있는 '아좌태자필(阿佐太子筆) 쇼오토쿠타이시화상(畵

쇼오토쿠타이시화상

像)'은 최근까지 일본의 1만 엔 지폐 등에 그려져 있어서 친근한 그림이다. 이 그림에 대하여 『호오류우사』에는 사진과 함께 다음과 같이 설명되어 있다.

쇼오토쿠타이시의 가장 오래된 초상으로 누구나 알고 있는 친근한 그림이다. 그림 속의 옛 복장은 쇼오토쿠타이시가 백제의 아좌태자(阿佐太子) 앞에 나타날 때의 모습이라고 전하며 강한 필치는 나라시대 그림의 특색을 잘 나타내고 있다.

여기서 말하는 아좌태자는 일본에 건너와 있던 백제 성명왕(聖明王)의 둘째아들이다. 아좌태자가 무슨 일로 일본에 와 있었는지는 알 수 없지만 쿄오토대학 명예교수 하야시야 타쯔사부로오(林屋辰三郎) 씨에 따르면 "쇼오토쿠타이시를 수(隋)나라로 이끈 것은 백제로, 백제의 아좌태자 등과의 교우관계를 통해 쇼오토쿠타이시의 눈이 수나라로 향하게 되었다"고 한다.

또한 쇼오토쿠타이시의 스승으로 알려진 고구려의 승려 혜자(慧慈)의 영향도 있어서인지 호오류우사는 고구려와 같은 계열인 백제의 양식이었는데 구체적으로는 다음에 살피겠으나 고구려도 크게 관여하고 있었다고 생각한다. 이러한 시각에서 쇼오토쿠타이시를 일본의 통일을 위하여 노력한 대정치가라고 높이 평가한 사람은 소설가 사카구치 안고(坂口安吾, 1906~1955년)였다.

사카구치 안고 씨는 이른바 무뢰파(無賴派) 작가로 알려져 있으나 마쯔모토 세이쵸오 씨처럼 고대사에 대단한 식견을 가진 분으로『안고사담(安吾史譚)』,『안고신일본지리(安吾新日本地理)』등의 역사관계 저서도 있다. 와다나베 아키라(渡邊彰) 씨의「사카구치 안고 연보」에 따르면『안고사담』등은 '과거의 왜곡된 일본 역사에 도전하는 것으로 안고가 평생을 통해 연구하려고 했던 역사 연구의 서장' 이었다고 한다. 아쉽게도 그는 짧은 삶을 살고 말았으나 그가 쓴「도경동자(道鏡童子)」를 보면 쇼오토쿠타이시에 관해 다음과 같이 씌어 있다.

국사(國史) 이전에 고구려, 백제, 신라 등의 삼한과 대륙의 남양(南洋) 방면으로부터 끊임없이 씨족 단위의 이주가 이루어져서 이미 동북 지방의 오오슈우(奧州) 부근의 땅과 이즈칠도(伊豆七島)에 걸쳐 토착한 것을 알 수 있고 아직 일본이라는 국명조차 통일되지 않던 시기부터 어느 나라 사람이라 할 것도 없이 무리를 이루어 살던 사람들〔集落民〕 혹은 씨족으로서 많은 종족이 뒤섞여 생존했을 것이라고 생각한다. 그러한 때에 그들 중에서 유력한 호족이 나타나거나 해외로부터 유력한 호족이 건너와서 점차로 중앙정권을 두고 경쟁하게 되었다고 여겨지는데 특히 가장 가까운 삼한에서 이주한 토착민들이 호족을 대표하는 중요한 씨족이 되었음에 틀림없다. 그들은 고구려, 백제, 신라 등의 모국과 연결되어 있었기 때문에 모국의 정쟁에 영향을 받아 일본 안에서 정변을 일으키기도 했었을 것이다.

사카구치 씨가 이 글을 쓴 것은 1952년 2월의 일로 잡지 『오-루 독물(讀物)』에 기고한 것이다. 그로부터 41년이 지난 1993년 9월에 나온 『일본통사』 제1권을 보면 토오쿄오대학 명예교수 우에하라 카즈오(埴原和郎) 씨의 「일본인의 형성」에 사카구치 씨의 '삼한에서 이주한 토착민'을 '도래인'이라 하고 "7세기까지 도래인의 인구는 일본인 전체의 70%에 달하고…… 거의 3세기에서 6세기에 이르는 코훈시대는 도래계 집단에 의해 만들어진 작은 나라들이 서서히 통일되어 마침내 킨키지방에서 조정이 성립되었다고 하는 정치적 시대구분으로 특징지을 수 있다"고 씌어 있다. 이렇게 보면 사카구치 씨의 평범한 글이 얼마나 선견지명이 있었는지 알 수 있다. 사카구치 씨의 글은 계속해서 다음으로 이어지고 있다.

결국 각각의 해외에 있는 모국과 연관되어서는 일본이라는 신천지를 통일시킨다는 것은 생각할 수 없다. 해외에 있는 각자의 모국 이상으로 유력하고 모든 계통의 씨족들에게 모태적인 대국(大國)으로부터 문물을 들여와 그것에 의해서 각각의 모국에 대한 자부심과 연결을 끊지 않으면 일본의 통일은 불가능한 것이다. 이와 같은 생각을 실행한 최초의 대정치가가 쇼오토쿠타이시였다. 타이시는 고구려 사람인 듯 고구려와 교통해서 많은 문물을 받아들이고 있으나 또한 많은 사자를 지나(支那, 중국)에 보내 지나의 법률이나 제반 문화를 직접 유입시키는 데 목표를 두었다. 일본 통일의 첫번째 기운(氣運)은 이것이었다고 생각한다.

사카구치 씨의 글과 같이 앞에서 보았던 이시다 시게사쿠 씨의 「호오류우사에 대하여」에도 불교문화의 측면이기는 하지만 같은 해석이 가능한 다음과 같은 내용이 있다.

그 무렵 아직 소박한 농경사회 속에서 농민들은 자연발생적인 취락 안에서 생활하고 있었다. 그들의 생활감정은 『만엽집』의 아즈마 우타(東歌)와 사키모리(防人)의 노래를 통해서 엿볼 수 있으나 농민은 쿠니노미야쯔코·아가타누시(縣主)·무라노오비토(村首) 등에 의해 지배되어 타이카개신 이전에는 이들 지배층에 의한 농지(農地)와 농민의 사유지가 두드러지게 눈에 띄고 있었다. 대륙의 최신 문화와 기술을 갖고 이주해 온 도래인들, 즉 승려와 사원건축·기와·주물 및 그림에 관한 기술자들은 이와 같은 정세 속에서 유리한 지위를 손에 넣고 불교의 포교와 사원 건설 등에 큰 활약을 하였다. 호오코오사, 호오류우사, 시텐노오사 등은 이같은 도래인 집단에 의해서 만들어졌다고 해도 지나친 말이 아니다.

토리불사와 고구려승 담징

소나무 가로수가 울창한 참배길

호오류우사는 일본의 고대사에서 대단히 중요한 위치에 있음을 알 수 있다. 그렇다면 이번에는 직접 호오류우사 안으로 들어가서 살펴보기로 하겠다.

JR선 호오류우사역에서 내려 잠시 걸으면 국도 25호선의 북쪽에 위치한 호오류우사가 눈에 들어온다. 이 사원의 정면에서 보면 우선 눈에 띄는 것이 소나무 가로수가 늘어선 아름다운 참배길이다. 그러나 이 길은 보존 조치가 되어 있어서 걸을 수는 없고 왼쪽에 차가 지날 수 있는 길이 나 있어서 그곳을 따라서 걸어가 보니 좌우에 토담벽을 쌓은 호오류우사 남대문(南大門)이 눈에 들어왔다. 남대문을 지나 절 안으로 들어서면 눈부신 흰모래가 깔린 길이 나오고 유명한 오중탑(五重塔)도 보인다.

나는 1949년 봄부터 몇 차례 이곳을 방문했었다. 이번(1994년 6월)에는 오랜만에 찾아왔는데도 훌륭한 엔타시스형의 기둥이 2층팔작지붕으로 만든 누문(樓門)을 잘 지탱하고 서 있는 중문(中門)이 반갑기만 했다. 이쯤에서 다시 이시다 시게사쿠 씨의 「호오류우사에 대하여」의 내용을 인용하기로 하겠다.

가람의 규모 : 현재의 호오류우사는 거의 300만㎡의 넓이로 주위에 토담을 두르고 그 남면 중앙에 남대문을 만들어 그곳을 지나 북쪽으로 가면 중

중문과 오중탑

국보로 지정된 금당

문이 있다. 중문에서부터 회랑이 날개를 펴듯이 동서로 쭉 뻗어 있고 회랑의 끝이 북으로 꺾여서 강당의 좌우와 연결되어 있다. 이 회랑이 에워싼 빈터에는 서쪽에 오중탑, 동쪽에 금당을 배치하고 강당의 좌우에는 경장(經藏)과 종루(鐘樓)를, 강당의 북쪽에는 상어당(上御堂)이 놓여 있다. 또한 회랑 밖의 동쪽편에는 동실(東室)을 개조한 성령원(聖靈院), 서쪽에는 서실(西室)을 개조한 삼경원(三經院)이 있고 삼경원의 남쪽에는 탕옥(湯屋), 성령원의 동쪽에는 강봉장(綱封藏)과 식당이 있다. 그러나 이와 같은 건물에서는 사람이 살지 않고 경내 주변에 있는 팔개자원(八箇子院)에서 생활하고 있다.

따라서 호오류우사는 우리들이 알고 있는 사원의 개념과는 매우 다르다. 오늘날의 사원은 드물게 설교도 하면서 성묘도 하고 장례식을 거행하는 장소로 사용되지만 아스카 · 나라시대의 사원은 지금의 학교 · 공회당 · 박물관 및 도서관과 공원을 겸한 일종의 문화센터였다. 이러한 사원이 아스카시대에 46사, 나라시대에는 일본 전국에 1,000사가 넘게 있었다고 생각되는데 시대의 변천에 따라 그 대부분이 없어지고 남아 있는 것은 대단히 적다.

현재 남아 있는 주요 사원은 호오류우사, 시텐노오사, 야쿠지사, 토오다이사, 코오후쿠사, 토오쇼오다이사 등이 있으나 이른바 주요 가람, 즉 7당가람(七堂伽藍)을 구비한 점에서는 호오류우사만큼 완전한 절이 없다. 이런 의미에서 호오류우사는 일본의 상대(上代) 사원의 대표적인 것이라고 해야

금당의 석가삼존상

할 것이다.……

일본 최고(最古)의 불상 : 아스카시대는 불교의 전래에 따라 여러 종류의 불상을 한국에서 모셔와 그 불상을 기초로 많은 불상이 만들어졌다는 것이 문헌 등을 통해 밝혀졌으나 그 유품은 대단히 적다. 그런데 호오류우사에는 아스카의 불상이 10여 구가 넘게 전해지고 있다. 금당(金堂)의 본존인 석가 삼존(釋迦三尊), 몽전(夢殿)의 본존인 구세관음(救世觀音), 백제관음(百濟觀音), 석가이존상(釋迦二尊像), 금동구세관음상(金銅救世觀音像), 6구의 협시보살상(脇侍菩薩像) 등이 주된 불상이다. 그중에서도 금당의 본존 석가삼존상의 광배에는 '스이코천황 31년 토리불사작(止利佛師作)'이라는 명기(銘記)가 있어서 아스카시대 불상의 표준이 되고 있다.

여기서 말하는 토리〔止利(鳥 또는 止利, 都利라고도 표기)〕는 '쿠라쯔쿠리노토리(鞍作鳥)' 혹은 '토리(都利)'라고도 하나 이 쿠라쯔쿠리노토리(鞍作止利)는 호오류우사의 건립에 앞서서 스이코천황 14년(606)에 호오코오사(法興寺·飛鳥寺)의 금동본존(속칭 아스카대불)을 만들어 큰 포상을 받아 아스카의 모모하라(桃原)에 그의 씨사인 사카다사(坂田寺)를 세웠다고 하는 사람을 가리키는 것이다. 1980년대 초 나라 국립문화재연구소는 아스카의 히노쿠마사(檜隈寺)와 사카다사 터를 발굴조사해서 『도래인의 절—히노쿠마사와 사카다사』라는 제목의 도록(圖錄)을 발행했는데 그 책에는 다음과 같이 씌어 있다.

스이코 14년(606) 쿠라쯔쿠리노토리에 의해 호오코오사의 금당본존이 완성된다. 이 불상을 이미 만들어져 있던 중금당(中金堂)으로 옮기려고 할 때 본존이 너무 커서 당 안으로 반입할 수가 없었다. 이때 쿠라쯔쿠리의 기지에 의해 본존은 무사히 안치될 수 있었다. 천황은 상으로 오우미국(近江國) 사카다군(坂田郡)의 땅〔田地〕 20정(丁)을 주었다. 텐지(天智)천황 3년(664)의 기록에 따르면 사카다군의 땅은 비옥한 논이었다고 한다. 토리

(鳥)는 이것을 계기로 모모하라의 남쪽 후유노천(冬野川)과 이나부치천(稻淵川)의 중앙에 해당하는 미나미부치산(南淵山) 끝자락에 불당을 건립하게 되었다.

이 사카다니사(坂田尼寺) 건립에 얽힌 이야기는 불교를 추진함에 있어서 공적이 많았던 쿠라쯔쿠리노스구리(鞍作村主) 시바타즈토(司馬達等·사마달), 쿠라쯔쿠리노타스나(多須那), 쿠라쯔쿠리노토리 3대(代)에 대한 현창(顯彰)의 의미가 강하다. 쿠라쯔쿠리씨(鞍作氏)[6]가 기록에 처음 등장하는 것은 야마토노아야노아타이쯔카(東漢直掬)[7]가 인솔해서 아스카로 이동해 온 도래인 중에 쿠라쯔쿠리노켄키(鞍作賢貴)라는 이름이 보인다. 아마도 백제로부터 말갖춤을 만드는 기술자가 건너왔을 것이다.

또한 사카다사터의 발굴조사에서는 돌기창(連子窓) 등의 건축자재와 함께 막새(軒瓦), 쌍잡이병(雙耳瓶) 등의 진단구(鎭壇具)가 출토되

금당벽화

었는데 그것은 차치하고 호오류우사 금당의 국보 중의 국보라고 일컬어지는 석가삼존상을 만든 사람은 쿠라쯔쿠리노토리를 중심으로 한 사람들이었다. '쿠라쯔쿠리(鞍作)'는 그 직명이나 성에서 알 수 있듯이 말갖춤[馬具]을 만들던 사람이 언제부터인가 불구(佛具)를 만드는 불사(佛師)로 되었던 것이다. 그럼에도 불구하고 석가삼존불상은 대단히 훌륭한 작품이다.

그런데 호오류우사의 금당에는 중국의 운강(雲崗)석불이나 경주의 석굴암과 함께 세계 3대 예술의 하나로 일컬어지는 유명한 벽화가 있다. 이 벽화는 1949년 1월에 화재로 소실되었으나 그후 호오류우사와 아사히신문사가 벽화 재현사업을 통해 야스다 유키히코(安田靫彦), 마에다 세이손(前田青邨) 씨 등의 묘사에 의해서 새롭게 재현한 그림으로 금당에 모셔져 있다.

내가 1949년 호오류우사를 처음 찾았던 이유도 이 사원에 큰 화재가 있었기 때문이었다. 그 당시 북창(北倉)과 남창(南倉)으로 나뉘어 있던 대보장전(大寶藏殿)에 들어가 보니 원래 벽화의 실물크기 사진이 걸려 있었다. 비록 흑백사진이기는 했지만 이 벽화가 얼마나 훌륭한 것이었는지 가늠해 볼 수 있었다. 벽화는 석가정토(釋迦淨土)·아미타정토(阿彌陀淨土)·약사정토(藥師淨土)로 이루어진 것으로 우선 그 묘사선이 정확하고 치밀한 것에 놀라지 않을 수 없었다. 동시에 천년이 훨씬 넘는 옛날에 이러한 벽화와 그림이 만들어졌다는 사실에 관심을 가지지 않을 수 없었다.

그림을 보면서 나는 우리 인간의 능력이 아주 오랜 옛날에 이미 한계에 이르렀던 것이 아닌가 혹은 그야말로 무한한 것이 아니겠는가 하는 생각에 사로잡혔다.

또한 당시 이처럼 훌륭한 그림을 그릴 수 있었던 사람은 도대체 어떠한 사람인가 알고 싶었다. 그러나 대개 한국에서도 그렇지만 일본에서도 고대에 이러한 그림을 누가 그렸는가는 보통 잘 알 수 없다. 그렇지만 그중에는 앞서 나왔던 토리불사와 같이 작자의 이름이 알려진 것도 있다. 세계적으로 유명한 호오류우사의 금당벽화는 고대 한국의 고구려에서 도래한 담징(曇徵)의 작품으로 알려져 있다.

담징은 과연 어떠한 사람이었을까?『일본서기』스이코천황 18년조(610)를 보면 담징이 도래한 일에 관해서 다음과 같이 씌어 있다.

춘삼월, 고구려승 담징, 법정(法定)을 공상(貢上)하다. 담징은 오경(五經)을 알고 있었으며 또한 채색 및 종이, 먹[墨]을 잘 만들었고 맷돌도 만들었다. 아마도 맷돌이 만들어진 것은 이때부터일까!

'貢上하다' 등의 표현은『일본서기』식 표현이고 오경이란 역경·서경·시경·예기·춘추를 가리킨다. 이 담징에 대해서 타카야나기 미쯔토시(高柳光壽) 등이 펴낸『일본사사전』에는 담징에 관해 다음과 같이 씌어 있다.

담징 : 생몰년 미상. 고구려의 승. 610년 고구려왕의 명에 따라서 법정과 함께 일본으로 건너왔다. 오경에 통하고 채색 및 지묵(紙墨)의 제법을 전했다고 한다.

또한 니이무라 이즈루(新村出)가 펴낸 일본어사전『광사원(廣辭苑)』(제1판)에는 다음과 같이 씌어 있다.

톤쵸오(曇徵·담징) : 고구려의 귀화승. 스이코천황 18년에 일본에 왔다. 오경에 통하고 채색화를 잘 그렸으며 종이, 먹, 맷돌 등을 만들었다. 호오류우사의 벽화를 그렸다고 전한다.

담징은 당시로서는 대단한 지식인이며 고승(高僧)이었으므로 오경에 통했다는 것은 당연한 일인지 모른다. 또한 오늘날 일본의 극장 따위에서 볼 수 있는 마치 벽화 같은 영사막을 '톤쵸오(緞帳)'라고 부르고 있는데 이 말은 톤쵸오(담징의 일본음)에서 유래했다고도 한다. 이와 같이 담징은 호오류우사의 아름다운 채색벽화를 그렸을 뿐만 아니라 종이, 먹 등을 만드는 법도 전했으며 맷돌까지 일본에서 직접 만들었다는 것이다. 나라 지역에서 먹이 많이 생산되는 이유도 담징 때문인지도 모르겠다. 아무튼 앞에서도 언급했듯이 호오류우사는 고대 한국의 백제는 물론 고구려와도 깊은 관계에 있었던 것이다.

고구려와 관련해서 최근의 신문 보도에 따르면 호오류우사에서 새롭게 '일본 최고(最古)의 인물상'이 발견되었다고 대대적으로 보도된 일이 있었다. 그중에서 1992년 10월 30일자 마이니치신문에는 "일본 최고의 묵서 인물화/호오류우사 금당/아미타여래상 대좌(받침)에/7세기 중반 고구려 사절인가"라는 머릿기사와 함께 다음과 같이 씌어 있었다.

나라현 이코마군(生駒郡) 이카루가정(斑鳩町)의 호오류우사 금당에 있는 중요문화재 아미타여래불상의 대좌 밑에서 정장한 남성을 먹으로 그린 인물화가 발견되었다. 사원측과 나라 국립문화재연구소에 의한 29일의 발표에 따르면 타카마쯔즈카(高松塚)고분의 채색벽화보다 약 반세기 앞서는 7세기 작품으로 보이며 먹으로 그린 묵서(墨書) 인물화로는 일본에서 가장 오래된 것이라고 한다. 먹이 전래된 것이 7세기 초로 알려져 있으므로 전래 후 얼마 되지 않은 그림으로 일본미술사에 있어서 획기적인 발견이다. 조사를 담당했던 동 연구소의 마치다 아키라(町田章) 헤이죠오궁터 발굴조사부장은 "그림의 인물은 고구려의 사절로 생각된다"고 말하고 있다.

인물화는 높이 25cm 정도로 데생인 듯하다. 귀를 덮듯이 머리 부분에 2개의 새털을 뿔처럼 세운 '조우관(鳥羽冠)'을 쓰고 Y자형으로 앞을 모은 통소매식의 상의는 낫(鎌)모양이다. 허리는 띠로 세게 묶여 있고 신발은 길다. 표정은 선명해서 코가 높고 눈꼬리가 내려와 있으며 이마에 3개의 주름

장회태자(章懷太子)묘의 벽화(왼쪽) · 호오류우사 묵서 인물화의 투사도(오른쪽)

살이 특징적이다. 장년의 남성관료로 추정된다.

이 그림은 호오류우사가 나라 국립문화재연구소 등의 협력을 받아 1981년부터 실시해 온『쇼오와자료장(昭和資料帳)』편찬사업의 조사로 발견되었다. 대좌는 양식이나 문양으로 보아 7세기 중반에 만들어진 것으로 보이며 다른 건물을 지을 때 사용했던 재목을 다시 사용하는 예가 있으므로 동연구소에서는 640~650년대에 그려졌을 것으로 추정했다. 시대적으로는 일본에서 가장 오래된 자수품(刺繡品)으로 알려진 이카루가의 츄우구우사(中宮寺)에 있는 7세기 전반에 만들어진 국보 '천수국수장(天壽國繡帳)'과 7세기에서 8세기 초의 작품인 타카마쯔즈카 고분벽화의 중간에 위치하고 있다. 또한 이 그림은 여러 단을 겹쳐서 만든 대좌 중에서 '대각(臺脚)'이라 불리는 밑부분 나무판 한 장의 표면에 그려져 있었으나 윗부분의 대좌에 가려서 지금까지 그 존재를 알 수 없었다.

그림의 인물은 중국의 고대 역사서『위서(魏書)』와『수서(隋書)』에 기술된 한반도의 복장과 아주 흡사하고 일본이 당시 고구려와 밀접한 교류를 하고 있었기 때문에 고구려 등의 한국계 인물이라는 설이 유력하다. 그러나 쇼오토쿠타이시가 603년에 제정한 관위12계(冠位十二階)의 내용에 "대례(大禮) 이하는 조미(鳥尾)의 관(冠)을 쓴다"는 기록이 있기 때문에 일본의 중급 관료라고 주장하는 학자도 있다. 카와하라 요시오(河原由雄) 나라 국립박물관 미술부장은 "붓이나 주걱으로 예리하게 그려진 철선묘(鐵線描)라고 하는 동양의 독특한 기법이 사용된 본격적인 인물화이다. 상반신의 표현이나 상당히 숙달된 그림의 선은 그림을 그린 사람이 아주 높은 수준임을 보여준다"고 말하고 있다.

호오류우사에는 이미 상당수의 일본의 국보와 중요문화재가 있는데도 이번에 또다시 대단한 그림이 발견된 것이다. 이 그림의 인물이 고대 한반도에서 건너온 사람이라는 설이 유력하고 고구려의 사절로도 생각되고 있으나 그렇다면 과연 무엇을 위해 일본에 건너온 사절일까 궁금해진다. 그러나 아직은 상상에 맡길 수밖에 없다.

호오류우사 대보장전의 보물

앞에서 이카루가에 있는 호오류우사에 관해 여러 가지를 살펴보았다. 특히 일본에서 가장 오래된 묵서 인물화에 대해서 길게 소개했었다. 그런데 호오류우사에서는 계속해서 '일본에서 가장 오래된 급의 묵서(墨書)' 라는 그림이 또다시 발견되었다. 이 그림에 관해서 1992년 11월 1일자 토오쿄오신문에는 "한반도의 기법을 이어받았는가?/호오류우사의 묵서 초벌그림/제작과정을 말해 주는 자료로"라는 머릿기사로 다음과 같이 보도하고 있다.

쇼오토쿠타이시와 깊은 연고가 있는 나라현 이카루가정의 호오류우사측은 1일, 금당에 안치된 아스카시대의 본존 석가삼존상의 대좌에 그려진 사천왕(四天王)의 하나인 지국천상(持國天像)의 묵서 초벌그림이 대좌의 밑판에서 발견되었다고 공식 발표했다. 사천왕상은 사방을 수호하는 신들로 지국천(持國天)·광목천(廣目天)·증장천(增長天)·다문천(多聞天)의 사신장(四神將)이다. 대좌의 우측면에 지국과 다문이, 좌측면에 증장과 광목이 그려져 있고 제작 연대는 석가삼존상과 같은 시기로 일본에서 최고급(最古級)의 불화로 생각되고 있다. 불화의 초벌그림이 같은 대좌에서 발견된 것은 아주 드문 일로 고대 불교회화의 제작기술을 연구하는 데 귀중한

지국천상의 묵서 초벌그림

발견으로 생각된다.

　이상은 기사의 앞부분으로 앞서의 '묵서 인물화'가 아미타여래좌상의 대좌에서 발견된 것에 비해 이 '묵서 초벌그림'은 지국천상의 밑판에서 발견되었다는 점이 흥미롭다. 기사는 계속 이어지고 있으나 마지막 부분만을 인용하면 다음과 같다.

　조사를 담당했던 카와하라 요시오 나라 국립박물관 미술부장에 따르면 당시의 회사(繪師·화공)는 바로 그림을 그리지 않고 붓이 손에 익을 때까지 나무판이나 쓸모없는 나뭇조각 등에 몇 번이고 데생을 하고 난 뒤에 제작에 임했다고 한다. 카와하라 부장은 "지금까지 제작과정을 보여주는 구체적인 예가 없었기 때문에 대단히 귀중한 발견이다. 이와 같은 묘사 방법은 한국의 고구려에서 온 담징이 전한 기술로 알려져 있으므로 이 그림의 화가도 도래계 인물이 아니겠는가"라고 말하고 있다. 역시 나라 국립박물관의 마쯔우라 마사아키(松浦正昭) 불교미술연구소 실장은 "금당의 석가삼존상 대좌의 표면에 있는 사천왕의 그림은 대부분 지워져 분명하지 않다. 그러나 이번에 발견된 초벌그림을 가지고 거꾸로 복원하는 것도 가능하다. 대단히 의미있는 발견이다"라고 한다.

천년이 넘는 먼 옛날에 만들어진 것들이 지금에 와서 계속해서 발견되는 이유는 무엇일까? 어찌 되었든 대단히 의미있는 일이라 하지 않을 수 없다. 또 다른 보도를 인용하면 1992년 1월 10일자 토오쿄오신문에 "호오류우사에서 보당(寶幢) 발견/전설의 장식용 불구(佛具)/몽전(夢殿)의 추녀 끝에 사용되었을까?/뒷면에 무로마치시대에 수리를 했다는 묵서명(墨書銘)"이라는 머릿기사가 나와 있었다.

요컨대 법당(法幢)이라고도 불리는 보당은 사원의 당(堂)이나 탑의 추녀 밑 등에 다는 것으로 추정되는 장엄구(莊嚴具)의 하나로 지금까지 보당이라 불리는 불구가 있다는 것은 알려져 왔으나 실물이 발견된 것은 이번이 처음이고 보당의 구체적인 형태도 처

장식용 불구의 보당

음으로 밝혀졌다는 것이다. 그리고 매우 잘 만들어져 있는 것으로 보아 일본의 국보인 몽전(夢殿)에 사용되었을 것으로 생각되므로 호오류우사의 중세 의식이나 장엄의 모양을 연구하는 데 귀중한 자료라고 한다. 호오류우사 부주지 타카다 요시노부(高田良信) 씨도 "이제까지 확실히 알 수 없었던 몽전에서 행해지던 '세이레이카이(聖靈會)'의 중세(中世)의 모습을 엿볼 수 있어서 매우 흥미롭다. 머지않은 장래에 꼭 보당을 복원해서 절에서 거행하는 행사에 사용하고 싶다"고 말하고 있다.

이쯤에서 호오류우사 금당에서는 일단 벗어나서 오중탑과 대보장전(大寶藏殿)을 살펴보기로 하자. 우선 『호오류우사약연기(法隆寺略緣起)』를 통해 오중탑과 대보장전이 어떠한 것인지를 살펴보자.

오중탑(五重塔) : 아스카시대의 것으로 탑은 '스투파'라고도 불리며 석존(釋尊)의 유골을 봉안하기 위한 것으로 불교사원에서 가장 중요한 건물이라고 합니다. 높이는 기단 위부터 약 31.5m로 일본에서 가장 오래된 오중탑으로 알려져 있습니다. 탑의 가장 아래층의 내원(內院)에는 나라시대 초에 만들어진 소상(塑像)이 많이 놓여 있고 동쪽 면에는 유마거사(維摩居士)와 문수보살의 문답, 북쪽면에는 석존의 입멸(入滅), 서쪽면에는 석존유골(사리)의 분할, 남쪽 면에는 미륵보살의 설법 등의 장면이 표현되어 있습니다.

대보장전으로 가는 길에는 이외에도 헤이안시대의 대강당과 천문학과 지리학을 일본에 전했다는 백제의 학승(學僧) 관륵승정(觀勒僧正)의 좌상으로 알려진 불상이 안치되어 있고 원래는 경전을 넣는 건물이라는 나라시대의 경장(經藏) 등이 있다.

그것들을 다 살펴볼 수는 없으므로 강봉장(綱封藏) 근처에서 대보장전 안으로 들어가 보기로 하자. 대보장전에 관해서 문체는 다르나 1990년 8월에 만들어진 또 다른 『호오류우사약연기』라는 책을 보면 간결한 필체로 다음과 같이 씌어 있다.

호오류우사 강봉장

강봉장을 지나면 조금 뒤쪽에 보이는 나라시대의 식당(食堂)과 카마쿠라 (鎌倉)시대의 세전(細殿)이 내려다보이는 위치에 있는 쇼오와시대의 대표적인 건축물인 대보장전에 이른다. 중창(中倉) 및 남창(南倉)의 2동으로 나뉘어 천년이 넘은 이 사원의 많은 영불(靈佛)과 영보(靈寶)를 수납했다. 우선 중창에는 밝게 표현되고 균형이 잘 잡혀 있는 몽위관음(夢違觀音) 및 정교하고 치밀한 백단상(白壇像)의 당(唐)나라시대 구면관음(九面觀音)과 아주 부드럽게 표현된 나라시대의 여섯 불상이 안치되어 있다.

특히 유명한 아스카시대의 백제관음(쿠다라관음)은 세계의 조각 중에서도 가장 간결하고 오래된 것으로, 보관(寶冠)을 쓴 220cm나 되는 큰 키의 존상(尊像)은 무한의 신운(神韻)을 나타내는 고대의 일대 걸작이다. 그 외에도 많은 스이코천황 시대의 금동불상을 비롯하여 칠요동검(七曜銅劍) 및 백만탑(百万塔), 금동압출불(金銅押出佛), 고면(古面), 불기(佛器), 고판(古版) 등 그 영보(靈寶)를 일일이 열거할 수 없을 정도이다.

다음으로 남창에는 아스카시대의 촉강금(蜀江錦)을 비롯하여 쇼오토쿠타이시와 관련된 영정류와 비천(飛天)의 금당 소벽화 금당본존 천개(天蓋)의 천인(天人), 봉황 등이 놓여 있다. 그중에서 유명한 것으로 아스카시대 스이코천황의 옥충어주자(玉蟲御廚子)가 있다. 불감(佛龕) 및 수미단(須彌壇)의 모퉁이 네 곳에는 당초투조꾸미개〔唐草透彫金具〕를 붙이고 그 밑에 비단벌레〔玉蟲〕의 날개를 가득 깔아 4면에 밀타(密陀·일산화연)로 불본생담(佛本生譚)을 그린 것이다. 이것은 실로 세계적인 보물로 그 정교함과 아름다움은 다른 어느 것과도 비교할 수 없다.

　남창에는 또한 대단히 정교하게 만들어진 장병(障屛 ; 간막이)을 뒤로 하고 아미타삼존을 봉안했다는 코오메이(光明)황후의 모 타치바나(橘)부인의 하쿠호오시대의 훌륭한 어주자(御廚子 ; 불상을 안치하는 당 모양의 불구)가 있다. 그 외에 범천, 제석, 사천왕(四天王, 나라시대)을 비롯한 소상(塑像)과 나라·후지와라(藤原)시대의 각 존상이 서 있거나 앉아 있는 자세로 안치되어 있어 이 절의 위대한 신앙의 역사를 말해 주고 있다.

　그야말로 대보장전이라는 이름에 어울리는 보고(寶庫)인데 그중에서 특히 나라시대의 '옥충주자'와 '백제관음(쿠다라관음)'에 대해서만 잠시 살펴보기로 하자. 먼저 옥충주자에 관해서는 키우치 타케오(木內武男) 씨가 쓴『일본의 고고학』의「목공, 칠공(漆工)」에 다음과 같이 씌어 있다.

　우선 나라시대의 가장 오래된 공예 유품으로 거론되는 것에 호오류우사의 옥충주자가 있다. 궁전(宮殿)과 수미단(須彌壇)으로 이루어진 것으로 노송나무에 검은색 옻칠을 하고 횡목과 문틀 기둥 등에 모두 투조금동꾸미개〔透彫金銅金具〕를 붙여 목공(木工), 칠공(漆工), 금공(金工), 회화(繪畵)의 각 기법을 합친 힘있는 작품이다. 궁전과 수미단의 주변을 장식한 꾸미개 밑에 비단벌레의 날개를 깔았기 때문에 옥충주자라 부른다.……

이 비단벌레의 날개를 공예품에 응용한 것은 이미 고대 한국의 삼국시대에 행해졌던 것으로 경주 금관총에서 출토된 안장〔鞍〕과 발걸이〔鐙子〕, 말띠드리개〔杏葉〕 등에도 굽꾸미개〔透金具〕 밑에 비단벌레의 날개를 깔아 그 색채효과를 노린 유물이 있다. 일본에서는 정창원(正倉院)의 유물 중에 그 예가 보인다.

요컨대 옥충주자의 주자란 불상을 안치하는 '궁전모양의 당(堂)'을 가리키는 것으로 그 정밀함과 정교함에 그저 놀라지 않을 수 없다. 이처럼 훌륭한 물건을 당시에 어떻게 만들 수 있었는지 궁금하기만 하다. 미쯔오카 타다나리(滿岡忠成) 씨의 『일본공예사』에는 다음과 같이 씌어 있다.

아스카시대의 공예유품으로서 대표적인 것이 호오류우사의 옥충주자이다. 그 제작 연대에 관해서 혹자는 아스카시대 이전으로 거슬러 올라간다는 설도 있고 또한 제작지에 관해서는 일본이라는 설과 한국 혹은 중국에서 만들었다는 설도 있어서 아직 확실하지 않지만 일반적으로는 당시의 상황으로 보아 일본에 도래한 기술자에 의해 제작되었다고 알려져 있다. 옥충주자는 단지 일본

옥충주자

에서 가장 오래된 칠공예 유품으로서만이 아니라 건축 및 회화사 등에서 당대의 양식을 전해 주는 유물로서 중요한 의의를 인정받고 있다.

최근에 작고한 시바 료오타로오(司馬遼太郎) 씨가 쓴 『이 나라〔國〕의 모습』(4)의 「옻칠〔漆〕」을 보면 다음과 같이 씌어 있다.

칠(漆)공예의 기념비적 유물이 7세기 초에 건립된 호오류우사의 옥충주자이다. 궁전모양을 하고 있다. 그 궁전의 옻칠한 문짝〔扉〕과 벽화에 일종의 유화인 밀타회(密陀繪)가 그려져 있다. 주자의 재료는 녹나무〔樟木〕로 일본의 것이나 회화의 기법은 한국적인 성격이 강하다. 아마도 한국에서 도래한 기술자의 손으로 만들어진 듯하다. 552년 백제로부터 일본에 불교가 전래된 이후에 사원과 불상을 만드는 방법이 바뀌고 건축기술도 변화되었다. 나아가서는 야금기술과 기와, 벽돌 등의 요업기술, 제지와 염직기술 등이 불교의 전래와 함께 일본으로 전해졌다.

옥충주자가 어디에서 만들어졌는가 하는 것은 차치하고라도 옥충(玉蟲)의 학명을 해석하면 '황금빛을 발하는 우아한 벌레' 라는 뜻이다. 이 벌레의 날개를 공예장식에 응용하는 기법은 고대 한반도의 고구려·백제·신라 삼국에만 있었다. 더욱이 호오류우사의 옥충주자에 사용된 비단벌레의 수는 2,563마리에 이른다는 계산이 나와 있다. 현대의 연구자들이 마리 수까지 계산하는 것도 놀랍지만 일찍이 고대인들은 이 작은 벌레의 날개를 하나하나 뽑아서 붙이기도 하고 바닥에 깔기도 했던 것이다.

다음에는 관음보살입상이라는 원래의 명칭을 갖고 있는 백제관음(쿠다라관음)을 살펴보자. 이 불상은 중창(中倉)에서 남창(南倉)으로 가는 입구에 가까운 방 하나를 차지하고 특별히 진열되고 있었다. 나는 어느 해 겨울 중순 무렵에 호오류우사를 방문한 적이 있으나 그때는 계절이

지나서인지 경내가 한산했고 7, 8명의 단체관광객인 듯한 사람들만 보였을 뿐이었다. 물론 대보장전 안에도 사람이 없어서 내 발소리가 신경 쓰일 정도였다. 덕분에 혼자서 여유를 갖고 그 귀중한 보물들을 감상할 수 있었다.

중창의 끝부분에 이르러 백제관음 앞에 다가갔을 때 어디선가 경비원이 나타나서는 내 옆에 다가섰다. 설마 내가 불상 앞을 가로막은 큰 유리창을 깨고 나보다도 더 큰 불상을 껴안을 것이라고 생각하지는 않았겠지만 경비원은 내가 그곳을 떠날 때까지 줄곧 서 있었다. 나는 문득 생각난 것이 있어서 경비원에게 이곳에 오는 사람들이 대체로 어떤 각도에서 불상을 바라보느냐고 묻자 그는 옆에서 보는 이들이 많다고 일러 주었다. 백제관음은 정면도 훌륭하지만 측면에서 보면 더욱 아름답고 처음부터 그와 같은 효과를 노려서 만들었을 것으로 생각될 정도였다.

그러나 백제관음뿐만이 아니고 쿄오토에 있는 코오류우사(廣隆

백제관음

寺)의 미륵보살반가사유상도 그렇다. 또한 언제인가 광배를 떼어 낸 야쿠시사의 월광보살상의 경우는 뒷모습의 선이 너무 아름다워 감탄했던 경험도 있다. 백제관음상에 관해서는 하마다 세이료오(浜田靑陵)씨의 『백제관음』을 비롯하여 수많은 책이 출판되어 있다. 그러나 여성이 쓴 책은 의외로 적어서 그중의 하나인 오카베 이즈코(岡部伊都子)씨의 『불상으로 회상하다』를 보면 백제관음에 대하여 다음과 같이 씌어 있다.

삼한의 하나인 백제는 일본에 혁명적인 문화를 전달한 스승의 나라이다. 불상은 원래부터 다른 미술, 공예, 학문, 기예 등에 미친 영향이 크다. 아직도 각지에 쿠다라(百濟)라고 하는 지명이나 명칭이 남아 있는 것을 보아도 우수한 도래인이 많았을 터이다. 그 백제 사람들의 작품이라는 이 향기 높은 불상을 우러러보면 조각하는 사람의 마음에 오고갔을 동경(憧憬)이 어디에 있었을까 생각하지 않을 수 없다.

미모는 아니지만 담아(淡雅)한 면모는 그야말로 동양적인 얼굴을 하고 있으나 하반신의 쭉 뻗은 깨끗하고 아름다운 선은 어느 나라의 것일까? 섬세한 선에 받쳐진 미묘한 손의 표정과 벗겨진 색채는 석양을 받아 빛이 넘치고 천의(天衣)와 옷문양의 흐름은 자기만의 리듬을 갖고 있다. 무엇보다도 나는 무릎부터 밑으로 뜻밖에 긴 다리에서 보이는 신비한 아름다움에 불상을 만든 이의 이 세상에 없는 존재에 대한 사모(思慕)를 흠뻑 느낀다.

매우 여성스럽고 섬세한 문장이라 아니할 수 없다. 또한 백제관음은 이번에 식당(食堂)의 북쪽에 독립된 '백제관음당(百濟觀音堂)'을 만들어 그곳에 안치하게 되었다고 한다. 한편 대보장전의 옥충주자, 백제관음, 육체불 등의 일본에서 가장 오래된 아스카시대의 유물을 집중적으로 돌아보면서 문득 생각난 것이 있었다.

나는 1987년에 토오쿄오 국립박물관에서 열린 '특별전 금동불—중

국·한국·일본'을 보았다. 그
때 얻은 『특별전 금동불―중
국·한국·일본』이라는 사진
을 위주로 만들어진 도록을 갖
고 있는데 그 책에서 다음과
같은 설명을 본 일이 있다.

20. 여래 및 양협시상(如來及
兩脇侍像) 3구(三軀)/ 토오쿄오
국립박물관(호오류우사 헌납보
물 143호) 동상도금(銅像鍍金)
상고(像高) 중존(中尊) 28.7cm
협시(脇侍) 각 20.5cm 아스카
또는 한국·삼국시대 6~7세
기.
21. 여래입상(如來立像) 1구
/ 토오쿄오 국립박물관(호오류
우사 헌납보물 151호) 동조도금
(銅造鍍金) 상고(像高) 33.4cm
아스카 또는 한국·삼국시대 6
~7세기.

이 내용에서 먼저 알 수 있
는 것은 호오류우사의 대보장
전에 있는 보물(불상)만이 호
오류우사의 것은 아니라는 사
실이었다. 헌납보물 143호,

여래입상

여래와 양협시상

몽전

151호에서 알 수 있듯이 토오쿄오 박물관에는 무슨 연유에선가 호오
류우사에서 헌납된 보물이 많이 소장되어 있는 것이다. 그렇다면 호오
류우사의 보물은 무진장하다고 생각된다.

또한 불상이 만들어진 연대에 관해서는 애매하게 표현되어 있으나
그것이 일본 것인지 한국 것인지 특정지을 수 없다는 뜻으로 그중에는
한국의 삼국에서 만들어진 것도 있었다는 것이다. 불상의 대부분이 아
스카시대 불교의 전래와 함께 한국에서 전해졌다고 한 이시다 시게사
쿠 씨의 해설로도 알 수 있고 다음에 살필 몽전의 구세관음과도 관련이
있다. 이제 서원(西院)의 대보장전을 나와 동원(東院)의 몽전, 츄우구
우사로 향하기로 하자.

몽전의 구세관음상

호오류우사의 동대문(東大門)에서 도로 오른쪽에 있는 불상의 사진이나 그림엽서 등을 팔고 있는 노점상들을 기웃거리면서 잠시 걸어가면 사각문(四脚門)이 나오고 그곳으로 들어가면 동원(東院)의 중심인 팔각당(八角堂)의 몽전(夢殿)이 나타난다.

이곳은 상궁왕원(上宮王院·우쯔노미야오오인)이라 불리는 곳으로 앞서 본 『호오류우사약연기』에는 다음과 같이 씌어 있다.

> 몽전(夢殿, 나라시대) : 601년에 조영된 이카루가궁(斑鳩宮)터에 교오신 소오즈(行信僧都)라는 고승이 쇼오토쿠타이시의 유덕(遺德)을 흠모하여 텐표오 11년(739)에 세운 가람을 상궁왕원[타이시는 우쯔노미야 왕가(上宮王家) 출신]이라고 하고 그 중심이 되는 건물이 몽전입니다.
>
> 팔각원당(八角圓堂)의 중앙에 있는 주자(廚子)에는 쇼오토쿠타이시의 등신불(等身佛)인 아스카시대의 비불구세관음(秘佛救世觀音)을 안치하고 주위에 헤이안시대의 성관음보살(聖觀音菩薩)과 역시 헤이안시대에 몽전의 수리를 맡았다고 하는 도오센 율사(道詮律師)의 소상 등도 안치되어 있습니다.
>
> 이 몽전은 중문(中門)을 개조해 만든 카마쿠라시대의 예당(禮堂)과 회랑으로 둘러싸여 그야말로 관음의 화신(化身)이라고 전하는 쇼오토쿠타이시를

공양하기 위한 전당으로서 어울리는 신비한 분위기를 띠고 있습니다.

몽전에는 이외에도 카마쿠라시대의 사리전(舍利殿)과 회전(繪殿) 및 나라시대의 건칠 아미타삼존상이 안치된 전법당(傳法堂)과 카마쿠라시대의 동원 종루 등이 있으나 역시 가장 핵심이 되는 유물은 일본의 국보로 지정되어 있는 몽전의 비불구세관음상이다. 이 불상은 비불(秘佛)로 되어 있어서 특별한 때말고는 자유롭게 볼 수 없다.

내가 이 구세관음에 대해 알게 된 것은 소년시절의 일로 당시 개조사(改造社)에서 출판한 현대문학전집 시리즈 『시가 나오야집(志賀直哉集)』[8] 첫쪽에서 저자의 다음과 같은 글을 읽고 나서부터였다.

교오신 소오즈상

구세관음상

몽전의 구세관음을 보고 있으면 이 불상을 누가 만들었는가 하는 생각 따위는 전혀 떠오르질 않는다. 작자와 불상이 완전히 유리된 탓으로 이것은 각별한 의미를 갖는다. 문학과 예술에 있어서 만일 내게 그와 같은 일이 주어진다면 내 이름 따위를 쓰려고 하지 않을 것이다.

내가 소년시절 시가 나오야 씨의 이 글을 읽었을 때는 작가의 생각과는 반대로 내게 만일 문학과 예술에 있어서 그와 같은 일이 주어진다면 나는 더욱 흔쾌히 내 이름을 나타낼 것이라고 생각했었다.

이 비불로 알려진 구세관음상이 어떠한 것인지에 관해서는 야마토의 옛 사찰을 순례하는 사람에게 성경과 같은 책으로 알려진 와쯔지 테쯔로(和辻哲郎) 씨의 『고사순례(古寺巡禮)』를 인용하는 것이 여러 의미에서 좋을 것 같다. 조금 긴 인용이 되겠다.

몽전의 인상은 숙연한 것이었다. 북쪽의 문을 열고 당내로 들어가서 다시 이중의 단(壇)을 올라가 중앙에 놓인 주자에 다가가자 내 마음은 점점 흥분되기 시작했다. 우리들은 주자의 왼편에 섰다. 높은 문짝이 조용히 열렸다. 긴 수막(垂幕)도 조용히 젖혀졌다. 향나무의 강한 냄새가 우리들의 감각을 자극함과 동시에 비불의 그 기묘하고 신비로우면서 무어라 형용할 수 없는 얼굴의 옆모습이 갑자기 눈에 들어왔다.

우리들은 무언가에 끌려가듯이 주자의 수막 앞으로 다가가 그 얼굴을 올려다보았다. 우리들 탓으로 빛이 가려져 어두워진 주자 속에는 유연(悠然)하고 이상한 생기를 발하고 있는 얼굴이 보였다. 그 눈썹과 눈에도 또한 뺨과 입술에도 희미한 그러나 찌를 듯이 강렬한 인상의 묘한 아름다움을 머금은 미소가 감돌고 있었다. 수수께끼 같은 느낌이기도 했으나 어둡지는 않고 사랑에 넘쳐 있기는 하지만 인도(印度)적인 고혹(蠱惑)스러움은 없었다. 비불의 피부 역시 기묘해서 희미하나마 일면에 남은 도금이 암갈색 바탕으로 부드럽게 빛나고 정말이지 탄력적인 살아 있는 피부 같으나 체온이나 냄새를 없앤 청정한 피부 같은 특수한 생기를 띠고 있었다.

그것은 얼굴 뿐만 아니라 아름다운 손과 가슴 등에서도 느낄 수 있다. 배가 조금 나온 것이 마음에 걸린다. 원래 이 불상이 옆에서 보도록 만들어진 것은 아니리라. 그러나 어깨에서 밑으로 흐르는 곧은 옷모양은 대단히 아름답다.

과연 와쯔지 씨다운 훌륭한 문장이지만 문제는 다음 문장의 내용이다. 와쯔지 씨는 계속해서 메이치 초기에 일본의 고대 미술의 발견과 발굴에 공이 큰 어네스트 프란시스코 페노로싸 씨가 이 비불의 주자를 열었을 때의 일을 인용하면서 다음과 같이 적고 있다. 그리고는 이 페노로싸의 의견에 대해서 여러 가지 비판도 적고 있다. 내가 와쯔지 씨의 『고사순례』를 인용하는 것이 여러 면에서 좋다고 한 것은 바로 이와 같은 비판의 글이 씌어 있기 때문이었다.

이 기묘하고 아름다운 불상을 돌연히 발견한 페노로싸의 경이(驚異)는 일본의 고미술에서 잊기 어려운 기념적인 일이다. 그는 1884년 여름에 정부의 촉탁을 받아 고미술을 연구하기 위해서 일본으로 왔다. 그는 호오류우사의 스님에게 이 주자를 열어 달라고 부탁했다. 그러나 스님은 만일 주자를 연다면 부처님을 모독하는 것으로 큰 벌이 내려 절의 사탑이 무너질 것이라며 좀처럼 허락하지 않았다. 당시 스님이 알고 있던 것은 비불이 백제로부터 전래된 스이코천황 시대의 불상이며 주자는 200년 동안 한 번도 열리지 않았다는 것뿐이었다.

따라서 이 불상의 예술적 가치가 무시되었던 탓이 아니고 그저 수세기 동안 일본인조차 볼 수 없었다는 것이었다. 페노로싸는 동행한 쿠키 류우이치(九鬼隆一)[9] 씨와 함께 희귀한 보물을 발견할지도 모른다는 기대를 가슴에 품고 집요하게 스님을 설득했다. 이윽고 긴 줄다리기를 끝내고 스님이 열쇠를 들고 중앙의 단으로 오르게 되었다. 수세기 동안 사용되지 않았던 열쇠가 녹슨 자물쇠를 여는 소리에 두 사람은 온몸에 전율을 느꼈다. 주자 속에는 목면으로 된 천을 뒤집어쓴 긴 물건이 서 있었다. 천 위에는 수세기 동안의 먼지가 쌓여 있었다. 먼지를 먹으며 천을 제거하는 일은 쉽지 않았다. 천은 150장(丈) 정도 사용되었다. 마침내 불상이 모습을 드러냈을 때 페노로싸는 그때의 일을 다음과 같이 표현하고 있다.

"이 경이롭고 세계적으로도 유일한 조각상은 수세기 만에 처음으로 사람의 눈앞에 나타났다. 그것은 등신(等身)보다는 조금 높지만 등쪽은 속이 비어 있어서 무슨 나무인지는 모르겠으나 딱딱한 나무에 심혈을 기울여 조각했고 전신에 도금이 되어 있던 것이 지금은 구릿빛 황갈색을 띠고 있었다. 머리에는 한국풍의 금동으로 조각된 묘하고 특이하게 생긴 관이 장식되고 보석을 박은 투조 철물(金物)로 만든 긴 장식끈이 달려 있었다.

그러나 특히 우리의 관심을 모은 것은 이 불상이 만들어진 미적인 불가사의였다. 정면에서 불상을 보면 그 기(氣)가 높지 않으나 옆에서 보면 그리스 초기의 미술과 같은 기품이 느껴진다. 어깨에서 발로 양측면으로 흘러내리는 긴 옷선은 직선에 가까운 조용한 한 줄의 곡선을 이루어 이 불상에 위대한 기품과 위엄을 더해 주고 있다. 가슴은 눌리고 배는 조금 튀어나왔으나 보석 혹은 약상자(藥筥)를 지탱한 두 손은 근육이 붙은 모습으로 힘차게 조각되어 있다.

그러나 가장 아름다운 모습은 머리 부분을 옆에서 바라볼 때이다. 한국식(漢式)의 예리한 코와 또 바르고 그늘 없는 얼굴은 검은색을 띤 조금 큰 입술을 하고 조용하고 신비로운 미소가 감돌고 있다. 모나리자의 미소를 닮은 듯도 하다. 원시적인 딱딱함을 갖는 이집트 미술의 가장 아름다운 것과 비교해도 예리한 조각방법이나 독창성에서 이 불상이 한층 아름답다고 생각한다. 날씬한 부분은 아시아의 고딕상을 닮았으나 선의 단순한 조직에서는 이 불상이 훨씬 안정되고 통일되어 있다. 옷 문양의 천의 배치는 동상식(銅像式)을 따르고 있다고 보이지만 날씬함의 조화를 가미했기 때문에 돌연 예기치 못했던 아름다움이 나타나 있다. 우리들은 첫인상으로 이 불상이 한국에서 만든 최상의 걸작이며 스이코시대의 예술가, 특히 쇼오토쿠타이시에게는 훌륭한 모델이 되었음에 틀림없다고 생각했다."

비불을 처음 발견한 사람이어선지 대단한 찬사가 씌어 있다. 그러나 와쯔지 씨는 페노로싸 씨의 글에 대해서 그의 발견에 일본인들이 감사해야 한다면서도 여러 가지 비판을 하고 마지막에 다음과 같이 쓰고 있다.

이 작품을 한국에서 만든 것이라고 단정하는 것은 너무 이르다. 원래부터 당시의 예술가들 중에는 한국인도 있었을 것이다. 그러나 한국의 뛰어난 독창성만을 인정하고 일본에 대해서는 인정하지 않은 것은 무슨 연유에서일까? 유품만을 본다면 오히려 한국에는 일본만큼 남아 있지 않다. 따라서 자세한 비교는 할 수 없다. 일본에서 불분명한 것을 한국에 의존하는 것은 문제를 회피하는 것에 지나지 않는다. 지나(支那, 중국)와의 관계로 말한다면 한국도 일본과 다름없다. 중국의 문화가 한국에 건너와서 현저한 변화가 있었다면 일본도 그러했을 것이다.

이 작품을 백제관음과 토리식 불상(鳥式佛像)과의 사이에 놓고 생각하거나 혹은 용문(龍門)의 부조(浮彫)와 비교해서 생각하는 것은 그 양식상의 고찰로서는 방향이 그릇된 것은 아닐지도 모른다. 갸름한 얼굴이나 높은 코의 모습도 지나에 그 모범이 있었을지도 모른다. 그러나 그것이 이 관음을 일본에서 만든 것이 아니라는 증거가 될 수는 없다. 한국인이 일본에 와서 얼마만큼의 변화를 경험하지 못할 리도 없을 것이며 한국인에게 배운 일본인이 새롭게 변화를 추구하는 일도 없다고는 말할 수 없다.

얼핏 보면 그럴듯한 비판처럼 보이지만 전혀 앞뒤가 맞지 않은 논리가 전개되고 있다. 와쯔지 씨는 엉뚱한 곳에서 학자답지 않은 민족주의를 드러내고 있었던 것이다. 우선 와쯔지 씨의 주장에는 명백한 착오가 있다. 예를 들면 "원래부터 당시의 예술가들 중에는 한국인도 있었을 것이다"라든가 "한국인에게 배운 일본인이" 등으로 기술했으나 이것은 근대 이후의 민족 감각을 대립적인 것으로써 그대로 당시에 끼워 맞춘 것이다. 여기서 당시라고 함은 7세기 초의 아스카시대를 가리키는 것으로 고대인 그 당시에는 아직 한국인과 일본인 등의 구별은 없었던 것이다. 일본인은 차치하고라도 당시, 혹은 그 이전에 한반도에서 일본열도로 도래한 사람들을 오늘날 '한국인'이라고 부를 수 있겠는가? 당시에는 한국인이라 불리는 사람은 존재하지도 않은 것이다.

따라서 페노로싸 씨의 말처럼 구세관음상이 그들이 도래할 당시에 가지고 온 '한국에서 만들어진 최상의 걸작'이었거나 또는 그들에 의해 일본땅에서 만들어진 것이거나 그러한 것들은 전혀 문제가 되지 않는다. 그것은 먼 옛날에는 한반도의 문화였다고 해도 동시에 그것은 또한 당시 일본에 있었던 것으로 지금은 일본의 훌륭한 문화유산이 되어 있는 것이다. 한 가지 덧붙이자면 와쯔지 씨와 정반대의 관점에서 씌어진 야나기 무네요시(柳宗悅)[10] 씨의 『조선과 그 예술』의 일부 내용에도 다음과 같은 착오가 보인다.

일본의 국보로서 세계에 자랑하고, 세계 여러 나라 사람들도 그 아름다움을 인정하고 있는 작품의 대부분은 도대체 누구의 손으로 만들어진 것일까? 그중에서도 국보라고 불리지 않으면 안 되는 물건의 거의 대부분은 실로 한민족에 의해 만들어진 것이 아니겠는가.…… 그 작품 등은 일본의 국보라 불리기보다는 정당하게 한국의 국보라고 부르지 않으면 안 된다.

한국의 국보라고 불리는 것이 우리들에게는 좋을 듯싶지만 여기서도 인종과 민족이 혼동되고 있다. 설령 사람은 한국에서 건너온 같은 인류라고 하더라도 그후 각각의 땅에서 형성된 민족은 분명히 다른 민족으로 바뀌게 되는 것이다. 그렇기 때문에 정확하게는 '실로 한반도에서 도래한 사람들에 의해 만들어진 것이 아니겠는가' 라는 식으로 표현해야 하며 따라서 그러한 작품들은 현실적으로도 일본의 국보라고 불려야 하는 것이다.

고대에 한반도에서 건너온 사람들에 의해 만들어진 것이라고 해서 곧 한국제 혹은 한국의 보물이라고 부르는 것은 우리가 흔히 인종과 민족을 혼동하는 경우의 한 예일 것이다.

‖ 역주 ‖

1) 쇼오토쿠타이시(574~622년) : 587년 소가노우마코와 함께 모노노베노모리야를 멸하고 593년 여제(女帝) 스이코천황의 즉위와 동시에 황태자가 되어 천황을 보좌해서 섭정이 되어 대신 소가노우마코와 함께 정권을 잡고 중앙집권의 기초를 닦았다고 함. 중국과 한반도의 문화를 도입하려고 힘썼으며 많은 사원과 불상의 건립에도 관여했다.

2) 도오지(?~744년) : 8세기 전반의 고승. 야마토국 소오노시모군(添下郡) 사람으로 속성(俗姓)은 누카타베씨(額田部氏). 어려서 출가했으나 총명해서 학문을 배워 702년 당에 들어가 장안(長安)의 서명사(西明寺)에서 수행한 후 718년 귀국해서 율사(律師)에 임명되어 불교정책 추진에 큰 업적을 남겼다.

3) 이자나기·이자나미신화 : 일본신화에서 아마쯔카미(天神)의 명을 받아 이자나미노미코토(伊邪那岐命)와 함께 일본의 국토와 신을 만들고 산과 바다, 초목을 관장했다는 남신. 아마테라스오오미카미의 아버지. 이자나미노미코토(伊邪那美命)는 이자나기노미코토의 배우자인 여신으로 불의 신(火神)을 낳았기 때문에 아마쯔카미와 헤어져 황천국(黃泉國)에 살게 되었다고 함.

4) 계명(鷄鳴)전설 : 신라 김씨 왕가의 조상 김알지에 얽힌 탄생설화. 석탈해왕(昔脫解王) 9년 3월 어느 날 밤 반월성 서북쪽 시림(始林) 숲에서 닭이 우는 소리와 함께 오색 서기가 하늘로부터 숲 속을 비추고 있어 당시의 재상 호공(瓠公)이 가보니 숲 속에는 흰 닭이 홰를 치며 울고 있고 나뭇가지에 금궤가 달려 있었다고 한다. 왕이 친히 숲으로 행차해서 금궤를 열어 보니 그 속에서 잘생긴 사내아이가 나왔으므로 왕은 기뻐하며 시림을 계림(鷄林)이라 고쳐 불렀다. 사내아이는 금궤에서 나왔으므로 성을 김(金)이라 하고 이름을 알지(閼智)라 부르며 태자로 삼고 소중히 키웠다고 하는 전설.

5) 카즈라키씨 : 야마토국 카쯔라기(葛城) 지방을 거점으로 하는 도래계 중앙호족으로 같은 한자인데도 지명은 '카쯔라기'로, 씨족명은 '카즈라키'라 일컫는다. 카라쯔키(韓津城)에서 전와되었다는 것은 한국을 나타내는 일본음 카라(韓)·쯔(津)·키(城)에서 유래하였다는 뜻이다.

6) 쿠라쯔쿠리씨 : 6, 7세기에 야마토에서 활약한 백제계 도래계 씨족으로 유우랴쿠 7년 백제로부터 도래해서 야마토노아야씨(東漢氏)의 지배 아래 들어가 종합적인 기술을 필요로 하는 말 안장 제작에 임했다는 씨족. 시조는 비다쯔천황 때에 활약한 시바타즈토(司馬達等)로 비다쯔천황 시대보다 조금 전쯤에 백제에서 도래했다고도

한다.

7) 야마토노아야노아타이쯔카 : 쯔카노오미(都加使主)의 다른 이름. 5세기 후반 오오진천황 20년에 백제에서 도래했다는 야마토노아야노아타이(倭漢直)의 조상 아치노오미(阿知使主)의 아들.

8) 시가 나오야(1883~1971년) : 미야기현(宮城縣) 출신의 소설가. 단편소설의 일본적 완성자라는 평가와 함께 많은 문학가들에게 영향을 주었다. 동양 고미술에도 관심이 많았다고 한다.

9) 쿠키 류우이치(1852~1931년) : 효오고현(兵庫縣) 출신. 메이지시대의 미술행정가로 제실(帝室)박물관 총장 등을 역임했다.

10) 야나기 무네요시(1889~1961년) : 대학에서 종교학을 가르치는 한편 미술 연구에도 힘써 민예(民藝)운동을 주창한 민예 연구가. 1924년 경성(서울)에 조선민족미술관을 개설했으며 만년에는 오키나와(沖繩)로 건너가 오키나와 연구에 힘쓰다가 불교에 귀의했다.

제 6 부

나라현의
한국문화 유적 Ⅱ

◆◆◆◆◆◆◆◆◆◆◆◆◆◆◆◆◆◆◆

츄우구우사 본전의 보물

호오류우사의 구세관음상이 안치되어 있는 몽전(夢殿)이 위치한 동원(東院) 가람에는 그 외에도 쇼오토쿠타이시의 일대기를 그린 장자회(障子繪 ; 미닫이문에 그린 그림) 등이 있는 카마쿠라시대의 사리전(舍利殿)·회전(繪殿)과 나라시대에 만들어진 세 쌍으로 된 건칠아미타상 등이 있는 전법당(傳法堂) 그리고 종의 안쪽에 '츄우구우사(中宮寺)'라고 새겨진 나라시대의 범종이 놓여 있는 동원 종루 등이 있다. 그러나 이것들을 모두 살펴볼 수는 없으므로 바로 옆에 있는 츄우구우사로 향하기로 하자.

츄우구우사는 호오류우사의 옆에 있기는 하나 사원으로 들어가기 위해서는 따로 일반참배권과 안내서를 구입해야 했다. 그 안내서인 『츄우구우사 배관간(中宮寺拜觀栞)』의 「츄우구우사 연혁」에는 다음과 같이 씌어 있다.

츄우구우사는 쇼오토쿠타이시의 모 아나호베노하시히토(穴穗部間人)황후의 소원에 의해 타이시가 거주하던 이카루가궁을 중앙으로 해서 서쪽의 호오류우사와 마주보는 위치에 창건된 절입니다. 옛 츄우구우사의 위치는 현 위치에서 동쪽으로 3정(丁) 떨어진 곳에 토단(土壇)으로 남아 있었던 것

츄우구우사의 보물전

츄우구우사터에서 출토된 옛 기와

을 몇 년 전에 발굴조사해 보니 남쪽에는 탑, 북쪽에는 금당을 배치한 시텐노오사식 가람배치로 확인되었습니다. 마치 호오류우사의 와카쿠사(若草) 가람이 시텐노오사식인 것에 대응된다고 하겠습니다. 그러나 이곳에서 출토된 옛 기와는 와카쿠사 가람에는 없는 것으로 아스카의 사쿠라이니사(櫻井尼寺, 별칭 向原寺)에서 출토된 것과 같은 계열의 것으로 보이기 때문에 처음부터 호오류우사는 승사(僧寺), 츄우구우사는 이사(尼寺 ; 비구니사)로 계획된 것이라고 생각됩니다.

본당의 본존은 국보 미륵보살반가상으로 천수국만다라(天壽國曼茶羅)는 강당(講堂)의 본존인 약사여래상의 배면(背面)에 봉안된 것이라고 전하고 있습니다. 종파는 카마쿠라시대에는 법상종(法相宗)이었으나 그후 진언종 천용사파(眞言宗 泉湧寺派)에 속해서 2차 세계대전 이후에는 호오류우사를 총본산으로 하는 성덕종(聖德宗)으로 합류하게 됩니다만 의연하게도 야마토 삼대문터(三大門跡) 비구니사원의 유일한 절로서 그 전통을 면면히 이어 오고 있습니다. 일본의 비구니사원의 숫자는 적지 않지만 아스카시대에 창건되어 1,300년의 긴 세월 동안 비구니사원의 법등(法燈)을 이어온 것은 넓은 일본 전국에서 츄우구우사 단 한 곳뿐입니다.

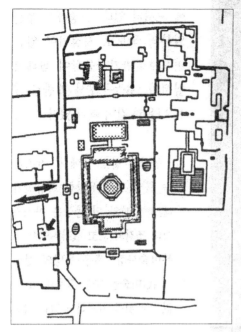

츄우구우사 배치도

또 다른 야마토 삼대문터 비구니사원에는 앞의 「엔쇼오사와 야마무라 폐사」에서 살펴보았던 엔쇼오사가 있으나 츄우구우사는 엔쇼오사에 비해 훨씬 오래된 비구니사원이다. 일본 각지의 많은 비구니사원에서 청춘과 생애를 보낸 여성들의 모습이 눈에 선하다.

비구니사원으로서 일본에서 가장 오래된 츄우구우사는 원래 '현 위치에서 동쪽으로 3정(丁) 떨어진 곳에' 있었던 것으로 창건 때의 유구(遺構)는 거의 남아 있지 않다. 그저 옛 절터의 발굴조사 때에 발견된 탑터와 옛 기와 정도를 가지고 왕년의 모습을 상상할 수밖에 없다. 그렇지만 츄우구우사의 본존인 미륵보살반가사유상과 천수국만다라수장은 다른 비구니사원에서는 볼 수 없는 훌륭한 것이다.

이 보물들은 1968년 타카마쯔미야(高松宮 ; 쇼오와천황의 동생, 황족)의 부인 등의 노고로 새롭게 만들어진 산뜻한 츄우구우사의 신본당

미륵보살반가상

에 모셔져 있다. 그중에서 우선 일본의 국보로 지정되어 있는 미륵보살반가사유상에 관해서 앞서의 『츄우구우사 배관간』에 는 다음과 같이 씌어 있다.

동양의 불상 중에서 '생각하는 불상'으로 유명한 사유반가 (思惟半跏)의 이 불상은 아스카 시대 조각의 최고 걸작이면서 일본미술사상, 혹은 동양의 상대 (上代)미술을 다룰 경우에 뺄 수 없는 지위를 차지하고 있는 작품입니다.

또한 국제 미술사학자들 사이에서는 이 불상의 얼굴 모습이 매우 드문 '고전적 미소'의 전형으로 높이 평가되어 이집트의 스핑크스, 다빈치의 모나리자와 함께 '세계 3대 미소'라고도 불리고 있습니다. 오른발을 왼쪽 무릎에 올린 반가(半跏)의 자세로 왼손을 위로 굽혀 그 손가락 끝을 뺨에 닿을 듯이 표현한 아름답고 부드러운 자세는 인간을 어떻게 하면 구제할 수 있을 것인가 하고 사유(思惟)하는 데 어울리는 청순한 기품이 감돌고 있습니다. 이카루가(斑鳩)의 땅에 1,300여 년의 법통을 면면히 이어온 츄우구우사의 불상은 영원히 우리들을 지켜줄 것입니다.

나는 지금 반가사유상의 사진을 보면서 이 글을 쓰고 있다. 흔히 사원의 안내서와 유래 등에 관한 책들은 조금 과장된 내용을 싣기도 하나 호오류우사와 츄우구우사의 안내서의 경우는 과장되었다고 말할 수 없을 정도로 이 반가사유상은 훌륭한 것이다. 물론 보는 사람에 따라 조금씩 차이는 있을 것이다. 내 경우도 같은 아스카시대의 것으로 쿄오토의 코오류우사에 있는 미륵보살반가사유상이 더 훌륭하다고 생각하고 있다.

이제 천수국만다라수장에 대해서 살펴보자. 역시 안내서 『츄우구우사 배관간』에는 다음과 같이 소개되어 있다.

쇼오토쿠타이시는 스이코천황 즉위 30년(622) 향년 48세로 돌아가셨습니다. 부인 타치바나노오오이라쯔메(橘太郎女)는 너무 슬퍼서 타이시(太子)를 그리워하다 못해 궁중의 우네메(采女 ; 후궁으로 천황의 식사를 나르던 하급 궁녀)들에게 명해서 타이시가 왕생(往生)하고 계신 천수국(天壽國 · 극락)이라는 이상정토(理想淨土)의 모습을 자수(刺繡)시킨 것이 천수국만다라수장입니다.

원래는 자수휘장 2장(繡帷二帳)으로 이루어져 그곳에 400자의 명문이 수놓아져 있고 그 전문(全文)이 법왕제설(法王帝說)이라는 책의 배서(背書)에 남아 있습니다. 따라서 우리들은 그 기록에 의해 만다라를 만든 경위를 분명히 알 수 있습니다. 그 기록에 따르면 그림을 그린 사람은 야마토노아야노마켄(東漢末賢), 코마노카세이(高麗加世溢), 아야노누카코리(漢奴加己利)이고 감독은 쿠라헤노하타쿠마(椋部秦久麻)라고 합니다. 그렇지만 세월이 지나면서 만다라가 손상되어 호오류우사의 보장(寶藏)에 보관되기에 이르렀습니다.

카마쿠라시대에 당시의 중흥(中興), 신뇨(信如) 비구니가 남은 수장을 한 장으로 모아 되살린 것이 오늘날 볼 수 있는 만다라입니다. 따라서 만들어질 당시의 극히 일부분에 지나지 않습니다. 그렇다 하더라도 그 색채의 신

천수국수장의 왼쪽 윗부분에 그려진 달

천수국수장

선함은 놀랍기만 합니다. 자수는 전부 실을 꼬아 수를 놓았고 왼쪽 윗부분에 달이 그려져 있는 것은 당시 천수국이 천상(天上)에 있다고 생각했기 때문일 것입니다. 또한 그림 속에는 쇼오토쿠타이시도 그려져 있을 것입니다. 당시의 제복으로 추측해 볼 때 그림 속의 빨간 옷을 입은 상(像)이 타이시로 생각됩니다. 또한 그림에는 거북등모양이 4개 남아 있어서 1개에 4자씩 '부간인공(部間人公)', '간시다지(干時多至)', '황전일계(皇前日啓)', '불시진완(佛是眞玩)'이라는 문자를 나타내고 있는데 이것은 법제설(法帝說)에 전하는 명문과 일치하고 있습니다.

츄우구우사에 정말로 귀중한 보물이 남아 있지만 더욱 중요한 것은 그 제작자를 확실히 알 수 있다는 것이다. 고대의 불상을 누가 만들었는가 하는 것은 호오류우사의 석가삼존상을 만든 쿠라쯔쿠리노토리, 즉 토리불사(止利佛師 혹은 鳥佛師) 이외에는 거의 알 수 없는 것이 보통이다. 그런데도 이 천수국만다라수장의 경우는 그림을 그린 사람이 야마토노아야노마켄 · 코마노카세이 · 아야노누카코리이고 감독은 쿠라헤노하타쿠마라고 확실히 적혀 있어 흥미롭다. 즉 그 이름으로 보아 야마토노아야노마켄과 아야노누카코리는 백제 · 아야(阿耶)계 도래인, 코마노카세이는 고구려계 도래인, 쿠라헤노하타쿠마는 신라 · 가야로부터 일본으로 건너온 도래인이다.

대체로 나라시대 무렵까지의 도래인은 엄밀하지는 않지만 신라와 가야, 고구려, 백제, 신라계 등으로 분리되어 있는 경우가 많으나 천수국만다라수장에는 어찌된 일인지 삼국이 일체가 되어 만다라수장을 만들고 있는 것이다. 다만 역시 알 수는 없으나 만다라에는 호오류우사와 밀접한 관계에 있었을 것으로 생각되는 백제계 사람에 관한 기록이 보이지 않는다.

백제계 불교와 신라계 불교

백제계가 빠져 있다고 해도 별로 이상할 것은 없으나 백제는 쇼오토쿠타이시의 불교 및 천수국만다라수장을 만들게 한 타치바나노오오이라쯔메의 가계(家系)와도 관련이 있기 때문에 중요하게 다루어야 한다. 이 일에 관해서는 유카와 히데키(湯川秀樹)·시바 료오타로오·우메하라 타케시(梅原猛) 등이 참가한 '불교문화의 전래' 라는 좌담회에서 우에다 마사아키 씨가 다음과 같은 말을 하고 있다.

와카쿠사 가람(호오류사의 전신)에 관해서는 좀더 연구할 것이 있다고 생각합니다만 결론부터 말씀드리자면 소가씨의 불교는 백제불교로 고구려계도 가미됩니다. 그렇지만 쇼오토쿠타이시 쪽은 신라계 불교라는 것이 저의 해석입니다. 거기에는 몇 가지 이유가 있습니다.

예를 들면 쇼오토쿠타이시의 경우는 하타노카와카쯔(秦河勝)[1]와의 관계를 떠올리게 합니다. 코오류우사(廣隆寺)의 국보 제1호인 미륵보살반가사유상은 소나무로 만든 것으로 한국의 경주에서 출토된 금동미륵상과 아주 유사한 형태이므로 신라의 양식으로 생각됩니다. 그리고 울고 있는 미륵상도 옛 조선박물관에 있던 금동미륵과 대단히 흡사하다고 합니다. 『일본서기』에도 씌어 있고『쇼오토쿠타이시전보궐기(聖德太子傳補闕記)』 등을 보아

도 신라에서 가지고 온 불상을 하타노카와카쯔에게 주었다고 분명히 적혀 있습니다. 문헌적으로도 증명할 수 있습니다. 대체로 나는 '하타(秦)'라는 성은 신라계로 해석하고 있습니다. 아야(漢)라는 성은 백제계로 소가씨와 아야씨가 연결됩니다. 그때에 고구려의 불교가 들어오게 되는 것입니다.

쿄오토 코오류우사의 미륵보살상

여기서 조금 설명을 해야 할 부분이 있다. 아야(漢)라는 성이 백제계라고 했으나 이것은 야마토(東)의 아야(漢)씨족을 가리키는 것이다. 앞서도 언급했듯이 나는 '아야(漢)'라는 씨족 이름도 가야의 여러 나라 중의 '아야(阿耶, 漢은 安耶·安羅·安那라고도 함)'에서 온 것으로 생각하기 때문에 '백제·아야계(阿耶系)'로 분류하고 있다.

가야의 여러 나라는 532년에 우선 절반 정도가 신라로 흡수되고 562년에는 가야국 전부가 신라로 흡수되었다. 그러나 경상남도를 중심으로 했던 그 당시의 가야는 북으로는 고구려, 동으로는 신라, 서로는 백제에 접해 있었기 때문에 어느 때는 고구려 또 어느 때는 백제의 억압 밑에 있기도 했던 것이다.

따라서 우에다 씨가 아야씨(漢氏)를 백제계라고 한 것도 반드시 틀린 것은 아니지만 엄밀히 말하자면 백제·아야계로 생각해야 한다. 또한

보통 신라계라고 하는 하타(秦)씨족을 내가 '신라 · 가야계'로 구별한 것도 같은 의미에서 구분한 것이며 두 씨족 모두 원래는 가야계였던 것이다. 여기서 앞서 우에다 씨의 의견을 조금 더 인용하기로 하자.

타치바나노오오이라쯔메가 천수국수장을 츄우구우사에 남겼습니다만 쇼오토쿠타이시의 사상으로서 정말로 신뢰할 수 있는 것은 '세간허가(世間虛假) · 유불시진(唯佛是眞)'이라는 것입니다. 타이시는 어째서 타치바나 부인을 그렇게 어여삐 여겼으며 또 부인이 어째서 타이시가 죽은 후에 만다라수장을 만들었는가 하는 것이 하나의 의문입니다.

여기서 새로운 설을 소개하겠습니다. 법왕제설(法王帝說)에는 분명하게 '이나베노타치바나(位奈部橘)'라고 씌어 있습니다. 우쯔노미야기(上宮記)에는 이나베노타치바

쇼오토쿠타이시 소년상

나노오오(韋那部橘王)라고 표기되어 있습니다. 이 '位奈部 · 韋那部'라는 것은 '이나베씨(猪名部氏)'[2]를 가리키는 것으로 그들은 일본에 건너온 목공(木工)과 관련된 사람들로 그들의 조상은 신라에서 도래한 사람들이라고 합니다. 또한 타치바나 부인의 어머니는 신라계입니다.

만다라수장을 보면 건물과 풍속의 모양 등이 고대 한국의 모습 그대로입

니다. 그 풍속은 당시의 일본으로서는 도저히 상상할 수 없는 것입니다. 만다라수장을 짠 사람은 이른바 한국계 기술자인 하토리메(織女)로, 이러한 일련의 관계를 보아도 타이시의 불교는 신라계의 하타씨가 모셨던 불교와 관련이 있다고 보아도 좋을 것입니다. 그렇기 때문에 쇼오토쿠타이시가 죽은 뒤 그의 아들 야마시로노오오에노오오(山背大兄王)[3]가 죽을 위기를 맞습니다만 그때 제일 먼저 피신처로 등장한 곳이 야마시로(山城) 후카쿠사(深草)의 톤쿠라(屯倉)입니다. 그곳은 하타노오오쯔치(秦大津父)[4] 등이 거주하던 곳으로 하타씨의 세력권 안이었습니다.

이러한 일련의 움직임을 보면 일본에서의 불교라는 것은 아스카(飛鳥)의 시점(時點)에 관한 이야기가 됩니다만 일반적인 불교가 아니기 때문에 백제계 불교와 신라계 불교의 상태를 고려하지 않으면 안 된다고 생각합니다. 바로 백제관음의 세계와 코오류우사 미륵 세계의 차이입니다.

조금 긴 인용이 되었으나 위의 내용에는 대단히 중요한 사실이 씌어 있다. 우선 아스카시대 일본에서의 불교는 일반적인 불교가 아니라 소가씨의 불교가 고구려의 것도 가미된 백제계 불교인 것에 반해서 쇼오토쿠타이시는 신라계 불교였다는 것이다. 이와 같은 사실이 어째서 중요한가 하면 신라계 불교를 믿었다는 쇼오토쿠타이시도 다름아닌 소가(蘇我)씨족, 즉 백제불교를 신봉하며 자신들의 씨사(法興寺·飛鳥寺)까지 건립했던 바로 그 소가씨 일족이었기 때문이다. 오늘날에도 종파(宗派)를 바꾼다는 것은 대단히 어려운 일이다. 그런데 당시 어떻게 그러한 일이 벌어졌을까?

그것에 대해서 확실히 알 수는 없으나 소가씨족과 쇼오토쿠타이시에 관해서는 쿄오토 문화박물관에서 펴낸 강연기록 『고대 호족과 한국』이란 책 속에 실린 카도와키 테이지(門脇禎二) 씨의 「소가씨와 도래인─쇼오토쿠타이시를 둘러싸고」에 상당히 자세하게 씌어 있다. 카도와키씨는 소가씨족이 백제계 도래인이라고 이전부터 밝히고 있으나 그는 먼저 "蘇我石川-宿禰-滿知-韓子-高麗-稻目"으로 이어지는 '소가씨계도(蘇我氏系圖)'를 나타내고 야마토에서 소가천(曾我川) 유역의 소가(曾我·蘇我)에 정착해서 아스카로 진출했던 소가씨가 백제 8대성(八大姓) 중의 하나인 목씨(木氏)였다며 다음과 같이 기술하고 있다.

내가 주목하는 것은 소가씨계도에 보이는 소가노마치(蘇我滿智)입니다. 왜냐하면 실은 다른 사료에 '木刕(羅)滿致'라는 남자가 등장합니다. 이 사람은 백제의 관인(官人)으로 목(木)이 성입니다. 목씨는 백제의 유력한 8성(姓) 중의 하나로 '刕' 또는 '羅'는 상고(上古)시대에 계급을 나타내는 칭호로 목씨처럼 유명한 호족 중에서도 특히 지위가 높은 계급에 오를 경우에 '木刕滿致'·'木羅滿致'가 됩니다. 이 목만치(木滿致)가 『일본서기』에 나옵니다만 '滿智'·'滿致'도 '만치(マンチ)'로 읽는지 혹은 '마치(マチ)'로 읽어야 하는지 확실하지 않습니다. '智'와 '致'자는 일본의 고대음에서는 갑음(甲音)과 을음(乙音)으로 구별되어 조금 발음이 다릅니다만 두 자는 같은 '치(チ)' 음인 것입니다.

그런데 한국의 『삼국사기』에는 백제가 고구려의 공격을 받게 되었을 때 당시 고구려의 왕자 문주(文周)와 두 사람의 사신, 즉 목만치와 상미걸취(相彌桀取)를 신라에 보내어 원군을 보내 주겠다는 약속을 받았다고 합니다. 문주왕자는 다시 백제로 귀환했으나 475년 고구려와의 싸움에서 졌다고 기록되어 있습니다. 그런데 만치는 '남쪽으로 갔다'고 씌어 있습니다. 한국에서 남쪽이라고 하면 「위지(魏志)」, '왜인전' 이래로 일본이 줄곧 남쪽의 가늘고 긴 나라로 생각되고 있었기 때문에 일본으로 갔을 가능성이 크고 마침 당시(5세기 말엽)는 유우랴쿠천황의 시대입니다.

그렇다면 일본에서 소가씨가 활약하기 시작하는 시기가 5세기 말이기 때문에 나는 소가노마치(蘇我滿智)의 '蘇我'는 훗날에 불린 성씨로 원래는 목만치가 일본으로 도래해서 정착한 곳이 야마토의 소가(曾我)였다고 생각합니다. 따라서 처음에는 목만치라고 불렸을 것이나 거주하는 곳의 지명을 따서 씨명을 붙이는 것이 일본에서 예부터 전해오는 원칙이기 때문에 '曾我' 또는 '蘇我'로 바뀌게 된 것입니다. 이렇게 해서 백제의 고급관료였던 목만 치와 그 일족이 야마토의 아스카에 정착해서 소가씨족이 시작되는 것입니 다. 따라서 소가씨 자손의 이름도 카라코(韓子), 코마(高麗)라는 따위의 도 래계 이름이 붙여지게 되었다는 것이 나의 주장입니다.

카도와키 씨는 또한 "더욱이 6세기에 들어와 케이타이천황 무렵부터 계속해서 목씨 일족이 10여 명이 넘게 도래하고 있습니다"라고 덧붙여 말하고 있다. 이렇게 형성된 소가씨족은 같은 백제 · 아야계 도래인 집 단인 야마토노아야(東漢)씨족과 일체가 되어서 막강한 권세를 누렸다 는 것은 잘 알려져 있는 사실이며 동시에 백제계 목씨인 소가씨는 그

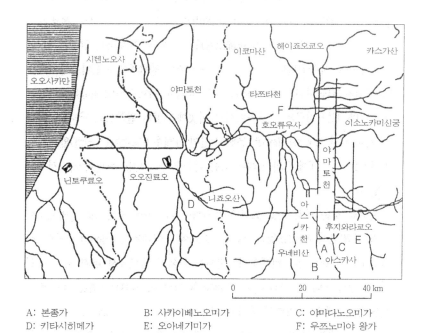

A: 본종가   B: 사카이베노오미가   C: 야마다노오미가
D: 키타시히메가   E: 오아네기미가   F: 우쯔노미야 왕가

소가씨제가 배치도

직계만 해도 수없이 갈라져 나왔다. 그리고 소가씨는 그 일족들을 본종가가 있는 아스카 주변에 번병(藩屛 ; 황실의 수호 또는 직할영지)으로 배치하고 있다. 그 번병 중에는 우쯔노미야 왕가(上宮王家)의 쇼오토쿠타이시도 있었다. 카도와키 씨는 앞의 책에서 '소가씨제가 배치도(蘇我氏諸家配置圖)'를 소개하고 다음과 같이 기술하고 있다.

소가 일족[5]의 몇 개의 소씨(小氏, 諸家)의 소재를 나타낸 것이 '소가씨제가 배치도' 입니다. A가 본종가(本宗家), C가 야마다노오미가(山田臣家), D가 키타시히메가(堅鹽媛家), E가 오아네기미가(小姉君家), F가 우쯔노미야 왕가 곧 쇼오토쿠타이시 가문입니다.

즉 이 지도에서 A라고 씌어 있는 곳이 앞서 말씀드린 마스가(眞菅), 야기(八木)역의 바로 서쪽에 해당합니다. 그곳에서 남쪽으로 내려와 우네비산(畝傍山)의 남쪽을 돌아 아스카천(飛鳥川)의 상류로 가면 그곳이 본종가입니다. B의 사카이베노오미가(境部臣家)는 사카아이촌(坂合村)인 지금의 아스카역 바로 북쪽입니다. 그리고 C는 아스카의 동북쪽에 국립아스카자료관이 세워져 있습니다만 길 반대편 바로 북쪽에 야마다사(山田寺)터가 있는 곳입니다. E는 지금의 사쿠라이시로 이곳에서 E의 왼쪽으로 난 길이 타이마(當麻)에서 카와치(河內)로 통하는 길인 타케우치노미치(竹內道)입니다만 카와치로 나온 곳에 D라고 씌어 있는 니죠오산(二上山) 왼편이 키타시히메가입니다.

자세한 것은 제쳐 두고 요컨대 소가씨는 아스카를 중심으로 동쪽으로는 이가(伊賀)에서 이세(伊勢)로 빠지는 요지에 오아네기미(小姉君) 일족을, 서쪽으로는 니죠오산과 타케우치노미치를 카와치 방면에서 빠져 나온 곳인 타이시정(太子町)과 카와치아스카(河內飛鳥)의 시나가다니(磯長谷)에 키타시(堅鹽) 일족을 배치해서 동서의 교통로를 장악하고 있었던 것입니다. 그런데 이 타케우치노미치를 장악함으로써 소가씨가 교통권을 확보하게 되는 것입니다. 북쪽에 있는 유명한 타쯔타노미치(龍田道)에서 카와치로 나오는 출구에 호오류우사라고 적혀 있는 이카루가에서 쇼오토쿠타이시 일족이 나온 것입니다.

어째서 쇼오토쿠타이시의 일족이 이카루가(斑鳩)와 관련을 맺게 되었는가를 추측케 하는 내용이다. 카도와키 씨는 또한 다른 계도(系圖)를 소개하면서 "혈맥(血脈)으로 말하자면 부계도 모계도 모두 소가씨계의 순수한 피로 이루어진 최초의 왕족이 쇼오토쿠타이시인 것입니다"라 하고 계속해서 다음과 같이 기술하고 있다.

이에 관한 설명도 없이 소가씨가 스이코천황 및 쇼오토쿠타이시와 대립했었다고 씌어 있는 교과서가 지금도 있습니다만 소가노우마코 혹은 소가노에미시(蘇我蝦夷)[6]는 같은 소가씨계에 속하는 이들과 대립할 수 없습니다. 그들은 일족간입니다. 혈연관계가 있어서만이 아닙니다. 『일본서기』스이코기(推古記)를 읽어보십시오. 쇼오토쿠타이시와 소가노우마코는 '서로[共] 의논[議]해서' 무엇 무엇을 했노라는 내용이 계속해서 나옵니다. 그렇기 때문에 소가씨와 천황이 대립하게 되는 시기는 7세기 초 스이코·죠메이천황 시대가 아니라 624년, 즉 쇼오토쿠타이시가 죽은 지 2년이 지난 코오교쿠(皇極)천황 무렵의 이른바 타이카(大化)의 쿠데타 직전부터인 것입니다.

7세기 초엽 아스카시대에 쇼오토쿠타이시는 소가씨 일족에게 중요한 인물입니다. 그리고 앞서도 말씀드렸습니다만 쇼오토쿠타이시 일족은 모노노베씨를 멸한 뒤 타쯔타노미치를 장악하기 위해 이카루가로 나와서 아스카를 중심으로 소가씨가 동서남북으로 구축했던 방위체제의 한 부분을 담당하고 있었던 것입니다. 이러한 하위의 위치에 있던 쇼오토쿠타이시가 스이코천황을 대신해서 감히 '섭정'을 했다는 것입니다.

그리고 카도와키 씨는 "우리들은 의심없이 쇼오토쿠타이시가 섭정했다고 말하고 있습니다만 아스카시대 초에 섭정이라는 것이 있었을까

요? 그야 헤이안시대에는 섭정이라는 것이 실재하고 있습니다"라고 하면서 쇼오토쿠타이시의 '섭정설'을 부인하고 있다. 그리고『수서(隨書)』「왜국전(倭國傳)」등을 분석해서 쇼오토쿠타이시가 실은 당시의 '대왕(大王 ; 천황 이전의 칭호)'에 지나지 않았다고 주장하고 있다.

그러나 여기서 문제가 되고 있는 것은 쇼오토쿠타이시와 소가씨의 관계에 관한 것이다. 소가씨는 카도와키 씨의 말처럼 '부계도 모계도 모두 소가씨계의 순수한 피로 이루어진 최초의 왕족'이었다. 그런데 소가씨는 백제계 불교도였는데도 쇼오토쿠타이시 혹은 쇼오토쿠대왕이 어떻게 해서 하타씨(秦氏) 등이 신봉했던 신라계 불교를 믿게 된 것일까? 이 일에 관해서 카도와키 씨는 다음과 같이 기술하고 있다.

요컨대 신라계 불교를 신봉했던 하타씨도 소가씨 밑에 있던 야마토노아야씨와 어깨를 나란히 하는 방대한 재정력과 다양한 기술을 갖고 있던 도래인 집단이었습니다. 그 우두머리인 하타노카와카쯔(秦河勝)를 쇼오토쿠타이시가 급히 등용하게 됩니다만 그 전까지는 소가씨가 기본적으로는 미나미야마토(南大和)에 있던 야마토노아야씨를 지배하고 있었습니다. 그런데 어째서 쿄오토의 대표적인 도래인을 이카루가의 궁정(宮廷)에서 중시하기 시작했는가 하는 문제가 있습니다.

물론 쇼오토쿠타이시와 신라 · 가야계로 알려져 있는 하타씨가 어떻게 언제부터 관계를 맺기 시작하는지 나로서는 알 수가 없다. 다만 한 가지 분명한 것은 쇼오토쿠타이시가 죽은 뒤 그의 아들 야마시로노오오에노오오가 소가노이루카(蘇我入鹿)[7]에게 쫓겨 결국 자살하고 만 것이다. 그 이유로는 서로 다른 불교를 신봉했었다는 이유만이 아니라 또다른 정치적인 이유도 얽혀 있었음에 틀림없다. 야마시로노오오에노오오가 죽은 지 2년 뒤인 645년에 이른바 타이카개신이 일어나게 된다. 그리하여 그 권세를 따를 자가 없었던 소가 본종가는 멸망하게 되는 것

이다. 나는 이 타이카개신을 신라계 씨족과 백제계 씨족의 대립과 항쟁에 의해 일어난 것이라고 추측하고 있다.

호오류우사와 쇼오토쿠타이시, 츄우구우사의 천수국만다라수장을 살펴보다가 정치적인 측면에까지 이르고 말았다. 츄우구우사에는 그밖에도 일본의 중요문화재로 지정되어 있는 나라시대의 『지본묵서유가사지론(紙本墨書瑜伽師地論)』 2권과 역시 중요문화재로 지정된 카마쿠라시대의 지장자문수보살(紙張子文殊菩薩) 등이 있다. 또한 백제에서 건너온 목조관음상이 전한다는 호오키사(法起寺)도 있으나 츄우구우사를 포함한 호오류우사로부터는 일단 벗어나려고 한다.

그 전에 한 가지 호오류우사 등의 사원 건립이나 고분 등의 축조에 사용된 '척도(尺度)'에 관해서 근년에 새로운 설이 나왔기 때문에 그것을 소개하기로 하겠다. 지금까지 '척도'라고 하면 보통 1척(尺)이 35.6cm인 '코마척(高麗尺 · 고구려척)'이 사용되었다고 알려져 왔으나 그렇지 않다는 새로운 주장이 나온 것이다. 공학박사이며 일본 금속공업연구개발본부 부본부장을 지낸 아라이 히로시(新井宏) 씨는 『환상 속의 고대척(古代尺)-코마척은 없었다』라는 책에서 다음과 같은 주장을 펴고 있다.

일본에서는 당척(唐尺)이 도입된 이후의 척도의 변천에 관해서는 상당히 자세히 알려져 있다. 그렇지만 타이카 이전의 시대에 존재했었다는 코마척에 대해서는 고고학자와 역사학자의 대부분이 그 존재를 전제로 한 연구를 진행해 왔지만 엄밀히 말하면 코마척의 존재 여부는 학문적 연구에 의해 밝혀진 것이 없다. 하물며 시대를 더욱 거슬러 올라간 코훈시대에 이르면 어떠한 척도가 사용되었는지 많은 가설이 나와 있기는 하지만 좀처럼 토론의 대상이 될 만한 설이 없었던 것도 사실이다.

필자는 4~8세기의 한반도 및 일본을 대상으로 고분의 형상, 고분의 현실, 궁전과 사원 등에 관해서 약 70종 1,000건에 이르는 방대한 계측자료를 수집해서 컴퓨터로 분석해 보았다. 그중에서 귀납적(歸納的)인 척도를 구해서 시대와 지역별로 정리하여 종합적인 평가를 해보았다. 그 결과는 필자가 생각하고 있던 것보다도 훨씬 획기적인 것이었다. '고한척(古韓尺)'이라고 명명한 1척이 26.8cm인 새로운 척도가 고대의 일본과 한반도에서 일제히 또한 명료하게 부상한 것이다.

예를 들면 이 고한척이 한반도에서는 집안(集安)벽화고분군, 장군총, 안학궁(安鶴宮), 정릉사(定陵寺), 석촌동(石村洞)고분군, 황룡사, 정림사, 미륵사 등에 사용되었으며 일본에서는 많은 전방후원분 이외에 고대 궁전, 아스카사, 와카쿠사 가람, 호오류우사, 코마사(高麗寺), 야마다사, 시텐노오사, 카와하라사(川原寺), 아노우 폐사(穴太廢寺), 나쯔메 폐사(夏目廢寺), 호오키사, 호오린사(法輪寺) 등 고대 유적의 거의 모두를 망라하고 있다.

그리고 이러한 사실은 코마척의 실재에 관한 의구심을 증대시키는 결과를 가져왔다. 어디엔가 문제가 있을 것이라고 계속해서 검토를 해보니 역시 예상했던 이상으로 확실한 결과가 나타났다. 즉 지금까지 코마척이 사용되었다고 생각되는 각종의 건축물이 모두 최근의 고고학적 발굴 결과에 의해서 그 증거능력이 상실되어 갔다.…… 또한 이 새로운 '고한척'은 고고학적인 유적 뿐만 아니라 한국의 경주에 있는 6세기 금석문 '남산신성비(南山新城碑)'와 『엔기식』에 기록된 용포(庸布)·조포(調布)의 길이에 관한 해석 등 이른바 문헌학적으로도 검출할 수 있었다. 그것뿐만이 아니다. 최근에 하마마쓰시(浜松市)의 이바(伊場) 유적에서 출토한 자(尺度)가 고한척에 딱 들어맞는다는 사실도 밝혀져 계속해서 고한척의 증거가 나타나고 있다.

여기서 말하는 고한척을 '코마척(高麗尺 또는 高句麗尺)'이라고 불렀다고 해도 좋을 듯하다. 그러나 결정적으로 틀리는 것은 그 척도, 즉 길이가 다르다는 것이다. 만일 그렇다면 이것은 획기적인 발견이며 새로운 학설이라 아니할 수 없다.

이카루가의 고분

　지금은 야마토 북서부의 작은 마을에 불과한 이카루가(斑鳩)는 고대
에는 여러 가지 의미에서 실로 중요한 곳이었다. 앞에서 살펴보았던 일
본 최대의 가람 호오류우사가 있어서 뿐만이 아니고 유명한 후지노키
(藤ノ木)고분을 비롯해서 중요한 고분이 산재해 있다. 또한 이카루가의
바로 옆에 위치한 카타오카오오사(片岡王寺)가 있는 오오지정(王寺町)
을 합쳐서 살펴보면 한층 흥미로운 일이 될 것이다.

　어느 날 나는 그 고분들을 살펴보려고 호오류우사의 바로 서쪽 국도
25호선을 따라 있는 이카루가정 교육위원회를 방문했다. 공교롭게도
담당자가 자리에 없어서 만날 수 없었으나 그 대신 나라현립 카시하라
고고학연구소에서 펴내고 이카루가정 교육위원회에서 발행한 『이카루
가정의 고분』을 구할 수 있었다. 그 책의 「1. 이카루가의 지리와 역사」
에는 다음과 같이 씌어 있었다.

　　나라현과 오오사카부를 나누는 이코마산의 동쪽에 이코마(生駒), 헤구리
　　골짜기〔平群谷〕를 사이에 끼고 해발 200~300m의 구릉이 남북으로 늘어서
　　있다. 야다 구릉이라고 불리는 산들로 이 구릉의 남단부터 야마토천(大和
　　川)에 걸친 평야부 일대가 이카루가정(斑鳩町)으로 되어 있다.

이카루가라는 지명이 역사상에 처음으로 나타나는 것은 『일본서기』 요오메이(用明)천황 원년(586) 정월의 기사에 우마야도노미코(廐戶皇子), 즉 쇼오토쿠타이시가 우쯔노미야(上宮)에서 이곳으로 옮겼다는 기록이다. 이 시기는 아스카에 새로운 형태의 정치가 행해지려고 했던 시기이며 이른바 새로운 일본이 탄생하려고 했던 시대이다. 쇼오토쿠타이시가 이카루가로 진출한 뒤 이 땅은 아스카시대 문화의 중심지였으며 호오류우사를 비롯해 츄우구우사, 호오린사, 호오키사 등이 연이어 건립되고 불교문화의 꽃을 피웠다.

쇼오토쿠타이시가 죽은 후 그의 아들 야마시로노오오에를 중심으로 한 우쯔노미야 왕가에 의해 이곳 이카루가의 기반은 계승되고 있었으나 소가씨와의 정권 다툼으로 얽히면서 일어난 코오교쿠천황 2년(643)의 이카루가 궁 습격에 의해 우쯔노미야 왕가는 멸망했다. 이 사건이 있은 지 바로 2년 후에 일어난 타이카개신으로 소가노이루카, 에미시(蝦夷) 두 사람의 최고 권력자가 사라진 것을 생각하면 당시의 정치정세 속에서 이카루가가 차지

하지키와 스에키

한 위치가 얼마나 컸었는가를 알 수 있다.

또한 다시 『이카루가정의 고분』의 「2. 이카루가고분 분포의 개관」을 보면 그 첫 부분에 다음과 같이 씌어 있다.

이카루가에 분포하는 고분은 현재 우리들이 볼 수 있는 것만 해도 약 40 기로, 이미 소멸되었으나 기록이나 전승 등에 의해 알 수 있는 고분과 고분일 가능성이 큰 지점을 합치면 60여 기에 이른다. 야마토 주변의 남은 고분의 분포로 보아 이 숫자는 결코 많은 것이 아니다. 그러나 그중에는 후지노키고분이나 고보오야마(御坊山) 3호분 등 고대 역사상에서 중요한 열쇠를 쥐고 있다고 생각되는 고분이 포함되어 있다. 이카루가가 아스카시대 일본의 정치 및 문화 속에서 담당한 역할이 크다는 것은 말할 것도 없으나 그 전 단계에 해당하는 코훈시대의 이카루가를 연구함으로써 더 자세한 사실을 알 수 있는 것이 아니겠는가.

이 내용을 실제로 쓴 사람은 카시하라 고고학연구소의 마에조노 미치오(前園實知雄) 씨로 나도 그의 생각과 같다. 아스카시대에서 이카루가가 차지한 위치가 얼마나 큰 것인가 하는 것은 호오류우사 · 츄우구우사 등의 성립 과정을 보아도 알 수 있으나 고분 또한 이카루가의 위상을 잘 말해 주고 있다. 그런데 이카루가의 대단한 위상을 알려주는 고분이 과연 무엇이냐 묻는다면 역시 후지노키고분을 들 수밖에 없을 것이다.

후지노키고분에 관해서는 뒤에서 다루기로 하고 먼저 이카루가에서 가장 오래되었다고 하는 이카루가오오쯔카(斑鳩大塚)고분에 관하여 살펴보기로 하자. 『이카루가정의 고분』에는 다음과 같이 씌어 있다.

이오이오오쯔카(五百井字大塚)에 있는 직경 약 35m의 원분이다. 1954년

이카루가오오쯔카고분

고분 위에 충령탑(忠靈塔)을 세우는 과정에서 유물이 출토되어 고분임이 판명되었다. 분구에는 이음돌과 원통 하니와가 남아 있었다고 한다. 매장 시설은 점토로 덮인 할죽형(割竹形)의 목관이 거의 동서 방향으로 남아 있었으나 분구 남쪽으로 상당히 치우쳐져 있었다. 아마도 그 북측에 또 다른 매장 시설이 존재했다고 추측되나 이미 도굴된 듯하다.…… 목관은 안쪽 끝부분만 남아 있었다. 목관을 덮은 점토는 길이 약 7.5m, 폭이 1.5m로 그 내부에 밑부분의 단면이 반원형의 지름을 이루는 직경 약 60cm 되는 목관이 안치되어 있었다.

관 속의 유물의 위치는 분명하지 않으나 관의 중앙에 이신이수경(二神二獸鏡), 판갑옷〔短甲〕, 어깨갑옷〔肩甲〕, 목갑옷〔頸甲〕이 있고 동쪽 끝에 거치문연경(鋸齒文緣鏡), 대롱옥, 돌팔찌, 통형동기(筒形銅器)가 놓여 있었던 듯하다. 또한 목관의 서쪽 끝에서 철검(鐵劍)과 대패가 출토되었다. 출토 유물은 구체적으로 거울 2면〔평연(平緣)이신이수경 1면, 거치문연경 1면〕, 석제품(돌팔찌 1개, 대롱옥 1개), 무기(철검·철화살촉 14점 이상), 무구(판갑옷, 목갑옷, 어깨갑옷 각 1점), 통형동기 등이다. 평연이신이수경은 지름 15.3cm로 칠흑색(漆黑色)의 광택을 띠는 상태가 양호한 거울이다. 내구(內

區)에는 2개의 신상(神像)과 수형(獸形)을 교대로 배치하고 있다. 또한 명대(銘帶)에는 "오작명경유동삼상덕서도년익수의자(圄瓘明竟㭲涑三商德序道年益壽宜子)"라고 씌어 있다. 박재경(舶載鏡)일 것이다. 거치문경(鋸齒文鏡)은 천이 두껍게 들러붙어 있다. 미세한 문양은 확실하지 않다.…… 판갑옷, 어깨갑옷, 목갑옷은 1령(領)·1구(具)씩 있었던 것 같다. 판갑옷은 삼각판혁철(三角板革綴)의 형식이다.

이카루가오오쯔카고분은 5세기 초엽에 만들어졌으며 이카루가 지방에서는 지금 현재로는 가장 오래된 고분이다. 이 시기의 고분은 통상적으로 산기슭에 축조되는 일이 많고 이 고분처럼 거주지에 가까운 평탄한 곳에 입지하는 것은 드물다. 개간 등으로 상당히 변형되어 버렸기 때문에 고분이 축조될 당시의 고분의 모양과 크기에 관해서는 아직 불확실한 부분이 많다. 고분의 피장자는 4~5세기에 이카루가 지역의 개발에 관여했던 수장이었을까?〔세키가와 쇼오코오(關川尙功)〕

이 이카루가오오쯔카고분이 400년대(5세기 초)의 고분이라면 후지노키고분은 물론 쇼오토쿠타이시의 이카루가 진출보다도 훨씬 이전에 축조되었다는 것이다. 출토 유물의 대부분은 고대 한반도의 백제 또는 가야에서 전해진 물건으로 생각된다. 이카루가의 고분에는 이외에도 금반지, 말갖춤 등이 출토된 호토케즈카(佛塚)고분과 카와라즈카(瓦塚)고분 등이 있으나 이번에는 우쯔노미야 왕가와 관련이 깊은 고분들을 살펴보기로 하자. 우선 고보오야마(御坊山)고분군에 관해서는 『이카루가정의 고분』에 다음과 같이 씌어 있다.

고보오야마고분은 후지노키고분에서 서쪽으로 250m 지점에 있는 타쯔타(龍田) 구릉 위에 있던 3기의 종말기(終末期) 고분이다. 타쯔타(龍田)신사 북쪽 구릉 위의 좋은 위치를 차지해서 멀리는 야마토산산(大和三山)과 야마토천(大和川)이 보이는 동쪽 끝자락에 후지노키고분과 호오류우사가

고보오야마 3호분에서 출토된 유리제 필축(筆軸)

내려다보이는 장소에 있다. 1964년 8월 토사채취 공사중에 1호분과 2호분이, 1965년에 3호분이 확인되어 긴급조사가 진행되고 있다.

『이카루가정의 고분』에는 계속해서 긴급조사된 학술적 보고가 이어지고 있고 마지막의 「고보오야마고분군의 문제점」에 다음과 같이 씌어 있다.

고보오야마고분군은 호오류우사와 가까운 곳에 묘소를 정했고 석곽(石槨)은 카와치 지방에 보이는 특이한 횡구(橫口)석곽이며 게다가 그 내부의 도관(陶棺)은 작은 고분에 흔히 사용되어 간단히 입수할 수 있는 것이라고 생각되지만 검은 옻칠을 해서 일반적인 고분들에서의 출토품과는 구별되고 있다. 더욱이 부장품은 삼채유개원면연(三彩有蓋圓面硯)과 유리로 만든 필관(筆管)뿐으로 이 두 가지 유물은 중국 본토에서도 유사품을 보기 어려운 귀중한 유물이다. 이 부장품은 일본이 중국과 한반도와의 교섭에 의해서 혹은 도래인들에 의해 전해진 것으로 생각되지만 견수사(遣隋使), 견당사(遣唐使) 혹은 견신라사(遣新羅使) 등의 외교 통로로 수입된 것으로 그와 같은 외교 통로를 개척한 쇼오토쿠타이시 일족, 즉 우쯔노미야 왕가와 관련된 물건일 가능성이 높으므로 7세기 중엽의 우쯔노미야 왕가와 관련된 사람의 무덤일 것이다(이즈미모리 키요시).

나는 고대에 관한 학술적 보고에서 '수입'이라는 표현을 인정할 수 없다. 그것은 뒤에서 다루기로 하겠다. 쇼오토쿠타이시와 관련이 있는

미이의 아카조메 우물

고분은 이외에도 코마즈카(駒塚)고분과 쵸오시마루(調子丸)고분이 있다. 코마즈카고분은 앞에서 살펴본 츄우구우사의 남쪽에 있는 전장 9m의 전방후원분으로 이 고분에는 쇼오토쿠타이시의 애마(愛馬)를 묻었다는 전설이 남아 있다. 그것이 사실이라면 대단히 큰 말무덤이 있었다는 것이 된다.

이 코마즈카와 가까운 곳에 쵸오시마루고분이 있다. 이 고분에 관해서는 물론 『이카루가정의 고분』에도 나와 있으나 역시 이카루가정사무소에서 얻은 『이카루가정 관광안내』에도 간단히 나와 있으므로 그 내용을 인용하기로 하자.

쵸오시마루고분은 코마즈카의 남동쪽 100m 지점에 있고 고분의 일부가 잘려나가 평평하게 되어 있는 직경 14m의 원분입니다. 축조시기는 코마즈카와 같은 시기로 추정됩니다. 쇼오토쿠타이시의 시종의 무덤으로 알려져 있습니다. 쵸오시마루는 18세에 한국의 백제에서 건너와 항상 타이시를 곁에서 모시고 보좌했다고 전합니다.

쵸오시마루가 18세에 백제에서 건너왔다고 구체적으로 서술되어 있는 것이 마음에 걸린다. 아마도 어느 문헌인가에 기록이 있어서 쓴 것이겠으나 어째서 백제에서 건너온 사람이 쇼오토쿠타이시의 시종이 될 수 있는지 나로서는 이해할 수 없다. 그리고 이것도 쇼오토쿠타이시와 관계가 있는 것으로 『이카루가정 관광안내』에는 '미이의 우물'이라는 것이 있다. 이 우물에 대해서 『나라현의 역사 산보』의 「이카루가의 마을 · 미이(三井)」라는 항목에 다음과 같이 소개되어 있다.

쇼오토쿠타이시가 팠다고 전해지는 세 개의 우물이 일찍이 호오린사 경내에 있었다. 이곳 미이(三井)라는 지명은 그 세 개의 우물에서 유래한다. 이곳은 대나무와 적송(赤松)이 많은 완만한 구릉에 싸여 30, 40호(戶)의 취락이 조용히 살고 있다. 세 개의 우물 중에 고이(御井) · 센자이이(前載井)라고 부르는 것은 지금은 메워져 모습을 알 수 없으나 아카조메(赤染)라 불리는 우물이 호오린사 서쪽에 사적으로 지정되어 보존되고 있다. 이 우물은 고대 한국의 우물에서 볼 수 있는 전곽식(塼郭式)으로 지상의 부분은 돌을 정(井) 자 모양으로 쌓아 만들었으나 지표 밑부분은 벽돌(塼)을 깔아 만들었고 그 벽돌의 구운 정도로 보아 아스카 · 나라시대의 것으로 추정된다.

쇼오토쿠타이시가 우물을 팠다는 것은 전설이라고 해도 그러한 우물이 어째서 이곳 이카루가의 땅에 있는 것일까? 그것은 물론 고대 한반도에서 건너온 도래인이 거주했었다는 사실을 알려 주는 것임에 틀림없다. 지금까지 살펴본 고분의 상황 등으로 보아 이 우물은 백제계 사람들의 우물로 생각된다.

후지노키고분과 그 출토품

이번에는 그 유명한 후지노키고분을 살펴보기로 하자. 호오류우사에서 서쪽의 오오지정(王寺町) 쪽으로 350m 정도 떨어진 곳에 위치한 이 고분은 그 발견과 발굴 과정이 신문 등의 매스컴을 통해 대대적으로 보도되었기 때문에 아직 기억에 생생하다. 나는 언젠가 이 고분에 관해서 원고를 쓰게 될 것이라고 생각해서 상당한 자료를 모으고 있었다. 그러나 앞에서 다루었던 『이카루가정의 고분』을 보면 이 고분의 조사에 직접 참여했던 카시하라 고고학연구소의 마에조노 미치오 씨가 아주 자세하고 간결하면서도 분명하게 후지노키고분에 관해서 기술하고 있다. 마에조노 씨가 쓴 내용이 간결하다고는 했으나 대상이 대상인 만큼 적지 않은 분량이다. 나는 그 내용을 간략하게 정리하면서 사진과 함께 출토품 등을 소개하고 지금 문제가 되고 있는 고분의 피장자에 관한 내 나름의 견해도 소개하려고 한다.

후지노키고분은 호오류우사의 서쪽 약 350m 지점에 위치한 후기 고분으로 예부터 미사사기야마(陵山)라는 전승을 갖고 있다. 1985년 7월 22일부터 12월 31일에 걸쳐 제1차 조사가 실시되어 그 매장 시설이 아직 개관(開棺)되지 않은 집모양 석관(家形石棺)을 안치한 횡혈식 석실로 판명되었다.

후지노키고분

석실 안에는 말갖춤을 비롯한 부장품도 다수 남아 있었다.

　제2차 조사는 1988년 5월 9일에서 7월 8일에 걸쳐서 분구의 확인 작업과 석관 안의 상황을 알아보기 위해 내시경에 의한 조사를 실시했다. 그 결과 석관 안에는 물이 가득 차 있어 많은 유물이 원형 그대로 남아 있을 가능성이 높다고 판명되었다. 채취한 물을 분석한 결과 부장품 중의 동제품이 물에 녹아 있는 것으로 밝혀져 관을 개봉하게 되었다. 갖가지 예비실험 끝에 1988년 9월 30일부터 12월 28일까지 석관 내부를 직접 조사하는 제3차 조사가 실시되었다.

　1. 분구 및 매장 시설 : 후지노키고분의 모양은 원분일 가능성이 매우 크다. 분구의 규모는 직경 48m, 높이 약 9m로 분구 주변에서 하니와가 출토되었다.…… 남동쪽으로 열린 양수식(兩袖式) 횡혈석실의 규모는 전체 길이 13.35m, 연문부(羨門部)의 폭은 2.08m였다.……

금동제 안장꾸미개(전륜)

2. 석실 안 유물의 출토 상태와 출토 유물 : 횡혈석실 안에는 다량의 토사가 유입되어 있었으나 흙을 제거하자 서남쪽 구석을 중심으로 토기가 많이 남아 있었다. 출토된 하지키, 스에키 중에는 근세(近世)의 그릇에 해당하는 불 밝히는 그릇(燈明皿)이 섞여 있어서 주목되었으나 이같은 사실은 후세에 석실 안으로 들어간 사람이 약간 이동시켰다는 것을 나타내고 있다. 그 외에 모퉁이 벽(奧壁)과 석관의 사이에서는 말갖춤과 계갑, 철화살촉, 철제 농공구 등이 다량으로 출토되었고 석관과 동쪽 벽 사이에서는 철화살촉 더미와 철칼(鐵刀), 호록꾸미개(胡籙金具) 등이 출토되었다.

△말갖춤(馬具) : 특히 말갖춤은 후지노키고분에서 출토된 유물 중에서도 가장 주목해야 할 자료로 금동제 말갖춤이 1식(式), 철지금동장(鐵地金銅張) 말갖춤이 2식 출토되었다. 그중에 금동제 고삐(轡), 경판(鏡板), 안장(鞍), 떨잠이 달린 십자꾸미개, 말띠드리개(杏葉), 말다래(障泥)꾸미개, 등자 등이 한곳에 모여 있었다. 전부 정교한 기술로 만들어진 야자모양을 주체로 한 문양으로 장식되어 있었다. 특히 안장은 안교(鞍橋)를 덮으려고 만든 투조(透彫)안장꾸미개가 출토되었다. 전륜(前輪), 후륜(後輪) 모두 해

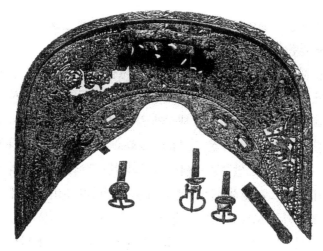

금동제 안장꾸미개(후륜)

금구(海金具)로 귀갑계문(龜甲繫文)을 만들어 많은 문양을 투조로 장식했다. 용, 봉황, 호랑이, 사자, 귀면(鬼面), 토끼, 괴어(怪魚), 코끼리 등의 주위에 작은 짐승과 야자모양으로 장식했다. 후륜의 중앙에는 귀신상을 부조한 금동판이 붙어 있다. 또한 이 금동판에는 손잡이가 붙어 있고 좌우 양단에는 금으로 세공한 반구형의 유리가 박혀 있었다.

△계갑 기타 : 소찰(小札 ; 철 또는 가죽으로 만든 작은 판)이 1,000장 이상 출토. 철화살촉(鐵鏃)은 9할 이상이 한쪽만 칼날(片切刃)을 갖는 세근식(細根式)으로 화살에 전작(箭作)과 나무껍데기를 두른 것이 잘 남아 있다. 철칼(鐵刀) 한 자루와 호록꾸미개도 단편(斷片)으로 출토되었다.

△농공구(農工具) : 모두 은으로 만든 작은 모형으로 대패, 도끼, 끌(鑿), 손칼(刀子), 낫(鎌), 호미(鋤), 정(釘), 바늘(針) 등이다. 낫과 칼은 3cm 전후이다.

△ 토기 : 스에키 40점, 하지키 12점으로 모두 52점이다. 스에키는 뚜껑이 있는 것과 없는 굽다리접시, 항아리, 받침붙은 항아리(臺付壺) 등이고 하지키는 굽다리접시와 항아리이다. 스에키의 형식은 대개 6세기 후반의 '스에무라(陶邑) TK43' 형식이라고 볼 수 있겠다.

위의 내용만 보아도 후지노키고분에서는 대단히 호화로운 말갖춤을
비롯해 많은 유물이 출토되었다는 것을 알 수 있다.

나는 제1차 조사(1985년) 때 후지노키고분의 석실 안에서 발견된 출
토품이 1986년 2월 이카루가정 중앙공민관에서 처음으로 전시될 적에
토오쿄오에서 한걸음에 달려 내려와 직접 보았다. 석실 안에서 출토한
유물뿐이었으나 나는 우선 말갖춤의 호화로움에 압도되어 놀라울 뿐이
었다. 전에 보았던 말갖춤 중에서 주목되었던 것에는 카와치의 오오진
천황의 무덤으로 생각되는 고분의 배총 마루야마(丸山)고분에서 출토
되어 일본의 국보로 지정된 금동투조안장꾸미개〔鞍金具〕가 있으나 후
지노키고분의 말갖춤이 훨씬 호화로운 것이었다. 그러나 말갖춤은 단
지 석실 안에서 발견된 것이고 앞에서도 언급한 것처럼 제2차, 제3차
조사에 의해 석관 안의 유물이 계속해서 밝혀지게 되었다. 석관을 개봉
해서 얻어진 유물이 무엇인가에 관해서 마에조노 씨는 다음과 같이 소
개하고 있다. 『이카루가정의 고분』의 「4. 유물의 배치 상황」은 생략하
고 「5. 중요한 출토 유물」만을 보면 다음과 같다.

△금동제 관 : 광대이산식(廣帶二山式) 띠〔帶〕에 2개의 솟은장식〔立飾〕이
붙었다. 띠의 길이는 약 52cm, 최대 폭이 9cm, 솟은장식을 포함한 높이가
35cm이다. 솟은장식은 배모양〔舟形〕, 칼마름모양〔劍菱形〕, 새모양〔鳥形〕의
형태로 만들어졌고 나뭇잎모양과 새모양의 떨잠이 달려 있다.

△통모양〔筒形〕 금동제품 : 가운데가 잘록한 원통모양의 금동제품이다.
전면에 떨잠이 달려 있고 중앙 부분에 끈을 매었다고 생각되는 흔적이 있다.

△금동제 큰띠〔大帶〕 : 길이 110cm, 폭이 12.5cm로 양끝에 끈을 매었다
고 생각되는 작은 구멍이 세 군데 뚫려 있다. 뒷면에 천이 붙어 있다.

△금동제 신발〔履〕 : A·B 2점이 있다. 양쪽 모두 왼쪽 신발의 상태가 양
호하다. A는 길이 39cm·높이 10cm이고, B는 길이 42cm·높이가
12.5cm로 모두 전면(全面)에 거북등무늬〔龜甲文〕를 그려 넣었으나 수법에

금동제 관

금동제 신발

차이가 있다. 또한 떨잠이 달려 있으나 A에는 물고기모양의 떨잠도 섞여 있다. 안쪽에는 삼베〔麻布〕를, 테두리에는 비단〔絹〕을 붙였다.

△반통형(半筒形) 금동제품 : 한 쌍으로 이루어져 있으며 전장은 36cm로 표면에는 거북등무늬가 그려져 있고 둥근 원모양과 물고기모양의 떨잠이 달려 있으며 양 끝에 2단으로 된 나비모양의 금동판이 붙여져 있다.

△칼마름모양〔劍菱形〕 제품 : 은제(길이 4.5~4.8cm)와 금동제(8.5cm~9cm)의 크고 작은 것이 2개씩 있다. 돌기모양의 기부(基部)를 가지고 두부

(頭部)와 기부에 모두 구멍이 있다.

△은제 드리개꾸미개[垂飾金具] : 막대기모양의 기부에 긴 효오고쇠사슬 (兵庫鎖)을 붙인 것으로 앞부분에 3개의 날개[三翼]모양 드리개가 붙었다. 머리장식으로 추정된다.

△공옥(空玉 · 빈구슬) 종류 : 대형 둥근옥[丸玉], 치자옥(梔子玉), 유단방 추옥(有段紡錘玉), 곱은옥[勾玉]이 있다. 곱은옥은 꼬리 부분에 유리옥을 붙 인 금동제로 그 외의 것은 은판에 도금한 것이다.

△귀걸이[耳環] : 북쪽의 피장자의 것은 은판에 도금한 것이며 남쪽의 피 장자의 것은 금동제이다.

△구리거울[銅鏡] : 4면이 있다. 남측 피장자에 관련된 것이 반육조칠수 경(半肉彫七獸鏡, 21.6cm), 반원방형대사신수경(半圓方形帶四神獸鏡, 16cm), 오수형경(五獸形鏡, 16.7cm)이다.

△큰칼[大刀] : 은으로 도금하고 금동장(金銅裝)으로 유리옥이 장식된 큰 칼이 2진(振) 출토되었다. 모두 140cm가 조금 안 되는 길이로 어패(魚佩 ; 생선모양의 드리개)를 갖고 있었다. 손잡이[把頭]는 쐐기모양으로 금을 도 금한 열환두(捩環頭)와 삼륜옥(三輪玉)으로 장식되어 있다. 칼집에 비치는 [透] 모양이 있는 금동 장식이다. 두 번째는 원두대도(圓頭大刀), 세 번째 · 네 번째는 단면이 평편한 두추상(頭椎狀)의 금동 장식과 은장식의 손잡이를 갖는다.

△원형 동제품 : 직형(直形) 3.3cm의 금동판으로 중앙에 구멍이 나 있고 꼰 끈다발이 붙어 있던 흔적이 있다. 직물(織物)의 장식으로 사용되었던 것 같다. 관 속 전체에서 약 200장이 출토되었다.

△꽃잎모양[花弁形] 금동제품 : 길이 3.6cm의 대형품(大形品)과 2.3cm 의 소형품 두 종류가 있다. 대형이 460점 이상, 소형이 380점 이상 출토되 었다. 이것들은 관 밖에서 출토된 떨잠붙은 꾸미개에 딸린 것이지만 무엇 때문인지 떼어 내어 다시 이용되어(상단의 구멍에 끈을 매었던 흔적이 많 다) 관 속에 매장되어 있었다.

△직물(織物) : 관 속에는 갖가지 견직물이 남아 있었으나 모두 보존 상태가 아주 좋지 않다. 유해를 덮었던 천과 장식용 꼰 끈, 사총(絲總)과 팔찌 등이 복원 가능한 유물이다.

석관 안에서 발견된 것만 해도 엄청난 유물이다. 금동제 관과 금동제 신발 등의 유물에다 관 밖에서 발견된 말갖춤 등의 출토품을 합산하면 실로 놀라지 않을 수 없다.

후지노키고분에서 발견된 출토품에 관해서는 1989년 NHK 주관으로 토오쿄오에서 열렸던 '후지노키고분과 그 시대전'의 『도록』에 호화스런 화보로 사진과 함께 잘 소개되어 있어서 고대 한반도와 관련된 일본 각지의 출토품을 한눈에 볼 수 있다.

후지노키고분의 피장자는 백제왕인가

후지노키고분에서 출토된 말갖춤과 금동제 관 등의 유물은 동아시아에서 가장 훌륭한 보물이라 생각된다. 그렇다면 과연 이것들이 어디에서 제작되었으며 고분의 피장자가 누구인지가 초미의 관심사로 등장한다. 먼저 말갖춤 등이 어디서 제작되었는가 하는 것에 관해서는 여러 가지 설이 나왔다. 다만 그 정도가 지나쳐서 중국에서 수입했다는 의견까지 나왔으나 1986년 3월 2일자 요미우리신문에는 "말갖춤은 백제에서 건너온 것인가?/우아하고 섬세한 선이 일치/후지노키고분에 관한 새로운 학설"이라는 머릿기사가 나오고 같은 해 3월 9일자에는 "후지노키고분의 말갖춤/백제에서 제작되었는가?/흥미 깊은 견해가 계속되다"라는 머릿기사가 나왔다.

그러나 결정적으로 어디서 제작되었는가 하는 것이 밝혀진 것은 1990년 10월 20일자 마이니치신문에 실린 메이지대학 교수 오오쯔카 하쯔시게(大塚初重) 씨의 견해로 신문에는 다음과 같이 실렸다.

나라현 후지노키고분 출토수리위원회의 오오쯔카 하쯔시게 위원장은 한반도설을 주장하며 "당시의 공예예술의 정수를 모은 것으로 6세기 당시 일본의 수준으로는 무리다. 백제나 신라에서 제작되었을 가능성이 높다"고 한다.

나는 신라보다는 백제에서 제작되었을 것으로 생각한다. 백제의 안장 등의 말갖춤 제작기술에 관해서는 앞서 「토리불사와 고구려승 담징」에서 다루었으므로 생략하기로 하겠으나 쿠라쯔쿠리씨를 통해서 알 수 있듯이 백제에는 말갖춤을 만드는 명인이 있어서 그들이 일본으로 건너와 안장 등의 말갖춤 제작을 비롯하여 불상을 만드는 불사(佛師)에 이르렀다는 것이다. 토리불사의 손에 의해 만들어졌다는 호오류우사 금당의 석가삼존상을 보면 그 기술이 후지노키고분의 안장 만드는 기술과도 연관이 있다는 사실을 알 법도 하다.

다음으로 문제가 되는 것이 후지노키고분에 묻힌 사람이 과연 누구인가 하는 점이다. 후지노키고분의 피장자[8]에 관해서는 의견이 분분해서 제일 먼저 그 땅에 살았던 카시와데씨(膳氏)의 이름이 등장했고 다음으로 모노노베씨, 소가씨, 누카타베씨(額田部氏), 야마베씨(山部氏), 키씨(紀氏), 오오하라씨(大原氏) 등의 이름이 거론되고 있으나 아직도 누가 그 피장자인지 확실히 밝혀지지 않았다. 여러 가지 설 중에서 가장 이상한 설은 카시와데씨 설로 호화스런 고분 출토품은 카시와데씨가 백제로부터 증정받았다고 하는 설이다. 도대체 카시와데씨가 무엇을 했기에 백제로부터 그러한 선물을 받았는지는 알 수 없으나 설사 그렇다고 해도 안장 등의 말갖춤이라면 몰라도 금동제 관과 신발 등을 받았다는 것은 도저히 납득할 수 없다.

금동제 관은 분명히 왕관에 해당하는 것으로 카시와데씨 설을 취한다면 카시와데씨가 백제로부터 왕위(?)까지 선물받았다는 것이 될 터이다. 문제를 푸는 열쇠는 결국 그 '왕'에 관한 것으로 좁혀질 것이다. 나는 앞서 피장자의 후보로 거론된 사람들 중의 한 사람인 '오오하라씨'를 거론한 가쿠슈우인(學習院)대학 교수 마유즈미 히로미치(黛弘道) 씨의 설에 주목했다. 오오하라씨는 과연 어떠한 인물이었을까?

그것을 살펴보기 전에 나는 1994년 9월 아직 무덥던 어느 날 후지노키고분이 있는 이카루가정의 옆에 있는 오오지정(王寺町)을 방문한 일이 있다. 고대에 지금과 같은 행정구획이 있었을 리 만무하지만 그것은 차치하고 나는 오오지정 교육위원회 사회교육과장인 요시카와 노리코 (吉河弘子) 씨를 만나서 자료 등을 건네 받고 카타오카(片岡)신사와 호오코오사(放光寺)로 가는 길을 물어 보았다. 나는 곧 카타오카(片岡) 구릉 산기슭에 있는 카타오카신사를 찾을 수 있었다.

카타오카신사는 오오지(王寺)소학교의 북쪽에 접해 있었으나 호오코오사는 바로 남쪽 옆에 있었다. 먼저 카타오카신사에 관해 살펴보자. 이 신사는 오오하라(大原)신사와 접해 있고 신사 앞의 안내판에는 다음과 같이 씌어 있었다.

카타오카신사는 옛날에는 모토정(元町) 오오미네(大峰)의 동북단에 있었다고 합니다. 「신초격칙부초(新抄格勅符抄)」를 보면 다이도오(大同) 원년 (806)의 일로써 카타오카신사의 옛날 신령(神領)에 부속해서 조(租)·용

카타오카신사 왼쪽의 오오하라신사

(庸)·조(調)를 신사에 바치던 농민인 신도(神戶 혹은 封戶)에 관한 기록이 나와 있기 때문에 그 무렵 이미 이 신사가 성립되었던 것을 알 수 있습니다. 또한 「삼대실록(三代實錄)」에는 죠오간(貞觀) 원년(859) 정월에 정오위하(正五位下)에 봉해졌다고 나와 있습니다. 이 사(社)는 호오코오사의 진수사(鎭守寺)로도 불리며 본전의 맞은편 왼쪽에 오오하라신사, 카네케(金計)신사 등 4사가 모셔져 있습니다.

그와 같은 신사치고는 안내판의 내용이 쉽게 씌어져 있었다. 이어서 바로 옆에 위치한 호오코오사를 살피기로 하자. 이 사원은 지금은 뒤쪽의 산지로 밀려나 아주 작은 절이 되고 말았으나 이곳에도 안내판이 서 있고 다음과 같이 씌어 있었다.

현재는 오오지소학교의 뒤편에 있으나 원래 오오지소학교 부지가 그 유

호오코오사

적지라고 합니다. 옛날에는 카타오카오오사(片岡王寺)라고 불렸고 쇼오토 쿠타이시가 건립했다고 전하는 고찰이며 비타쯔천황의 후손에 해당하는 쿠 다라노오오키미(百濟王)[9]로부터 귀화한 오오하라 박사(大原博士)가 건립했 다고도 전해지고 있습니다.

1046년에 벼락을 맞아 당문(堂門)의 대부분이 소실되고 1384년에는 금 당의 재건을 위한 낙경공양(落慶供養)이 거행되었으나 1572년 마쯔나가 히 사히데(松永久秀)의 난(亂)에 의해 다시 불에 타고 말았다고 전합니다. 1302년에 승려 신세이(審盛)가 쓴 「호오코오사고금연기(放光寺古今緣起)」 가 전합니다. 경내에는 이 절의 제2세(世) 모쿠안즈이호오(木庵瑞鳳)가 썼 다고 하는 '片岡山'이라는 현판이 걸려 있고 '放光寺'라고 쓴 현판은 인겐 [隱元(은원 : 일본 황벽종의 시조로 에도시대 전기에 일본에 온 중국의 선 승)]이 쓴 것입니다. 본존은 십일면관음좌상으로 역시 황벽종(黃檗宗)의 선 승(禪僧)으로 1700년에 죽은 테쯔규우(鐵牛)의 의상(倚像)도 모셔져 있습 니다.

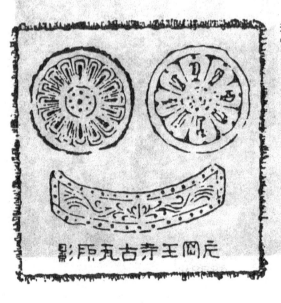

카타오카오오사 옛 기와 인영(印影)

호오코오사의 안내판에 적힌 '카타오카오오사(片岡王寺)'라는 이름으로부터 이카루가정이 '이카루가의 고향(里)'에서 유래하듯이 오오지정(王寺町) 역시 원래 '카타오카의 고향'이었던 곳이 지금의 오오지정이 되었다는 사실을 알 수 있다. 이 카타오카오오사, 즉 호오코오사에 관해서는 이시다 시게사쿠(石田茂作) 씨가 쓴「카타오카오오사지(片岡王寺址)」와 타나카 시게히사(田中重久) 씨의「상대(上代) 오오지분지(王寺盆地)의 불교문화」에 자세히 소개되어 있다. 이시다 씨의 글을 잠깐 보면 다음과 같다.

오오지정 소학교 서쪽에 호오코오사라고 하는 황벽종에 속하는 비구니사원이 있다. 옛 카타오카오오사라는 이름도 전하고 본당에 관음을 안치하고 있으나 바로 앞에 있는 오오지소학교 땅이 바로 카타오카오오사 가람의 옛터라고 전한다. 지금 현재 소학교 부지 내에는 아무런 유적도 남아 있지 않으나 1887년 무렵에는 금당터와 탑터가 잔디밭이었으며 강당터는 덤불숲으로 남아 있었다고 한다.

이렇게 보면 카타오카오오사가 상당히 큰 절이었음을 알 수 있다. 또한 이시다 씨는 '그곳에 사는 사람들 몇 사람을 만나서 기억을 다시 확인해 보니'라 하고는 탑터와 금당터, 강당터 등에 관한 사항을 좀더 자세하게 쓰고 있다. 다음으로 타나카 씨가 쓴 책의「카타오카오오사의 창립」에는 다음과 같은 내용이 씌어 있다.

그런데 정말로 흥미로운 것은 세이안(正安) 4년(1302)에 신세이(審盛)가 쓴「호오코오사고금연기」를 보면 이 연기(緣起)가 씌어질 무렵 호오코오사의 경내에 '오오하라신전일우부랑칠간이면(大原神殿一宇付廊七間二面)'이 있었던 것을 알리고 이것을 '진수오오하라신사신전(鎭守大原神社神殿)'이라 불러서 호오코오사가 창건된 이래로 오오하라씨 씨장(氏長)의 5위(位)

의 사람을 대대로 장자(長者)로 삼았다고 씌어 있다. 오오하라씨를 모시고 오오하라씨를 대대로 장자로 했던 호오코오사, 즉 카타오카오오사가 오오하라씨의 창립과 관련을 맺는 것은 지극히 자연스러운 일로 생각될 것이다.……

오오하라씨는 원래 쿠다라노오오키미로부터 갈라져 나왔기 때문에 '카타오카오오사'는 '카타오카산'에 쿠다라노오오키미가 창립한 절로 이해가 된다.…… 이 절이 백제식 가람배치를 갖는 점과 경내에서 출토된 기와가 백제국 부여에서 출토된 기와와 흡사한 점 등은 어쩌면 이 카타오카오오사를 쿠다라노오오키미가 창립했다는 설을 입증하는 것이리라.

한 가지 주의할 점은 카타오카신사의 안내판의 내용으로 보아 오오하라신사가 호오코오사 경내에 있는 것으로 생각하기 쉬우나 신세이의 자

호오류우사에 전하는 금동조상기

료에서 보듯이 원래 카타오카오오사(호오코오사)의 진수(鎭守 ; 사원의 수호를 위해 사원 내에 모신 신)였던 오오하라신사는 언제부터인가 카타오카(片岡)신사로 바뀌고 정작 중요한 오오하라신사는 단지 카타오카신사의 일부로 전락했다는 것이다. 본사(本社)와 경내사(境內社)가 뒤바뀌는 것은 흔히 있는 일이다.

그런데 여기서 또 하나 주의할 점은 앞서의 타나카 씨의 견해를 조금 수정하는 것이 되지만, 카타오카오오사의 진수 · 지주신(地主神)인 오오하라신사(카타오카신사)는 쿠다라노오오키미씨(百濟王氏)의 자손인 오오하라씨를 모신 신사이며 쿠다라노오오키미를 씨신(氏神)으로서 받든 것이 아니겠는가 하는 점이다. 그렇다면 그 씨신사(氏神社)는 어느 곳에 있는 누구였을까?

토오쿄오교육대학 교수를 지낸 히고 카즈오(肥後和男) 씨가 1935년에 쓴 「쿠도신사제신고(久度神社祭神考)」에 따르면 쿠도신사는 오오지정 북쪽 쿠도(久度)에 있고 『속일본기』엔레키(延曆) 2년(783)조에 "야마토국 헤구리군 쿠도의 신에게 종오위하(從五位下)를 서(敍)하고 관사(官社)로 하다"라는 기록이 있다고 한다. 히고 씨는 호오류우사에 전하는 일본의 중요문화재인 동패(銅牌), 즉 '금동조상기(金銅造像記)'의 금석문을 통해서 오오지(王寺) 지역에 있던 '百濟王＝百濟王氏＝大原氏'의 존재를 밝히고 나이토오 코난 씨의 『일본문화사연구』(상)에 수록된 「킨키 지구에서의 신사」 등을 인용하면서 그 씨신사를 분명히 밝히고 있다. 우선 가로 23.1cm, 폭이 5cm인 '금동조상기'를 살펴보자. 나는 다행히도 사진을 입수할 수 있었으나 7세기에 씌어진 이 금석문은 나 같은 비전문가도 읽을 수 있는 것으로 그 내용을 보면 다음과 같다.

원래 관음보살상에 부속되어 있었다는 것이 그 각명(刻銘)에 의해 판명된다. 그러나 본체에 해당하는 관음보살상에 관해서는 전혀 알 수 없다. 두

꺼운 동판을 단책형(短冊形)으로 만들고 그 상하에 이음새 돌기〔柄〕를 만들어 앞뒤에 도금을 하였다. 표면에는 가로로 2조(條)의 각선(刻線)을 끌로 새기고 3구(區)로 나누어 각 구에 부드러운 행서체(行書體)로 불상을 만든 취지를 새겨 넣었다.

그 대강의 요지는 "갑오년(甲午年) 3월 18일 이카루가대사(鵤大社), 즉 호오류우사의 토쿠소오(德聰) 법사(法師)와 카타오카오오사의 로오벤 법사, 아스카사의 벤소우(弁聰) 법사 세 스님이 부모의 은혜에 보답하기 위해 관음보살상을 만들어 이 작은 공덕〔善根〕에 의해 무생법인(无生法忍)을 얻고 또한 육도(六道)의 사생중생(四生衆生)이 함께 깨달음〔正覺〕을 얻을 것"을 기원하고 있다. 뒷면에는 1행(行)에 "(세 승려가) 오오하라 박사와 동족이며 (오오하라 박사가) 백제에 있을 때는 왕으로, 이 땅에서는 왕성(王姓)으로 되었다"라고 씌어 있다. 갑오(甲午)에 관해서는 죠메이 6년(634)과 지토오 8년(694)이라는 두 설이 있다.

표면에 적힌 세 사람의 승려 형제는 오오하라씨와 동족으로 세 사람 모두 당시의 대표적인 사원이었을 이카루가대사와 카타오카오오사, 아스카사의 법사였다는 점이 흥미롭지만 뒷면의 내용으로 오오하라씨가 원래는 '百濟王(백제왕)'으로 일본으로 건너와 '百濟王氏(쿠다라노오오키미씨)'로 되고 그후에 '大原氏(오오하라씨)'가 되었다는 것도 알 수 있다.

여기서 말하는 '百濟王'이 언제 어떻게 해서 일본으로 도래하였는가는 알 수 없다. 따라서 '百濟王'에서 '百濟王氏', '大原氏'로 되기까지 얼마만큼 세월이 흘렀는지 알 수 없으나 이곳 오오지 지역에 쿠다라노오오키미(百濟王)가 있었다는 사실은 틀림없다고 생각한다. 히고 씨의 「쿠도신사제신고」에는 오오하라씨로 되기 이전의 쿠다라노오오키미의 씨신이 쿠도신사였다고 되어 있다.

'쿠도신(久度神)'은 지금은 원래 야마토에서 새로 건너온 도래인이라는 뜻을 가진 '이마키(今來)'라 불리는 사람들이 백제의 성명왕(聖明王)과 함께 받들어 모시던 쿄오토 히라노(平野)신사의 '조신(竈神 : 부엌을 맡은 신)'으로 되어 있으나 그러한 것이 아니고 백제 중흥의 조상이라고 해야 할 구수왕(仇首王)의 '仇首'가 '쿠도'로 쓰인 것에서 유래하는 것이다. 나이토오 코난(內藤湖南) 씨의 「킨키 지구에서의 신사」에 '쿠도'가 나중에는 일본음으로 쿠도(久度)라는 문자로 바뀌게 된 것이라고 분명하게 씌어 있다.

요컨대 후지노키고분의 피장자는 백제의 구수왕을 제신으로 모신 쿠도신사를 그 씨신으로 하고 오오지 지역에 살고 있던 쿠다라노오오키미일 것으로 나는 생각한다. 그렇지 않다면 왕관이나 의식용 신발 등을 비롯한 훌륭한 부장품이 출토될 수는 없는 것이다. 또한 고분의 피장자가 백제왕이라는 사실은 또 다른 출토품인 동경(銅鏡)과 수대경(獸帶鏡) 등이 백제 무녕왕릉(무녕왕, 재위기간 501~523년)에서 출토된 거울과 같은 종류라는 사실에서도 확인할 수 있다. 호오류우사의 관주(管主) 타카다 요시노부 씨는 후지노키고분에는 미사사기야마(陵山)라는 전승이 내려오기 때문에 592년 소가노우마코에게 살해된 스슌천황의 무덤일 것이라고 하나 이 고분이 백제왕릉이었다고 해도 그와 같은 전승은 있었을 것이다.

나라현 사쿠라이시 · 텐리시 및 야마토 코오리야마시 · 이코마시를 중심으로 한 한국문화 유적 탐색은 이쯤에서 끝내기로 하고 다음 기회에 나라현 오오사카부(大阪府) 지역에 남아 있는 한국 문화 유적을 살펴보려고 생각하고 있다.

‖ 역주 ‖

1) 하타노카와카쯔 : 6세기 말에서 7세기 초반의 관료로 하타씨의 족장. 쇼오토쿠 타이시의 측근으로 603년 타이시 소유의 불상을 받아 그것을 안치하기 위해서 호오 코오사(蜂岡寺), 즉 코오류우사(廣隆寺)를 건립했다고 함. 610년 신라의 사자가 입경 (入京)했을 때 신라 사절의 도자(導者)로서 그들을 맞이했다고 한다.

2) 이나베씨 : 신라계 도래인으로 야마토 조정에서 조선이나 목공 등의 수공업에 종사했다는 씨족. 신라왕이 보냈다는 배 만드는 기술자(匠者)를 시조로 한다.

3) 야마시로노오오에노오오(?~643년) : 쇼오토쿠타이시의 왕자로 스이코천황 이 죽은 후 타무라(田村)왕자와 왕위를 다투었으나 소가노에미시 등의 반대로 그 뜻 을 이루지 못하고 643년 소가노이루카의 군세에 쫓겨 이코마산(生駒山)으로 도망했 으나 뒤에 이카루가사(斑鳩寺)에서 자결했다고 함.

4) 하타노오오쯔치 : 6세기 중엽에 활약했던 하타씨의 수장으로 킨메이천황이 어 렸을 때 오오쯔치라는 사람을 총애하면 성인이 되어 반드시 왕위에 오른다는 꿈을 꾸었으므로 그를 총애해서 결국 왕위에 오르고 오오쯔치에게 대장(大藏, 재정)을 관 리시켰다고 전함.

5) 소가 일족

• 야마다노오미 : 야마다씨(山田氏). 주로 문필(文筆) 기록을 담당했던 도래계 씨 족으로 기록에 의하면 신라에서 도래한 씨족이라고 한다.

• 키타시히메 : 킨메이천황의 부인이며 소가노이나메(蘇我稻目)의 딸. 오아네기미 와는 어머니가 같은 자매.

• 오아네기미 : 6세기 후반 킨메이천황의 부인이며 소가노이나메의 딸.

• 사카이베노오미 : 사카이베씨. 『일본서기』에 의하면 7세기 이후에 활약한 씨족 으로 외교 및 한반에서의 군사활동을 주로 했다고 전한다.

6) 소가노에미시(?~645년) : 아스카시대의 권신으로 스이코 · 코오교쿠천황 때 의 대신이며 소가노우마코의 아들. 그의 아들 이루카가 암살당할 때 그도 집에 불을 질러 자살했다고 한다.

7) 소가노이루카(?~645년) : 아스카시대의 권신으로 소가노에미시(蘇我蝦夷)의 아들. 코오교쿠(皇極)천황 때에 정권을 손에 쥐었으나 아스카의 이타부키궁(板蓋宮) 에서 나카노오오에(中大兄)황자 등에게 죽임을 당함(645).

8) 후지노키고분의 피장자로 추측되는 씨족

• 카시와데씨 : 천황이나 조정의 식단을 담당했던 선직(膳職)의 씨족.

• 누카타베씨 : 누카다베씨를 통솔하고 야마토 조정에 봉사했던 씨족으로 주물 (鑄物)의 형(型)을 만드는 씨족이었다는 등의 설이 있으나 확실하지 않음.

• 야마베씨 : 산림의 관리나 산물(産物)을 공납(貢納)하는 산부(山部)를 관장했던 씨족으로 천황의 경호를 담당한 군사적 성격도 띤 씨족.

• 키씨(紀氏) : 키이국(紀伊國)을 본거지로 했던 씨족으로 농경을 기반으로 권세 를 얻은 것으로 생각되고 있음.

• 오오하라씨(大原氏) : 백제에서 도래한 씨족으로 기록에 의하면 아야(漢) 사람 사이세이레이키(西姓令貴)의 후예라고 하므로 야마토노아야씨의 일파(一派)로 보임.

9) 쿠다라노오오키미씨 : 백제 의자왕의 후예 씨족으로 의자왕의 아들 선광왕(善 光王)이 죠메이천왕 때에 일본으로 왔다가 백제가 멸망한 후 계속 머물러 지토오천 황 때에 쿠다라노코니키시라는 호를 받았다. 이들의 후손인 케이후쿠(敬福) 등이 8 세기에 많은 활약을 하였다.

인지명 대조표

고양옥수명(高良玉垂命)
　　　　　- 코오라노타마타레노미코토

고영(考靈)천황 - 코오레이천황

고원산(高圓山) - 타카마도산

고원천(高原天) - 타카마가하라

고전양신(高田良信) - 타카다 요시노부

고지(高志) - 타카시

고지씨(高志氏) - 타카시씨

고진궁(高津宮) - 타카쯔궁

고창복신(高倉福信) - 타카쿠라노후쿠신

고품(高品) - 타카시나

곡기(谷崎) - 탄자키

곡옥호(曲玉壺) - 마가타마 쯔보

공경(公慶) - 코오케이

관곡문칙(菅谷文則) - 스가야 후미노리

관서(關西) - 칸사이

관원(菅原) - 스가와라

관원도진(菅原道眞)
　　　　　　　- 스가와라노미치자네

관정우(菅政友) - 스가 마사토모

관천상공(關川尙功) - 세키가와 쇼오코오

광뢰(廣瀨) - 히로세

광륭사(廣隆寺) - 코오류우사

광릉정(廣陵町) - 코오료오정

광봉(廣峰) - 히로미네

교창(校倉) - 아제쿠라

교천정(橋川正) - 하시카와 타다시

구귀룡일(九鬼隆一) - 쿠키 류우이치

구도신(久道神) - 쿠도신

구류미시(久留米市) - 쿠루메시

구보사(久寶寺) - 큐우호오사

구주(九州) - 큐우슈우

구총(駒塚) - 코마즈카

구패인변수정순(久貝因幡守正順)
　　　　　- 히사가이이나바모리세이슌

구호황자(鹿戶皇子) - 우마야도노미코

국골부(國骨富) - 쿠니노코쯔후

국신(國神) - 쿠니카미

국조(國造) - 쿠니노미야쯔코

국중(國中) - 쿠니나카

국중촌(國中村) - 쿠니나카촌

국중공마려(國中公麻呂)
　　　　　- 쿠니나카노키미마로

국풍(國風) - 코쿠후우

국학원(國學院) - 코쿠가쿠인

군산시(郡山市) - 코오리야마시

굴내춘봉(堀內春峰) - 호리우치 하루미네

궁기(宮崎)대학 - 미야자키대학

궁삭사(弓削寺) - 유게사

궁성현(宮城縣) - 미야기현

궁월군(弓月君) - 유즈키노키미

궁월악(弓月岳) - 유즈키악

권향산(卷向山) - 마키무쿠산

권향천(卷向川) - 마키무쿠천

귤태랑녀(橘太郎女)
　　　　　- 타치바나노오오이라쯔메

극락당(極樂堂) - 고쿠라쿠도오

근강(近江) - 오우미

근강국(近江國) - 오우미국

근강창사(近江昌司) - 오우미 마사시

근기(近畿) - 킨키

근등교일(近藤喬一) - 콘도오 쿄오이치

금계(金計) - 카네케

금래(今來) - 이마키

금호견(錦好見) - 니시키 요시미

금룡사(金龍寺) - 콘류우사

금야정(禁野町) - 카도노정

금원정명(金原正明) - 카네하라 마사아키

금전릉(衾田陵) - 후스마다릉

금종사(金鐘寺) - 킨쇼오사

금택장삼랑(金澤庄三郎)

           - 카나자와 쇼오자부로오

기내(畿內) - 키나이

기부현(岐阜縣) - 기후현

기성군(磯城郡) - 시키군

기씨(紀氏)- 키씨

기옥현(埼玉縣) - 사이타마현

기장곡(磯長谷) - 시나가다니

기장족비매(氣長足比賣)

           - 오키나가타라시히메

기촌(忌寸) - 이미키

길야개리(吉野ケ里) - 요시노가리

길야천(吉野川) - 요시노천

길전동오(吉田東伍) - 요시다 토오고

길하홍자(吉河弘子) - 요시카와 노리코

ㄴ

나생문(羅生門)- 라쇼오몬

나양대화로(奈良大和路) - 나라 야마토로

나양현(奈良縣) - 나라현

난파(難波) - 나니와

남기사정(南紀寺町) - 난키지정

남대화(南大和) - 미나미야마토

남백목(南白木) - 미나미시라키

남산(南山) - 미나미야마

남연산(南淵山) - 미나미부치산

남정(南町) - 미나미정

남지장(南之庄) - 미나미노쇼오

남하내(南河內) - 미나미카와치

내등호남(內藤湖南) - 나이토오 코오난

내친왕(內親王) - 나이신노오

노국왕(奴國王) - 나노쿠니왕

녹아조현(鹿兒鳥縣) - 카고시마현

능등(能登) - 노토오

능산(陵山) - 마사사기야마

ㄷ

다구산(茶臼山) - 챠우스야마

서리궁(瑞籬宮) - 미즈가키궁

단마(但馬) - 타지마

단마국(但馬國) - 타지마국

단택산괴(丹澤山塊) - 탄자와산괴

단파국(丹波國) - 탄바국

단파시정(丹波市町) - 탄바이치정

담징(曇徵) - 톤쵸오

당고(唐古) - 카라코

당마(當麻) - 타이마

당마궐속(當麻蹶速) - 타이마노케하야

당초제사(唐招提寺) - 토오쇼오다이사
대강향(大江鄕) - 오오에향
대관대사(大官大寺) - 다이칸대사
대국주명(大國主命)
　　　　　- 오오쿠니누시노미코토
대기귀명(大己貴命) - 오오나무치노미코토
대년신(大年神) - 오오토시노카미
대동(大同) - 다이도오
대명(大名) - 다이묘오
대물주명(大物主命)
　　　　　- 오오모노누시노미코토
대물주신(大物主神)
　　　　　- 오오모노누시노미코토
대병주(大兵主)신사 - 오오효오즈신사
대보(大寶) - 타이호오
대봉(大峰) - 오오미네
대산적신(大山積神)
　　　　- 오오야마즈미노카미
대산지(大山祗)신사 - 오오야마즈미신사
대산지신(大山祗神)
　　　　- 오오야마즈미노카미
대삼도(大三島) - 오오미시마
대서범자(大西範子) - 오오니시 노리코
대신(大神) - 오오미와
대안사(大安寺) - 다이안사
대어도(大御島) - 오오미시마
대원박사(大原博士) - 오오하라박사
대원씨(大原氏) - 오오하라씨
대인정(大仁町) - 오오히토정
대자(大字) - 오오아자

대정(大正)시대 - 타이쇼오시대
대정(大庭) - 오오바
대지(大枝) - 오오에
대총산(大塚山)고분 - 오오쯔카야마고분
대총초중(大塚初重) - 오오쯔카 하쯔시게
대판산(大坂山) - 오오사카산
대해(帶解) - 오비토케
대홍도(黛弘道) - 마유즈미 히로미치
대화(大和)- 야마토, 오오야마토
대화(大化) - 타이카
대화고전시(大和高田市)
　　　　　- 야마토타카다시
대화국중(大和國中) - 야마토쿠니나카
대화군산(大和郡山) - 야마토코오리야마
대화군산시(大和郡山市)
　　　　- 오오야마토코오리야마시
대화암웅(大和岩雄) - 오오와 이와오
대화언엽(大和言葉) - 야마토고토바
덕도현(德島縣) - 토쿠시마현
덕천가선(德川家宣) - 토쿠가와 이에노부
덕총(德聰) 토쿠소오
도가사주(都加使主) - 쯔카노오미
도근현(島根縣) - 시마네현
도기(都祁) - 쯔게
도기산구(都祁山口) - 쯔게야마구치
도기수분(都祁水分) - 쯔게미쿠마리
도명사(道明寺) - 도오묘오지
도명사(道明寺) 천만궁(天滿宮)
　　　　- 도오묘오사 텐만궁
도미혜(都美惠)신사 - 쯔미에신사

도변창(渡邊彰) - 와다나베 아키라

도부(陶部) - 스에쯔쿠리베

도소(道昭) - 도오쇼오

도약사(道藥寺) - 도오야쿠사

도연천(稻淵川) - 이나부치천

도원(桃原) - 모모하라

도읍(陶邑) - 스에무라

도출비려지(都出比呂志) - 토이데 히로시

도치(稻置) - 이나기

도하(稻荷) - 이나리

동가(東歌) - 아즈마우타

동경(東京) - 토오쿄오

동국(東國) - 아즈마국

동대사(東大寺)- 토오다이사

동대사산(東大寺山)고분
　　　　　　　- 토오다이지야마고분

동대판시(東大阪市) - 히가시오오사카시

동야천(冬野川) - 후유노천

동전총(東殿塚)고분
　　　　　　　- 히가시도노즈카고분

동지궁(東之宮)고분 - 히가시노미야고분

동지사(同志社)대학 - 도오시샤대학

동한말현(東漢末賢)
　　　　　　　- 야마토노아야노마켄

동한씨(東漢氏) - 야마토노아야씨

동한직국(東漢直掬)
　　　　　- 야마토노아야노아야타이쯔카

둔창(屯倉) - 톤쿠라

등롱산(燈籠山)고분 - 토오로오야마고분

등원겸족(藤原鎌足)

- 후지와라노카마타리

등원경(藤原京) - 후지와라쿄오

등원불비등(藤原不比等)
　　　　　　　- 후지와라노후히토

등전(藤田)미술관 - 후지타미술관

등정사시(藤井寺市) - 후지이데라시

ㄹ

력본(櫟本) - 이치노모토

령목정민(鈴木靖民) - 스즈키 야스타미

롱천정차랑(瀧川政次郎)
　　　　　　　- 타키가와 마사지로오

뢰호내해(瀨戶內海) - 세토나이카이

류본(柳本)고분군 - 야나기모토고분군

류본대총(柳本大塚)
　　　　　　　- 야나기모토오오쯔카

류오(陸奧) - 무쯔

립(笠) - 카사

ㅁ

마견(馬見) - 우마미

마구산(馬口山) - 우마구치야마

만강충성(滿岡忠成) - 미쯔오카 타다나리

말영아웅(末永雅雄) - 스에나가 마사오

매궁(梅宮) - 우메노미야

매방시(枚方市) - 히라카타시

매원말치(梅原末治) - 우메하라 스에하루

매원맹(梅原猛) - 우메하라 타케시

매태(賣太)신사 - 메타신사

목내무남(木內武男) - 키우치 타케오

목암서봉(木庵瑞鳳) - 모쿠안 즈이호오

묘산(墓山) - 하카야마

묘총(猫塚) - 네코즈카

무내숙니(武內宿禰)

　　　　　　- 타케시우치노스쿠네

무방산(畝傍山) - 우네비산

무장국(武藏國) - 무사시국

무장수거만조신복신(武藏守巨万朝臣福信) - 무사시노모리 코마노아손후쿠신

문덕(文德)천황 - 분토쿠천황

문무(文武)천황 - 몬무천황

문씨(文氏) - 후미씨

문지내친왕(文智內親王)

　　　　　　- 분치나이신노오

문협저이(門脇禎二) - 카도와키 테이지

물부수옥(物部守屋) - 모노노베노모리야

물부씨(物部氏) - 모노노베씨

민달(敏達)천황 - 비타쯔천황

ㅂ

박뢰(泊瀨) - 하쯔세

반구정(斑鳩町) - 이카루가정

반전의차(半田義次) - 한다 요시쯔구

반조(伴造) - 토모노미야쯔코

반지원(磐之媛)고분 - 이와노히메고분

방광사(放光寺) - 호오코오사

방원(方遠) - 카타타가이

방인(防人) - 사키모리

방장기(方丈記) - 호오죠오키

백목(白木) - 시라키

백목무장(白木武藏) - 시라키 무사시

백발(白髮) - 시라히게

백병(白浜) - 시라하마

백봉사원(白鳳寺院)- 하쿠호오사원

백삼(栢森) - 카야노모리

백성(白城) - 시라기

백제국(百濟國) - 쿠다라국

백제대궁(百濟大宮) - 쿠다라대궁

백제신(百濟神) - 쿠다라노카미

백제야(百濟野) - 쿠다라노

백제왕(百濟王) - 쿠다라노오오키미

백제왕경복(百濟王敬福)

　　　　　　- 쿠다라노코니키시케이후쿠

번(幡) - 하타

법기사(法起寺) - 호오키사

법륜사(法輪寺) - 호오린사

법륭사(法隆寺) - 호오류우사

법흥사(法興寺) - 호오코오사

변천총(弁天塚)고분 - 벤텐쯔카고분

변총(弁聰) - 벤소오

병고현(兵庫縣) - 효오고현

병송시(浜松市) - 하마마쯔시

병전청릉(浜田靑陵) - 하마다 세이료오

병주(兵主) - 효오즈

병천오일랑(竝川五一郎)

　　　　　　- 나미카와 고이치로

보귀(寶龜) - 호오키

보산사(寶山寺) - 호오잔사
보원(保元) - 호오겐
보판준삼(保坂俊三) - 호사카 토시미쯔
복강현(福岡縣) - 후쿠오카현
복부천(服部川) - 하토리천
복부향(服部鄕) - 하토리향
복신(福信) - 후쿠신
복영신재(福永伸哉) - 후쿠나가 노부스케
복정현(福井縣) - 후쿠이현
봉강사(蜂岡寺) - 호오코오사
봉상산(峰相山) - 호오소오산
부래정(富來町) - 토키정
부하(富賀)신사 - 도가신사
북갈성군(北葛城郡) - 키타카쯔라기군
북구주(北九州) - 키타큐우슈우
북대총(北大塚) - 키타오오쯔카
북도가강(北島葭江) - 키타지마 카코오
북백목(北白木) - 키타시라키
북하내(北河內) - 키타카와치
북해도(北海道) - 홋카이도오
불국사(佛國寺) - 붓코쿠사
불총(佛塚)- 호토케즈카
비매허회(比賣許會) - 히메코소
비미호(卑彌乎) - 히미코
비조사(飛鳥寺) - 아스카사
비조천(飛鳥川) - 아스카천
비조촌(飛鳥村) - 아스카촌
비중(備中) - 빗츄우
비총(神塚)고분 - 히에즈카고분
비파호(琵琶湖) - 비와호

비후화남(肥後和男) - 히고 카즈오

人

사도군(絲島郡) - 이토시마군
사마달등(司馬達等) - 시바타즈토
사마대국(邪馬臺國) - 야마타이코쿠
사마료태랑(司馬遼太郞)
　　　　　　　　　- 시바 료오타로오
사조철시(四條畷市) - 시죠오나와테시
사천왕사(四天王寺) - 시텐노오사
산구현(山口縣) - 야마구치현
산내기사(山內紀嗣) - 야마우치 노리히데
산리현(山梨縣) - 야마나시현
산배대형왕(山背大兄王)
　　　　　　　　　- 야마시로노오오에노오오
산변군(山邊郡) - 야마베군
산변도(山邊道) - 야마노베노미치
산본건길(山本健吉) - 야마모토 켄키치
산부씨(山部氏) - 야마베씨
산부적인(山部赤人) - 야마베노아카히토
산성(山城) - 야마시로
산성국(山城國) - 야마시로국
산성정(山城町) - 야마시로정
산전사(山田寺) - 야마다사
산전신가(山田臣家) - 야마다노오미가
산전영웅(山田英雄) - 야마다 히데오
산지내정(柚之內町) - 소마노우치정
산첨촌(山添村)-야마조에촌
산촌(山村)- 야마무라

산촌어소(山村御所) - 야마무라고쇼
산촌어전(山村御殿) - 야마무라고덴
산촌허지(山村許智) - 야마무라코치
산토신(産土神) - 우부스나카미
살마국(薩摩國) - 사쯔마국
삼(森) - 모리
삼국개구(三國ヶ丘) - 미쿠니가오카
삼도강(三島江) - 미시마에
삼도명신(三島明神) - 미시마묘오진
삼도압(三島鴨) - 미시마가모
삼도정(三島町) - 미시마정
삼륜(三輪) - 미와
삼륜석상(三輪石上) - 미와 이소노카미
삼릉묘(三陵墓)고분 - 산료오보고분
삼립산(三笠山) - 미카사산
삼무웅(森武雄) - 모리 타케오
삼십리일(三辻利一) - 미쯔지 토시카즈
삼욱부(森郁夫) - 모리 이쿠오
삼운(三雲) - 미쿠모
삼월당(三月堂) - 산가쯔도오
삼전소덕(杉田昭德) - 스기다 아키노리
삼중현(三重縣) - 미에현
삼택도(三宅島) - 미야케시마
삼호일(森浩一) - 모리 코오이치
삽곡(澁谷) - 시부타니
삽곡향산(澁谷向山)
                  - 시부타니무코오야마
삽천(澁川) - 시부카와
상궁기(上宮記) - 우쯔노미야기
상궁왕가(上宮王家) - 우쯔노미야왕가

상궁왕원(上宮王院) - 우쯔노미야왕원
상근산(箱根山) - 하코네산
상락군(相樂郡) - 소오라쿠군
상박(相撲)신사 - 스모오신사
상사해운(上司海雲) - 카미쯔카사 카이운
상전굉범(上田宏範) - 우에다 히로노리
상전정소(上田正昭) - 우에다 마사아키
상지산(上之山) - 우에노야마
상지장정(上之庄町) - 우에노쇼오정
상탁식(上拓植) - 카미쯔게
상향(上鄕) - 카미노고오
생구산계(生駒山系) - 이코마산계
생구시(生駒市) - 이코마시
생구시지(生駒市誌) - 이코마시지
서궁산(西宮山) - 니시미야야마
서림사(西琳寺) - 사이린사
서명(舒明) - 죠메이
서문씨(西文氏) - 카와치노후미씨
서산총(西山塚)고분 - 니시야마즈카고분
서성영귀(西姓令貴) - 사이세이레이키
서전총(西殿塚)고분 - 니시도노즈카고분
석견국(石見國) - 이와미국
석명총(石名塚)고분 - 이시나즈카고분
석무대(石舞臺)고분 - 이시부타이고분
석상사(石上寺) - 이소노카미사
석상신궁(石上神宮) - 이소노카미신궁
석상영일(石上英一)
                  - 이소노카미 에이이치
석선총(石船塚) - 이와부네즈카
석원진(石原進) - 이시하라 스스무

석전무작(石田茂作) - 이시다 시게사쿠
석천현(石川縣) - 이시카와현
석청미산(石淸尾山) - 이와세오야마
석청수팔번궁(石淸水八幡宮)
　　　　　 - 이와시미즈 하치만궁
석총(石塚)고분 - 이시즈카고분
선복사(善福寺) - 젠후쿠사
선신락(船神樂) - 후나카구라
선씨(膳氏) - 카시와데씨
선통사시(善通寺市) - 젠쯔우지시
섭진국(攝津國) - 셋쯔국
성덕태자(聖德太子) - 쇼오토쿠타이시
성무(成務)천황 - 세이무천황
성총(星塚) - 호시즈카
소로(小路) 유적 - 쇼오지 유적
소명언명(少名彦命)
　　　　　 - 스쿠나히코노미코토
소병시(小浜市)-오바마시
소서사랑(小西四郎) - 코니시 시로오
소아도목(蘇我稻目) - 소가노이나메
소아마자(蘇我馬子) - 소가노우마코
소아만지(蘇我滿智) - 소가노마치
소아입록(蘇我入鹿) - 소가노이루카
소아하이(蘇我蝦夷) - 소가노에미시
소야(小野) - 오노
소야매자(小野妹子) - 오노노이모코
소야씨(小野氏) - 오노씨
소자군가(小姉君家) - 오아네기미가
소잔명존(素盞鳴尊) - 스사노오노미코토
소전원시(小田原市) - 오다와라시

소창(小倉) - 코쿠라
소천대총(小泉大塚) - 고이즈미오오쯔카
소천동호총(小泉東狐塚)
　　　　　 - 고이즈미히가시키쯔네즈카
소천정(小泉町) - 고이즈미정
소천호총(小泉狐塚)
　　　　　 - 고이즈미키쯔네즈카
소창곡(小倉谷) - 고쿠라타니
송강시(松江市)- 마쯔에시
송강정웅(松岡靜雄) - 마쯔오카 시즈오
송본청장(松本淸張) - 마쯔모토 세이쵸오
송악산(松岳山)고분
　　　　　 - 마쯔오카야마 고분
송영구수(松永久秀) - 마쯔나가 히사히데
송포정소(松浦正昭) - 마쯔우라 마사아키
수곡경일(水谷慶一) - 미즈타니 케이이치
수백향황녀(手白香皇女)
　　　　　 - 타시라카노히메미코
수야명선(水野明善) - 미즈노 야키요시
수인(垂仁)천황 - 스이닌천황
수좌지남명(須佐之男命)
　　　　　 - 스사노오노미코토
수향산(手向山) - 타무케야마
수향산팔번궁(手向山八幡宮)
　　　　　 - 타무케야마 하치만궁
수혜기(須惠器) -스에키
순열(盾列)고분군 - 타테나미고분군
숭신(崇神)천황 - 스진천황
숭신기(崇神紀) - 스진기
숭준(崇峻)천황 - 스슌천황

승문(繩文)시대 - 죠오몬시대
승원(勝原) - 카쯔하라
시본(柹本) - 카키노모토
시본사(柹本寺) - 시혼사
시본씨(柹本氏) - 카키노모토씨
시본인마려(柹本人麻呂)
           - 카키노모토노히토마로
시신총(矢矧塚)고분 - 야하구즈카고분
시왕씨(市往氏) - 이치키씨
시정(市庭)고분 - 이치니와고분
시택공삼(是澤恭三) - 코레사와 쿄오죠오
식원화랑(埴原和郎) - 우에하라 카즈오
신공(神功)황후 - 진구우황후
신국(辛國) - 카라쿠니
신궁사(神宮寺) - 진구우사
신기군(神崎郡) - 칸자키군
신나천현(神奈川縣) - 카나가와현
신라(新羅) - 시라기
신라(新羅)신사 - 시라기신사
신라명신(新羅明神) - 시라기묘오진
신락무(神樂舞) - 카구라마이
신무(神武)천황 - 진무천황
신복부(神服部)신사 - 칸하토리베신사
신산리(新山梨) - 신야마나시
신여(信女) - 신뇨
신정굉(新井宏) - 아라이 히로시
신정백석(新井白石) - 아라이 하쿠세키
신촌출(新村出) - 니이무라 이즈루
신파다(神波多)신사 - 칸하타신사
신호(神戶) - 신도

실정(室町)시대 - 무로마치시대
실충화상(實忠和尙) - 짓츄우 화상
심상(審祥) - 신쇼오
심성(審盛) - 신세이
심진정(深津正) - 후카쯔 타다시
심초(深草) - 후카쿠사

ㅇ

아배조신중마려(阿倍朝臣仲麻呂)
           - 아베노오오미나카마로
아지사주(阿知使主) - 아치노오미
안나(安那) - 아나
안동차남(安東次男) - 안도오 쯔구오
안라(安羅)신사 - 아라신사
안야(安耶) - 아야
안은사(安隱寺) - 안온사
안작다수나(鞍作多須那)
             - 쿠라쯔쿠리노타스나
안작씨(鞍作氏) - 쿠라쯔쿠리씨
안작지리(鞍作止利) - 쿠라쯔쿠리노토리
안작촌주(鞍作村主)
             - 쿠라쯔쿠리노스구리
안작현귀(鞍作賢貴) - 쿠라쯔쿠리노켄키
안전채언(安田靫彦) - 야스다 유키히코
안토도산(安土桃山)시대
             - 아즈치모모야마시대
안화전시(岸和田市) - 키시와다시
암실(岩室) - 이와무로
압장명(鴨長明) - 카모노쵸오메이

애원현(愛媛縣) - 에히메현
애지현(愛知縣) - 아이치현
액안사(額安寺) - 가쿠안사
액전부(額田部) - 누카타베
액전부사정(額田部寺町) - 누카다베지정
액전부씨(額田部氏)- 누카타베씨
앵전이사(櫻田尼寺) - 사쿠라이니사
앵정시(櫻井市) - 사쿠라이시
야견숙니(野見宿禰) - 노미노스쿠네
야말무양(也末無良) - 야마무라
야촌충부(野村忠夫) - 노무라 타다오
약사사(藥師寺) - 야쿠시사
약초산(若草山) - 와카쿠사산
약협(若狹) - 와카사
양변(良弁) - 로오벤
어도(御島) - 미시마
어방산(御坊山) - 고보오야마
어수취(御水取) - 오미즈토리
어식진신(御食津神) - 미케쯔카미
어정(御井) - 고이
어제산(御諸山) - 미모로산
염총(鹽塚) - 시오즈카
영록(永祿) - 에이로쿠
예전(譽田) - 요다
예전산(譽田山) - 콘다야마
오백정자대총(五百井字大塚)
            - 이오이오오쯔카
오십적수(五十跡手) - 이토데
오야정남(奧野正男) - 오쿠노 마사오
오주(奧州) - 오슈우

오진성(奧津城) - 오쿠쯔성
오총(五塚) - 이쯔쯔즈카
와부(瓦釜) - 가후
와총(瓦塚) - 카와라즈카
왕사정(王寺町) - 오오지정
왕인총(王仁塚) - 와니즈카
왜(倭) - 야마토
왜이이일백습희명(倭邇邇日百襲姬命)
            - 야마토토토히모모소히메노미코토
왜한직(倭漢直) - 야마토노아야노아타이
요속일명(饒速日命)
            - 니기하야히노미코토
용마(龍馬) - 료오마
용명(用明)천황 - 요오메이천황
용야(龍野) - 타쯔노
용왕산(龍王山) - 류우오오산
용전(龍田)- 타쯔타
용전도(龍田道) - 타쯔타노미치
우예야(羽曳野) - 하비키노
우좌팔번궁(宇佐八幡宮) - 우사 하치만궁
우타(宇陀)분지 - 우다분지
웅략(雄略)천황 - 유우랴쿠천황
웅습(熊襲) - 쿠마소
웅응산(熊凝山) - 쿠마고리산
원녀군(猿女郡) - 사루메노키미
원녀전(猿女田) - 사루메타
원녀전주(猿女田主) - 사루메타누시
원명(元明)천황 - 겐메이천황
원부(遠部)신사 - 오뉴신사
원전언명(猿田彦命)

- 사루타히코노미코토

원정(元町) - 모토정

원조사(圓照寺) - 엔쇼오사

원하군(遠賀郡) - 온가군

원흥사(元興寺) - 간고오사

위나부귤왕(韋奈部橘王)

　　　　- 이나베노타치바나노오오

유(楢)신사 - 나라신사

유광교일(有光教一) - 아리미쯔 코오이치

유서천궁(有栖川宮) - 아리스가와노미야

유왈좌(楢日佐) - 나라노오사

유왈좌씨(楢日佐氏) - 나라노오사씨

유종 열(柳宗 悅) - 야나기 무네요시

유지폐사(楢池廢寺) - 나라이케 폐사

율림(栗林) - 쿠리바야시

율산일부(栗山一夫) - 쿠리야마 카즈오

율원붕신(栗原朋信) - 쿠리하라 토모노부

율총(栗塚)고분 - 쿠리즈카고분

은원(隱元) - 인겐

을녀산(乙女山)고분 - 오토메야마 고분

응신(應神)천황 - 오오진천황

응천문(應天門) - 오오텐몬

의라낭녀(依羅娘女) - 요사노이라쯔메

의려산(意呂山) - 오로산

이계당(二階堂) - 니카이도오

이고마도비고(伊古麻都比古)

　　　　- 이코마쯔히코

이고마도비매(伊古麻都比賣)

　　　　- 이코마쯔히메

이도국(伊都國) - 이토국

이도현주(伊都縣主) - 이토아가타누시

이두(伊豆) - 이즈

이두칠도(伊豆七島)- 이즈칠도

이사나기(伊邪那岐)- 이자나기

이사나미(伊邪那美) - 이자나미

이상산(二上山) - 니죠오산

이세(伊勢) - 이세

이예(伊豫) - 이요

이월당(二月堂) - 니가쯔도오

이장(伊場) - 이바

이하(伊賀) - 이가

인덕(仁德)천황 - 닌토쿠천황

인번(因幡) - 이나바

인벽친왕(仁壁親王) - 오사카베신노오

인해군(忍海郡) - 오시미군

일강릉(日岡陵)고분 - 히오카료오고분

일대궁(日代宮) - 히시로궁

일모(日矛) - 히보코

일엽작원(日葉酢媛)왕비

　　　　- 히바스히메왕비

임나(任那) - 미마나

임옥진삼랑(林屋辰三郎)

　　　　- 하야시야 타쯔사부로오

입치(笠置) - 카사기

ㅈ

자하현(滋賀縣) - 사가현

잡사정(雜司町) - 조오시정

장군(將軍) - 쇼오군

장기현(長崎縣) - 나가사키현
장내식(庄內式) - 쇼오나이식
장미(長尾) - 나가오
장사(長寺) - 오사사
장악사(長岳寺) - 나가다케사
저(箸) - 하시
저명부백대(猪名部百代)
                 - 이나베노모모요
저명부씨(猪名部氏) - 이나베씨
저묘(箸墓) - 하시바카고분
저웅겸승(猪熊兼勝) - 이노쿠마 카네카쯔
저중(箸中) - 하시나카
저축(杵築)신사 - 키쯔키신사
저태겸승(猪態兼勝) - 이노쿠마 카네카쯔
적염(赤染) - 아카조메
적정곡(赤井谷) - 아카이타니
전원실지웅(前園實知雄)
                 - 마에조노 미치오
전원정(前原町) - 마에바루정
전장(畑莊) - 하타노쇼오
전재정(前載井) - 센자이이
전전청촌(前田靑邨) - 마에다 세이손
전중신사(田中新史) - 타나카 신지
전중중구(田中重久) - 타나카 시게히사
전촌(田村) - 타무라
전향석총(纒向石塚)고분
                 - 마키무쿠이시즈카고분
절번(切幡) - 키리카쯔
정강현(靜岡縣) - 시즈오카현
정상광정(井上光貞) - 이노우에 미쯔사다

정안(正安) - 세이안
정역사(正曆寺) - 쇼오레키사
정원(井原) - 이하라
정전장(町田章) - 마치다 아키라
정창원(正倉院) - 쇼오소오인
제등충(齊藤忠) - 사이토오 타다시
제명(齊明)천황 - 사이메이천황
조자환(調子丸) - 쵸오시마루
조취현(鳥取縣) - 톳토리현
족중진비고존(足仲津比古尊)
             - 타라시나카쯔히코노미코토
좌기(佐紀) - 사키
좌기순열(佐紀盾列)고분군
             - 사키타테나미고분군
좌정사(佐井寺) - 사이사
좌파리(佐波理) - 사하리
좌하현(佐賀縣) - 사가현
주간조일(週刊朝日) - 주간아사히
주마좌(住馬坐)신사
             - 이코마니이마스신사
주성궁(珠城宮) - 타마키궁
주성산(珠城山)고분 - 타마키야마고분
주작문(朱雀門) - 스자쿠몬
주주시(珠洲市) - 스즈시
죽곡준부(竹谷俊夫) - 타케타니 토시오
죽내도(竹內道) - 타케우치노미치
죽내리삼(竹內理三) - 타케우치 리죠오
죽시래(竹矢來) - 타케야라이
중대형(中大兄) - 나카노오오에
중도리일랑(中島利一郞)

－ 나카지마 리이치로

중백목(中白木) － 나카시라키

중봉산(中峰山) － 나카미네산

중산대총(中山大塚)고분

　　　　　　　－ 나카야마오오쯔카고분

중산정(中山町) － 나카야마정

중서진(中西進) － 나카니시 스스무

중야경차랑(中野敬次郞)

　　　　　　　－ 나카노 케이지로오

중애원(仲哀)천황 － 츄유아이천황

중원정(中院町) － 나카인정

중유웅(中由雄) － 나카 요시오

중천명(中川明) － 나카가와 아키라

중촌춘수(中村春壽) － 나카무라 하루토시

중촌향(中村鄕) － 나카무라향

중탁식(中拓植) － 나카쯔게

즐산(櫛山)고분 － 쿠시야마고분

지광사(地光寺) － 지코오사

지상(池上)고분 － 이케가미고분

지식사(知識寺) － 치시키사

지전(池田) － 이케다

지통(持統)천황 － 지토오천황

지하도(志賀島) － 시카노시마

직녀(織女) － 하토리메

직목상(直木賞) － 나오키상

직목효차랑(直木孝次郞)

　　　　　　　－ 나오키 코오지로

직부(織部) － 오리베

진(秦) － 하타

진관(眞菅) － 마스가

진대진부(秦大津父) － 하타노오오쯔치

진(秦)씨족 － 하타씨족

진이화홍(辰巳和弘) － 타쯔미 카즈히로

진하승(秦河勝) － 하타노카와카쯔

ㅊ

차아(嵯峨)천황 － 사가천황

차총(車塚) － 쿠루마즈카

찬기(讚岐) － 사누키

채녀(采女) － 우네메

천리시(天理市) － 텐리시

천만천신(天滿天神) － 텐만텐진

천무(天武)왕자 － 텐무왕자

천삼교(泉森皎) － 이즈미모리 키요시

천신(天神) － 아마쯔카미

천암호(天岩戶) － 아마이와토

천왕사(天王寺) － 텐노오지

천원사(川原寺) － 카와하라사

천일모(天日矛) － 아메노히보코

천일정(千日町) － 센니치정

천일창(天日槍) － 아메노히보코

천전여명(天鈿女命)

　　　　　　　－ 아메노우즈메노미코토

천전임(千田稔) － 센다 미노루

천조대신(天照大神)

　　　　　　　－ 아마테라스 오오미카미

천지(天智)천황 － 텐지천황

천초(淺草) － 아사쿠사

천초사(淺草寺) － 센소오사

천평불(天平佛) - 텐표오불
천향(川向) 유적 - 카와무쿠 유적
철우(鐵牛) - 테쯔규우
첨상군(添上郡) - 소오노카미군
첨하군(添下郡)-소오노시모군
청목(靑木) - 아오키
청소납언(淸少納言) - 세이 쇼오나곤
청화(靑和)천황 - 세이와천황
초뢰(初瀨) - 하쯔세
초진(草津) - 쿠사쯔
촌수(村首) - 무라노오비토
촌천행홍(村川行弘) - 무라카와 유키히로
총혈산(塚穴山) - 쯔카아나야마
추고(推古)천황 - 스이코천황
추소(秋篠) - 아키시노
축자국(筑紫國) - 쯔쿠시국
축전(筑前) - 치쿠젠
춘도궁(春道宮) - 하루미치궁
춘도사(春道寺) - 하루미치사
춘성수이(春成秀爾) - 하루나리 히데미
춘일(春日) - 카스가
춘일대사(春日大社) - 카스가대사
춘일산(春日山) - 카스가산
춘정(椿井) - 쯔바이
춘정대총(椿井大塚山)고분
　　　　　 - 쯔바이오오쯔카야마고분
출석(出石) - 이즈시
출운(出雲) - 이즈모
출운계(出雲系) - 이즈모계
출운국(出雲國) - 이즈모국

출운묘옥(出雲墓屋) - 이즈모하카야
충승(沖繩) - 오키나와
취궁정(鷲宮町) - 와시미야정
치도산(治道山) - 치도오산
치승(治承) - 지쇼오
친왕(親王) - 신노오
칠총(七塚) - 나나쯔즈카
침초자(枕草子) - 마쿠라노소오시

E

탁식천(拓植川) - 쯔게천
탁식향(拓植鄕) - 쯔게향
탕박(湯迫) - 유바
탕천수수(湯川秀樹) - 유카와 히데키
태자정(太子町) - 타이시정
태전북미(太田北微)고원
　　　　　 - 오오타키타미고원
태재부(太宰府) - 다자이후
태평사(太平寺) - 타이헤이지
태화(泰和) - 타이와
토교관(土橋寬) - 도바시 히로시
토기군(土岐郡) - 토키군
토부(土部) - 하지베
토사(土師) - 하지
토사노미숙니(土師弩美宿禰)
　　　　　 - 하지노미스쿠네
토사묘(土師墓) - 하지하카
토사백정폐사(土師百井廢寺)
　　　　　 - 하지모모이 폐사

토사씨(土師氏) - 하지씨

토사요적(土師窯跡) - 하지요 터

토사중지(土師中知) - 하지나카시리

투계(鬪鷄) - 쯔게

투계국(鬪鷄國) - 쯔게국

투마국(投馬國) - 쯔마국

ㅍ

파다(波多) - 하타

파다(波多)신사 - 하타신사

파다야촌(波多野村) - 하타노촌

파다자총(波多子塚) - 하타고즈카

파다횡산(波多横山) - 하타요코산

파마국(播磨國) - 하리마국

파초(芭蕉) - 바쇼오

판개궁(板蓋宮) - 이타부키궁

판구안오(坂口安吾) - 사카구치 안고

판전니사(坂田尼寺) - 사카다니사

판전사(坂田寺) - 사카다사

판합촌(坂合村) - 사카아이촌

팔개고(八ヶ尻)고분 - 야쯔가지리고분

팔목(八木) - 야기

팔번사(八幡寺) - 하치만사

팔번신(八幡神) - 하치만신

팔상군(八上郡) - 야죠오군

패전아례명(稗田阿禮命)

　　　　　- 히에다노아레노미코토

패전정(稗田町) - 히에다정

편강왕사(片岡王寺) - 카타오카오오사

평군군(平群郡) - 헤구리군

평등방(平等坊) - 뵤오도오보오

평미산(平尾山) - 히라오야마

평성경(平城京) - 헤이죠오쿄오

평성궁(平城宮) - 헤이죠오궁

평야(平野) - 히라노

평정청족(坪井淸足) - 쯔보이 키요타리

평총(平塚)고분 - 히라쯔카고분

포류어혼사(布留御魂社)

　　　　　- 후루노미타마노야시로

포류정(布留町) - 후루정

포류천(布留川) - 후루천

포생군평(蒲生君平) - 가모오 쿤페이

ㅎ

하내(河內) - 카와치

하내비조(河內飛鳥) - 카와치아스카

하내호(河內湖) - 카와치호

하목폐사(夏目廢寺) - 나쯔메 폐사

하무군(賀茂郡) - 카모군

하부(下部) - 오리베

하원유웅(河原由雄) - 카와하라 요시오

하전가도(下田街道) - 시모다카이도오

하전시(下田市) - 시모다시

하지산(下池山)고분 - 시모이케야마고분

하지전(下池田) - 시모이케다

하탁식(下拓植) - 시모쯔게

학습원(學習院)대학 - 가쿠슈우인대학

한(漢) - 아야

한국(韓國) - 카라쿠니
한국연(韓國連) - 카라쿠니노무라지
한국정(漢國町) - 칸고정
한노가이리(漢奴加已利)
            - 아야노누카코리
한신(韓神) - 카라신
한신(韓神) - 카라카미
한신이좌(韓神二座) - 카라카미2좌
한어(韓語) - 카라어
한원(韓媛) - 카라히메
한인(韓人) - 카라히토
한자(韓子) - 카라코
한직(漢織) - 아야하토리
한진성(韓津城) - 카라쯔키
할총(割塚)고분 - 와리즈카고분
행기(行基) - 교오키
행기소(行基燒) - 교오키 야키
행등산(行燈山) - 안돈야마
행신승도(行信僧都) - 교오신소오즈
향보(享保) - 교오호오
향정(向井) - 무카이
향천현(香川縣) - 카가와현
허공장정(虛空藏町) - 코쿠조오정
현주(縣主) - 아가타누시
혈문(穴門) - 아나토
혈사(穴師) - 아나시
혈사대명신(穴師大明神)
            - 아나시다이묘오진
혈사상박(穴師相撲)신사
            - 아나시스모오신사

혈사좌병주(穴師坐兵主)신사
            - 아나시니이마효오즈신사
혈사천(穴師川) - 아나시천
혈수부간인(穴穗部間人)
            - 아나호베노하시히토
혈직(穴織) - 아나하토리
혈태폐사(穴太廢寺) - 아노우 폐사
협왕환(脇往還) - 와키오오칸
호지군(平知郡) - 오치군
호총(狐塚) - 키쯔네즈카
홍인사(弘仁寺) - 코오닌사
화가(和歌) - 와카
화가산현(和歌山縣) - 와카야마현
화다지(和多志) - 와타시
화동(和銅) - 와도오
화수목(火燧木) - 히키리기
화시총(火矢塚)고분 - 히야즈카고분
화십철랑(和辻哲郎)- 와쯔지 테쯔로
화이길사(和爾吉師) - 와니키시
화이좌적판비고(和爾坐赤阪比古)
            - 와니니이마스아카사카히코
화이지(和珥池) - 와니지
화이천지본(和爾川之本) - 와니가와노모토
화이판(和珥坂) - 와니사카
화이하(和爾下)신사 - 와니시모신사
화이하신사고분(和爾下神社古墳)
            - 와니시모신사고분
화전사(和田寺) - 와다사
화제(火祭) - 히마쯔리
화천국(和泉國) - 이즈미국

화천시(和泉市) – 이즈미시
화풍화(和風化) – 와후우카
환산(丸山) – 마루야마
환산용평(丸山龍平) – 마루야마 타쯔히라
황(荒) – 아라
황극(皇極)천황 – 코오교쿠천황
황정인(荒正人) – 아라 마사토
회외사(檜隈寺) – 히노쿠마사
회외(檜隈) – 히노쿠마
회원(檜原) – 히바라
회전(檜前) – 히노쿠마
회전병성(檜前浜成) – 히노쿠마 하마나리
회전죽성(檜前竹成) – 히노쿠마 타케나리
횡정폐사(橫井廢寺) – 요코이 폐사
효원(孝元)천황 – 코오겐천황
후수미(後水尾)천황 – 고미즈노오천황
흑총(黑塚) – 쿠로즈카고분
흠명(欽明)천황 – 킨메이천황
흥복사(興福寺) – 코오후쿠사

김달수 선생님의 부음에 접하여

『일본 속의 한국문화 유적을 찾아서 2』의 마지막 교정 단계에서 뜻하지 않게 김달수 선생님이 하늘의 부름을 받으셨다는 안타까운 소식을 접하게 되었다. 올해 초 한동안 선생님과의 연락이 닿지 않아 애를 태운 적이 있었다. 나중에 알았지만 지병으로 병원에 입원해 계셨다는 소식을 듣게 되었고 결국 이번에 돌아가셨다는 것이다.

나는 선생님의 사망기사가 실린 신문의 사진을 보며 작년인가 우연히 TV에 나오신 선생님의 모습이 떠올랐다. 일본 NHK에서 방영한 '내 마음의 여행—김달수' 란 프로그램으로 그 내용 중에 신라 천년의 고도 경주를 찾은 선생님이 깊은 밤중에 하늘을 우러러보며 신라의 달밤을 애절히 부르고 소리내어 우는 장면을 보게 되었다. 선생님이 생전에 고국을 그리워하면서도 오랜 동안 이런 저런 사정으로 올 수 없었던 한이 눈물로 나타난 것이라고 생각하면서 나는 그분이 얼마나 조국을 그리워했으며 또한 사랑하고 있었는지를 절실히 느낄 수 있었다.

어찌 보면 선생님처럼 불쌍한 분도 없을 것이다. 10세 때 일본으로 건너가 오랜 세월 고난과 차별을 묵묵히 견디며 소설가로 고대사연구가로 명성을 얻었으나 선생님은 늘 재야에서, 음지에서 책 속에 파묻혀 연구에만 몰두한 분이다. 그러나 한편 불의를 보면 분연히 일어서서 싸

웠던 투쟁가이기도 하셨다. 젊은 시절 당시 일본 열도를 흔들었던 김희로사건의 변호를 자청한 것만을 보더라도 선생은 애국자이며 민족의식이 누구보다도 투철했던 사상가이기도 했다.

이 책을 번역하면서 한일 고대사와 문화교류사 연구에 있어서 뛰어난 족적을 남기신 선생님의 식견과 그 업적의 위대함에 경의를 표하지 않을 수 없었다. 특히 정확한 자료를 토대로 일본인들의 고대사에 관한 왜곡과 오해를 바로잡으려 했던 선생의 노력은 가히 지대한 것이었다. 역자는 선생의 부음을 접하면서 조금이라도 많은 독자들에게 그분의 평생의 결실을 전하기 위해 『일본 속의 한국문화 유적을 찾아서 3』의 번역에 바로 착수하고자 한다. 그것으로나마 천국에 계신 선생님이 조금이라도 위안을 받으셨으면 하는 작은 바람이기도 하다.

마지막으로 이 책의 번역에 도움을 주신 대원사 조은정 실장님과 경주대학교 이강근 교수님 그리고 사랑하는 내 아내 손윤숙에게 깊은 감사의 말을 전하고 싶다.

1997년 6월
배석주

옮긴이/배석주

동국대학교 일어일문학과를 졸업하고 일본 큐우슈우(九州)대학
대학원에서 일본어학을 전공, 쿠루메(久留米)대학 대학원에서 일본어학 박사
과정을 수료하였다. 일본국어학회, 한국일본학회, 일어일본학회 회원이며
현재 경주대학교 관광일어과 조교수로 재직중이다. 주요 논문으로
'조선자료의 일본어학적 연구', '방언집석(方言輯釋)의 큐우슈우방언',
'첩해신어(捷解新語)의 탁음 표기 연구' 등 여러 편이 있다.

일본 속의 한국문화 유적을 찾아서 2
-일본 고대사의 주역, 도래인-

첫판 1쇄 1997년 7월 19일 발행
첫판 2쇄 2003년 10월 30일 발행
첫판 3쇄 2023년 10월 30일 발행

지은이/ 김달수
옮긴이/ 배석주
펴낸이/김남석
펴낸곳/ 대원사

주소: 서울시 강남구 개포로 140길 32 원효빌딩 B1 대원사
전화: 757-6711, 757-6717 팩시밀리: 02-775-8043

등록번호 제30191호
http://www.daewonsa.co.kr

값: 14,000원

ISBN 89-369-0937-1 03900